大数据时代财务会计理论与实践发展研究

乔庆敏 张俊娟 ◎ 著

哈尔滨出版社
HARBIN PUBLISHING HOUSE

图书在版编目（CIP）数据

大数据时代财务会计理论与实践发展研究 / 乔庆敏，张俊娟著．— 哈尔滨 ：哈尔滨出版社，2022.12

ISBN 978-7-5484-6893-6

Ⅰ．①大… Ⅱ．①乔… ②张… Ⅲ．①财务会计－理论研究 Ⅳ．①F234.4

中国版本图书馆CIP数据核字（2022）第216602号

书　　名：大数据时代财务会计理论与实践发展研究
DASHUJU SHIDAI CAIWU KUAIJI LILUN YU SHIJIAN FAZHAN YANJIU

作　　者：乔庆敏　张俊娟　著
责任编辑：韩伟锋
封面设计：张　华

出版发行：哈尔滨出版社（Harbin Publishing House）
社　　址：哈尔滨市香坊区泰山路82-9号　**邮编：**150090
经　　销：全国新华书店
印　　刷：廊坊市广阳区九洲印刷厂
网　　址：www.hrbcbs.com
E - mail：hrbcbs@yeah.net
编辑版权热线：（0451）87900271　87900272

开　　本：787mm×1092mm　1/16　**印张：**14.25　**字数：**320千字
版　　次：2023年1月第1版
印　　次：2023年1月第1次印刷
书　　号：ISBN 978-7-5484-6893-6
定　　价：68.00元

服务热线：（0451）87900279

前　言

近年来，随着互联网和信息技术产业的快速发展，“大数据”一词在多种场合频繁出现。起初，大数据是用来定义信息爆炸时代产生的海量数据，后期逐渐成为各行各业技术发展与创新的代名词。大数据时代背景下，行业竞争越发激烈，越来越多的企业将自身产业定位与大数据结合，谋求大数据背景下的产业和技术创新，形成良好的企业发展态势。在该过程中，作为企业管理工作重中之重的财务管理体系显得尤为重要，以往的财务会计工作已不能适应大数据快速发展的企业管理需要，财务会计工作正逐步向管理会计转变。对于企业管理人来说，应当具备高瞻远瞩的财务管理意识；对于企业财务会计人员来说，应当提高自身的专业素养，练就过硬本领，以适应大数据时代企业财务会计向管理会计的转型。

管理会计工作对会计从业人员的专业素养要求较高，需要具备完善的管理会计系统知识和出色的综合分析、数据处理能力。对于企业而言，可以通过以下两个途径提高企业管理会计从业人员的工作水平。首先，提高企业财务部门工作人员准入门槛，设置专业管理会计岗，招聘持有管理会计从业资格证书的专业人才。其次，对于已经入职的会计专业人员，应当加强对其管理会计工作水平的培训，由企业单独列支相应经费，为财务人员进行培训，提高其管理会计工作专业能力。对于财会专业人员而言，更要认识到管理会计工作能力对自身业务能力提升的重要性，加强对管理会计知识的系统学习，提高专业素养。

大数据时代背景下企业财务会计向管理会计的转型已是必然选择，企业为谋求产业和技术创新，形成良好可持续的企业发展态势就必须意识到财务会计向管理会计转型的重要性，通过多种方式完善企业财务会计向管理会计转型的措施。

目　录

第一章　大数据概述

第一节　大数据的发展历程

当前，全球大数据正进入加速发展时期，技术产业与应用创新不断迈向新高度。大数据通过数字化丰富要素供给，通过网络化扩大组织边界，通过智能化提升产出效能，不仅是推进网络强国建设的重要领域，更是新时代加快实体经济质量变革、效率变革、动力变革的战略依托。本节聚焦近期大数据各领域的进展和趋势，梳理主要问题并进行展望。在技术方面，重点探讨了近两年最新的大数据技术及其融合发展趋势；在产业方面，重点讨论了中国大数据产品的发展情况；在数据资产管理方面，介绍了行业数据资产管理、数据资产管理工具的最新发展情况，并着重探讨了数据资产化的关键问题；在安全方面，从多种角度分析了大数据面临的安全问题和技术工具。

一、国际大数据发展概述

近年，全球大数据的发展仍处于活跃阶段。2019 年以来，全球大数据技术、产业、应用等方面的发展呈现了新的趋势，也正在进入新的阶段。本节将对国外大数据战略、技术、产业等领域的最新进展进行简要叙述。

（一）大数据战略持续拓展

2019 年 6 月 5 日，美国发布了《联邦数据战略第一年度行动计划》草案，这个草案包含每个机构开展工作的具体可交付成果，以及由多个机构共同推动的政府行动，旨在编纂联邦机构如何利用计划、统计和任务支持数据作为战略资产来发展经济、提高联邦政府的效率、促进监督和提高透明度。

相对于三年前颁布的《联邦大数据研发战略计划》，美国对数据的重视程度继续提升，并出现了聚焦点从“技术”到“资产”的转变，其中更是着重提到了金融数据和地理信息数据的标准统一问题。此外，配套文件中“共享行动：政府范围内的数据服务”成为亮点，针对数据跨机构协同与共享，从执行机构到时间节点都进行了战略部署。

早些时候，欧洲议会通过了一项决议，敦促欧盟及其成员国创造一个“繁荣的数据驱动经济”。拓宽和深入大数据技术应用是各国数据战略的共识。

（二）大数据底层技术逐步成熟

近年来，大数据底层技术发展呈现出逐步成熟的态势。在大数据发展初期，技术方案主要聚焦于解决数据“大”的问题，Apache Hadoop 定义了最基础的分布式批处理架构，打破了传统数据库一体化的模式，将计算与存储分离，聚焦于解决海量数据的低成本存储与规模化处理。Hadoop 凭借其友好的技术生态和扩展性优势，一度对传统大规模并行处理（Massively Parallel Processor，MPP）数据库的市场造成影响。但当前 MPP 在扩展性方面不断突破（2019 年中国信通院大数据产品能力评测中，MPP 大规模测试集群规模已突破 512 节点），使得 MPP 在海量数据处理领域重新获得了一席之位。

MapReduce 暴露的处理效率问题以及 Hadoop 体系庞大复杂的运维操作，推动计算框架不断进行着升级演进。随后出现的 Apache Spark 已逐步成为计算框架的事实标准。在解决了数据“大”的问题后，数据分析时效性的需求越来越突出，Apache Flink、Kafka Streams、Spark Structured Streaming 等近年来备受关注的产品为分布式流处理的基础框架打下了基础。在此基础上，大数据技术产品不断分层细化，在开源社区形成了丰富的技术栈，覆盖存储、计算、分析、集成、管理、运维等各个方面。据统计，目前大数据相关开源项目已达上百个。

（三）大数据产业规模平稳增长

国际机构 Statista 在 2019 年 8 月发布的报告显示，到 2020 年，全球大数据市场的收入规模预计将达到 560 亿美元，较 2018 年的预期水平增长约 33.33%，较 2016 年的市场收入规模翻 1 倍。随着市场整体的日渐成熟和新兴技术的不断融合发展，未来大数据市场将呈现稳步发展的态势，增速维持在 14% 左右。在 2018—2020 年的预测期内，大数据市场整体的收入规模将保持每年约 70 亿美元的增长，复合年均增长率约为 15.33%。

从细分市场来看，大数据硬件、软件和服务的市场规模均保持较稳定的增长，2020 年三大细分市场的收入规模已分别达到 150 亿美元（硬件）、200 亿美元（软件）、210 亿美元（服务）。具体来看，2016—2017 年，软件市场规模增速达到了 37.5%，在数值上超过了传统的硬件市场。随着机器学习、高级分析算法等技术的成熟与融合，更多的数据应用和场景正在落地，大数据软件市场将继续高速增长。2018—2020 年间，每年约有 30 亿美元的增长规模，复合年均增长率约为 19.52%。大数据相关服务的规模始终最高，在 2018—2020 年间的复合年均增长率约为 14.56%。相比之下，硬件市场增速最低，但仍能保持约 11.8% 的复合年均增长率。从整体占比来看，软件规模占比将逐渐增加，服务相关收益将保持平稳发展的趋势，软件与服务之间的差距将不断缩小，而硬件规模在整体的占比则逐渐减小。

（四）大数据企业加速整合

近两年来，国际具有影响力的大数据公司也遭遇了一些变化。2018 年 10 月，美国大数据技术巨头 Cloudera 和 Hortonworks 宣布合并。在 Hadoop 领域，两家公司的合并意味着“强强联手”，而在更加广义的大数据领域，则更像是“抱团取暖”。但毫无疑问，这至少可以帮助两家企业结束近十年的竞争，并且依靠垄断地位早日摆脱长期亏损的窘况。而从第三方的角度来看，这无疑会影响整个 Hadoop 的生态。开源大数据目前已经成为互联网企业的基础设施，两家公司合并意味着 Hadoop 的标准将更加统一，长期来看新公司的盈利能力也将大幅提升，并将更多的资源用于新技术的投入。从体量和级别上来看，新公司将基本代表 Hadoop 社区，其他同类型企业将很难与之竞争。

2019 年 8 月，惠普（HPE）收购大数据技术公司 MapR 的业务资产，包括 MapR 的技术、知识产权以及多个领域的业务资源等。MapR 创立于 2009 年，属于 Hadoop 全球软件发行版供应商之一。专家普遍认为，企业组织越来越多以云服务形式使用数据计算和分析产品是使得 MapR 需求减少的重要原因之一。用户需求正从采购以 Hadoop 为代表的平台型产品，转向结合云化、智能计算后的服务型产品。这也意味着，全球企业级 IT 厂商的战争已经进入一个新阶段，即满足用户从平台产品到云化服务，再到智能解决方案的整体需求。

（五）数据合规要求日益严格

近两年来，各国在数据合规性方面的重视程度越来越高，但数据合规的进程仍任重道远。2019 年 5 月 25 日，旨在保护欧盟公民的个人数据、对企业的数据处理提出了严格要求的《通用数据保护条例》（GDPR）实施满一周年，数据保护相关的案例与公开事件数量攀升，同时也引起了诸多争议。

牛津大学的一项研究发现，GDPR 实施满一年后，未经用户同意而设置的新闻网站上的 Cookies 数量下降了 22%。欧盟 EDPB 的报告显示，GDPR 实施一年以来，欧盟当局收到了约 145000 份数据安全相关的投诉和问题举报，共判处 5500 万欧元行政罚款。苹果、微软、Twitter、WhatsApp、Instagram 等企业也都遭到调查或处罚。

GDPR 正式实施之后，带来了全球隐私保护立法的热潮，并成功提升了社会各领域对于数据保护的重视。例如，2020 年 1 月起，美国加州消费者隐私法案（CCPA）也将正式生效。与 GDPR 类似，CCPA 将对所有和美国加州居民有业务的数据商业行为进行监管。CCPA 在适用监管的标准上比 GDPR 更宽松，但是一旦满足被监管的标准，违法企业受到的惩罚更大。2019 年 8 月份，IAPP（世界上信息隐私方面的专业协会）OneTrust（第三方风险技术平台）对部分美国企业进行了 CCPA 准确度调查，结果显示，74% 的受访者认为他们的企业应该遵守 CCPA，但只有大约 2% 的受访者认为他们的企业已经完全做好了应对 CCPA 的准备。除加州 CCPA 外，更多的法案正在美国纽约州等多个州陆续生效。

二、融合成为大数据技术发展的重要特征

当前，大数据体系的底层技术框架已基本成熟。大数据技术正逐步成为支撑型的基础设施，其发展方向也开始向提升效率转变，逐步向个性化的上层应用聚焦，技术的融合趋势越来越明显。本节将针对当前大数据技术的几大融合趋势进行探讨。

（一）算力融合：多样性算力提升整体效率

随着大数据应用的逐步深入，场景越来越丰富，数据平台开始承载人工智能、物联网、视频转码、复杂分析、高性能计算等多样性的任务负载。同时，数据的复杂度不断提升，以高维矩阵运算为代表的新型计算范式具有粒度更细、并行更强、高内存占用、高带宽需求、低延迟高实时性等特点，以 CPU 为底层硬件的传统大数据技术无法有效满足新业务需求，出现性能瓶颈。

当前，以 CPU 为调度核心，协同 GPU、FPGA、ASIC 及各类用于 AI 加速“xPU”的异构算力平台成为行业热点解决方案，以 GPU 为代表的计算加速单元能够极大地提升新业务计算效率。不同硬件体系融合存在开发工具相互独立、编程语言及接口体系不同、软硬件协同缺失等工程问题。为此，产业界试图从统一软件开发平台和开发工具的层面来实现对不同硬件底层的兼容，如 Intel 公司正在设计支持跨多架构（包括 CPU、GPU、FPGA 和其他加速器）开发的编程模型 oneAPI，它提供一套统一的编程语言和开发工具集，来实现对多样性算力的调用，从根本上简化开发模式，针对异构计算形成一套全新的开放标准。

（二）流批融合：平衡计算性价比的最优解

流处理能够有效地处理即时变化的信息，从而反映出信息热点的实时动态变化。而离线批处理则更能够体现历史数据的累加反馈。考虑到对于实时计算需求和计算资源之间的平衡，业界很早就有了 lambda 架构的理论来支撑批处理和流处理共同存在的计算场景。随着技术架构的演进，流批融合计算正在成为趋势，并在不断向更实时更高效的计算推进，以支撑更丰富的大数据处理需求。

流计算的产生来源于对数据加工时效性的严苛要求。数据的价值随时间流逝而降低时，我们就必须在数据产生后尽可能快地对其进行处理，如实时监控、风控预警等。早期流计算开源框架的典型工具是 Storm，虽然它是逐条处理的典型流计算模式，但并不能满足“有且仅有一次”（Exactly-once）的处理机制。之后的 Heron 在 Storm 上做了很多改进，但相应的社区并不活跃。同期的 Spark 在流计算方面先后推出了 Spark Streaming 和 Structured Streaming，以微批处理的思想实现流式计算。而近年来出现的 Apache Flink，则使用了流处理的思想来实现批处理，很好地实现了流批融合的计算，国内包括阿里、腾讯、百度、字节跳动，国外包括 Uber、Lyft、Netflix 等公司都是 Flink 的使用者。2017 年由伯克利大学 AMPLab 开源的 Ray 框架也有相类似的思想，由一套引擎来融合多种计算模式，蚂蚁金服基于此框架正在进行金融级在线机器学习的实践。

（三）TA 融合：混合事务 / 分析支撑即时决策

TA 融合是指事务（Transaction）与分析（Analysis）的融合机制。在数据驱动精细化运营的今天，海量实时的数据分析需求无法避免。分析和业务是强关联的，但由于这两类数据库在数据模型、行列存储模式和响应效率等方面的区别，通常会造成数据的重复存储，事务系统中的业务数据库只能通过定时任务同步导入分析系统，这就导致了数据时效性不足，无法实时地进行决策分析。

混合事务/分析处理（HTAP）是Gartner提出的一个架构，它的设计理念是为了打破事务和分析之间的"墙"，实现在单一的数据源上不加区分地处理事务和分析任务。这种融合的架构具有明显的优势，可以避免频繁的数据搬运操作给系统带来的额外负担，减少数据重复存储带来的成本，从而及时高效地对最新业务操作产生的数据进行分析。

（四）模块融合：一站式数据能力复用平台

大数据的工具和技术栈已经相对成熟，大公司在实战经验中围绕工具与数据的生产链条、数据的管理和应用等逐渐形成了能力集合，并通过这一概念来统一数据资产的视图和标准，提供通用数据的加工、管理和分析能力。

数据能力集成的趋势打破了原有企业内的复杂数据结构，使数据和业务更贴近，并能更快地使用数据驱动决策。主要有针对性地解决三个问题：一是提高数据获取的效率；二是打通数据共享的通道；三是提供统一的数据开发能力。这样的"企业级数据能力复用平台"是一个由多种工具和能力组合而成的数据应用引擎、数据价值化的加工厂，来连接下层的数据和上层的数据应用团队，从而形成敏捷的数据驱动精细化运营的模式。阿里巴巴提出的"中台"概念和华为公司提出的"数据基础设施"概念都是模块融合趋势的印证。

（五）云数融合：云化趋势降低技术使用门槛

大数据基础设施向云上迁移是一个重要的趋势。各大云厂商均开始提供各类大数据产品以满足用户需求，纷纷构建自己的云上数据产品。早期的云化产品大部分是对已有大数据产品的云化改造，现在，越来越多的大数据产品从设计之初就遵循了云原生的概念进行开发，生于云长于云，更适合云上生态。

向云化解决方案演进的最大优点是用户不用再操心如何维护底层的硬件和网络，能够更专注于数据和业务逻辑，很大程度上降低了大数据技术的学习成本和使用门槛。

（六）数智融合：数据与智能多方位深度整合

大数据与人工智能的融合主要体现在大数据平台的智能化与数据治理的智能化上。

智能的平台：用智能化的手段来分析数据是释放数据价值高阶之路，但用户往往不希望在两个平台间不断地搬运数据，这促成了大数据平台和机器学习平台深度整合的趋势，大数据平台在支持机器学习算法之外，还将支持更多的AI类应用。Databricks为数据科学家提供一站式的分析平台Data Science Workspace，Cloudera也推出了相应的分析平台Cloudera Data Science Workbench。2019年年底，阿里巴巴基于Flink开源了机器学习算法平台Alink，并已在阿里巴巴搜索、推荐、广告等核心实时在线业务中有广泛实践。

智能的数据治理：数据治理的输出是人工智能的输入，即经过治理后的大数据。AI数据治理，是通过智能化的数据治理使数据变得智能：通过智能元数据感知和敏感数据自动识别，对数据自动分级分类，形成全局统一的数据视图。通过智能化的数据清洗和关联分析，把关数据质量，建立数据血缘关系。数据能够自动具备类型、级别、血缘等标签，在降低数据治理复杂性和成本的同时，得到智能的数据。

三、大数据产业蓬勃发展

近年来，中国大数据产业蓬勃发展，融合应用不断深化，数字经济质量提升，对经济社会的创新驱动、融合带动作用显著增强。下面笔者将从政策环境、主管机构、产品水平、行业应用等方面对中国大数据产业发展的态势进行简要分析。

（一）大数据产业发展政策环境日益完善

产业发展离不开政策支撑。中国政府高度重视大数据的发展。自 2014 年以来，中国国家大数据战略的谋篇布局经历了四个不同阶段。

（1）预热阶段：2014 年 3 月，“大数据”一词首次写入政府工作报告，为中国大数据发展的政策环境搭建开始预热。从这一年起，“大数据”逐渐成为各级政府和社会各界的关注热点，中央政府开始提供积极的支持政策与适度宽松的发展环境，为大数据的发展创造机遇。

（2）起步阶段：2015 年 8 月 31 日，国务院正式印发了《促进大数据发展行动纲要》（国发〔2015〕50 号），成为中国发展大数据的首部战略性指导文件，对包括大数据产业在内的大数据整体发展做出了部署，体现了国家层面对大数据发展的顶层设计和统筹布局。

（3）落地阶段：《“十三五”规划纲要》的公布标志着国家大数据战略的正式提出，彰显了中央对于大数据战略的重视。2016 年 12 月，工信部发布《大数据产业发展规划（2016—2020 年）》，为大数据产业的发展奠定了重要的基础。

（4）深化阶段：随着国内大数据迎来全面良好的发展态势，国家大数据战略也开始走向深化阶段。2017 年 10 月，党的十九大报告提出推动大数据与实体经济深度融合，为大数据产业的未来发展指明方向。12 月，中央政治局就实施国家大数据战略进行了集体学习。2019 年 3 月，政府工作报告第六次提到“大数据”，并且有多项任务与大数据密切相关。

自 2015 年国务院发布《促进大数据发展行动纲要》系统性部署大数据发展工作以来，各地陆续出台促进大数据产业发展的规划、行动计划和指导意见等文件。截至目前，除港澳台外全国 31 个省级单位均已发布了推进大数据产业发展的相关文件。可以说，中国各地推进大数据产业发展的设计已经基本完成，陆续进入了落实阶段。通过梳理 31 个省级行政区划单位的典型大数据产业政策可以看出，大部分省（区、市）的大数据政策集中发布于 2016—2017 年。而在近两年发布的政策中，更多的地方将新一代信息技术整体作为考量，并加入了人工智能、数字经济等内容，进一步地拓展了大数据的外延。同时，各地在颁布大数据政策时，既注重大数据产业的推进，也在更多地关注产业数字化和政务服务等方面，这体现出了大数据与行业应用结合及政务数据共享开放近年来取得的进展。

（二）各地大数据主管机构陆续成立

近年来，部分省市陆续成立了大数据局等相关机构，对包括大数据产业在内的大数据发展进行统一管理。以省级大数据主管机构为例，从 2014 年广东省设立第一个省级大数据局开始，截至 2019 年 5 月，共有 14 个省级地方成立了专门的大数据主管机构。

除此之外，上海、天津、江西等省市组建了上海市大数据中心、天津市大数据管理中心、江西省信息中心（江西省大数据中心），承担了一部分大数据主管机构的职能。部分省级以下的地方政府也相应组建了专门的大数据管理机构。根据黄璜等人的统计，截至 2018 年 10 月已有 79 个副省级和地级城市组建了专门的大数据管理机构。

（三）大数据技术产品水平持续提升

从产品角度来看，目前大数据技术产品主要包括大数据基础类技术产品（承担数据存储和基本处理功能，包括分布式批处理平台、分布式流处理平台、分布式数据库、数据集成工具等）、分析类技术产品（承担对于数据的分析挖掘功能，包括数据挖掘工具、bi 工具、可视化工具等）、管理类技术产品（承担数据在集成、加工、流转过程中的管理功能，包括数据管理平台、数据流通平台等）等。中国在这些方面都取得了一定的进展。

中国大数据基础类技术产品的市场成熟度相对较高。一是供应商越来越多，从最早只有几家大型互联网公司发展到目前的近 60 家公司可以提供相应产品，覆盖了互联网、金融、电信、电力、铁路、石化、军工等不同行业；二是产品功能日益完善，根据中国信通院的测试，分布式批处理平台、分布式流处理平台类的参评产品功能项通过率均在 95% 以上；三是大规模部署能力有很大突破，如阿里云 MaxCompute 通过了 10000 节点批处理平台基础能力测试，华为 GuassDB 通过了 512 台物理节点的分析型数据库基础能力测试；四是自主研发意识不断增强，目前有很多基础类产品源自对于开源产品进行的二次开发，特别是分布式批处理平台、流处理平台等产品九成以上基于已有开源产品开发。

中国大数据分析类技术产品发展迅速，个性化与实用性趋势明显。一是满足跨行业需求的通用数据分析工具类产品逐渐应运而生，如百度的机器学习平台 Jarvis、阿里云的机器学习平台 PAI 等；二是随着深度学习技术的相应发展，数据挖掘平台从以往只支持传统机器学习算法转变为额外支持深度学习算法以及 GPU 计算加速能力；三是数据分析类产品易用性进一步提升，大部分产品都拥有直观的可视化界面以及简洁便利的交互操作方式。

中国大数据管理类技术产品还处于市场形成的初期。目前，国内常见的大数据管理类软件有 20 多款。数据管理类产品虽然涉及的内容庞杂，但技术实现难度相对较低，一些开源软件如 Kettle、Sqoop 和 Nifi 等，为数据集成工具提供了开发基础。中国信通院测试结果显示，参照囊括功能全集的大数据管理软件评测标准，所有参评产品符合程度均在 90% 以下。随着数据资产重要性的日益突出，数据管理类软件的地位也将越来越高，未来将机器学习、区块链等新技术与数据管理需求结合，还有很大的发展空间。

（四）大数据行业应用不断深化

前几年，大数据的应用还主要在互联网、营销、广告等领域。这几年，无论是从新增企业数量、融资规模还是应用热度来说，与大数据结合紧密的行业逐步向工业、政务、电信、交通、金融、医疗、教育等领域广泛渗透，应用逐渐向生产、物流、供应链等核心业务延伸，涌现了一批大数据典型应用，企业应用大数据的能力逐渐增强。电力、铁路、石化等实体经济领域龙头企业不断完善自身大数据平台建设，持续加强数据治理，构建起以数据为核心驱动力的创新能力，行业应用“脱虚向实”趋势明显，大数据与实体经济深度融合不断加深。

电信行业方面，电信运营商拥有丰富的数据资源。数据来源涉及移动通话和固定电话、无线上网、有线宽带接入等所有业务，也涵盖线上线下渠道在内的渠道经营相关信息，所服务的客户涉及个人客户、家庭客户和政企客户。三大运营商2019年以来在大数据应用方面都走向了更加专业化的阶段。电信行业在发展大数据上有明显的优势，主要体现在数据规模大、数据应用价值持续凸显、数据安全性普遍较高。2019年，三大运营商都已经完成了全集团大数据平台的建设，设立了专业的大数据运营部门或公司，开始了数据价值释放的新举措。三大运营商通过对外提供领先的网络服务能力，深厚的数据平台架构和数据融合应用能力，高效可靠的云计算基础设施和云服务能力，打造数字生态体系，加速非电信业务的变现能力。

金融行业方面，随着金融监管的日趋严格，通过金融大数据规范行业秩序并降低金融风险逐渐成为金融大数据的主流应用场景。同时，各大金融机构由于信息化建设基础好、数据治理起步早，使得金融业成为数据治理发展较为成熟的行业。

互联网营销方面，随着社交网络用户数量的不断扩张，利用社交大数据来做产品口碑分析、用户意见收集分析、品牌营销、市场推广等“数字营销”应用，将是未来大数据应用的重点。电商数据直接反映用户的消费习惯，具有很高的应用价值。伴随着移动互联网流量见顶，以及广告主营销预算的下降，如何利用大数据技术帮助企业更高效地触达目标用户成为行业最热衷的话题。“线下大数据”“新零售”的概念日渐火热，但其对于个人信息保护方面容易存在漏洞，也使得合规性成为这一行业发展的核心问题。

工业方面，工业大数据是指在工业领域中，在生产链过程包括研发、设计、生产、销售、运输、售后等各个环节中产生的数据总和。随着工业大数据成熟度的提升，工业大数据的价值挖掘也逐渐深入。目前，各个工业企业已经开始面向数据全生命周期的数据资产管理，逐步提升工业大数据的成熟度，深入工业大数据价值挖掘。

能源行业方面，2019年5月，国家电网大数据中心正式成立，该中心旨在打通数据壁垒、激活数据价值、发展数字经济，实现数据资产的统一运营，推进数据资源的高效使用。这是传统能源行业拥抱大数据应用的一次机制创新。

医疗健康方面，医疗大数据成为2019年大数据应用的热点方向。2018年7月颁布的《国家健康医疗大数据标准、安全和服务管理办法》为健康行业大数据服务指导了方向。电子病历、个性化诊疗、医疗知识图谱、临床决策支持系统、药品器械研发等成为行业热点。

除以上行业之外，教育、文化、旅游等行业的大数据应用也都在快速发展。中国大数据的行业应用更加广泛，正加速渗透到经济社会的方方面面。

四、数据资产化步伐稳步推进

在党的十九届四中全会上，中央首次公开提出“健全劳动、资本、土地、知识、技术、管理和数据等生产要素按贡献参与分配的机制”。这是中央首次在公开场合提出数据可作为生产要素按贡献参与分配，反映了随着经济活动数字化转型的加快，数据对提高生产效率的乘数作用凸显，成为最具时代特征新生产要素的重要变化。

（一）数据：从资源到资产

“数据资产”这一概念是由信息资源和数据资源的概念逐渐演变而来的。信息资源是在20世纪70年代计算机科学快速发展的背景下产生的，信息被视为与人力资源、物质资源、财务资源和自然资源同等重要的资源，高效、经济的管理组织中的信息资源是非常必要的。数据资源的概念是在20世纪90年代伴随着政府和企业的数字化转型而产生的，是有含义的数据集结到一定规模后形成的资源。数据资产在21世纪初大数据技术的兴起背景下产生，并随着数据管理、数据应用和数字经济的发展而普及。

中国信通院在2017年将“数据资产”定义为“由企业拥有或者控制的，能够为企业带来未来经济利益的，以一定方式记录的数据资源”。这一概念强调了数据具备的“预期给会计主体带来经济利益”的资产特征。

（二）数据资产管理理论体系仍在发展

数据管理的概念是伴随着20世纪80年代数据随机存储技术和数据库技术的使用而诞生的，主要指在计算机系统中的数据可以被方便地存储和访问。经过40年的发展，数据管理理论体系主要形成了国际数据管理协会（DAMA）、IBM和数据管控机构（DGI）所提出的三个流派。

然而，这三种理论体系都是大数据时代之前的产物，其视角还是将数据作为信息来管理，更多的是为了满足监管要求和达到企业考核的目的，并没有从数据价值释放的维度来考虑。

在数据资产化背景下，数据资产管理是在数据管理基础上的进一步发展，可以视作数据管理的“升级版”。二者的主要区别表现为以下三方面。一是管理视角不同，数据管理主要关注的是如何解决问题数据带来的损失，而数据资产管理则关注如何利用数据资产为企业带来价值，需要基于数据资产的成本、收益来开展数据价值管理。二是管理职能不同，传统数据管理的管理职能包含数据标准管理、数据质量管理、元数据管理、主数据管理、数据模型管理、数据安全管理等，而数据资产管理针对不同的应用场景和大数据平台建设情况，增加了数据价值管理和数据共享管理等职能。三是组织架构不同，在“数据资源管理转向数据资产管理”理念的影响下，相应的组织架构和管理制度也有所变化，需要有更专业的管理队伍和更细致的管理制度来确保数据资产管理的流程性、安全性和有效性。

（三）各行业积极实践数据资产管理

各行业实践数据资产管理普遍经历 3—4 个阶段。最初，行业数据资产管理主要是为了解决报表和经营分析的准确性，并通过建立数据仓库实现。随后，行业数据资产管理的目的是治理数据，管理对象由分析域延伸到生产域，并在数据库中开展数据标准管理和数据质量管理。随着大数据技术的发展，企业数据逐步汇总到大数据平台，形成了数据采集、计算、加工、分析等配套工具，建立了元数据管理、数据共享、数据安全保护等机制，并开展了数据创新应用。而目前，许多行业的数据资产管理已经进入数据资产运营阶段，数据成为企业核心的生产要素，不仅满足企业内部各项业务创新，还逐渐成为服务企业外部的数据产品。企业也积极开展如数据管理能力成熟度模型（DCMM）等数据管理能力评估工作，不断提升数据资产管理能力。

金融、电信等行业普遍在 2000—2010 年间就开始了数据仓库建设（简称“数仓建设”），并将数据治理范围逐步扩展到生产域，建立了比较完善的数据治理体系。2010 年后通过引入大数据平台，企业实现了数据的汇聚，并逐渐向数据湖发展，内部的数据应用较为完善，不少企业逐渐开始探索数据对外运营和服务。

（四）数据资产管理工具百花齐放

数据资产管理工具是数据资产管理工作落地的重要手段。由于大数据技术栈中开源软件的缺失，数据资产管理的技术发展没有可参考的模板，工具开发者多从数据资产管理实践与项目中设计工具架构，各企业数据资产管理需求的差异化使得数据资产管理工具的形态各异。因此，数据资产管理工具市场呈现出百花齐放的状态。数据资产管理工具可以是多个工具的集成，并以模块化的形式集中于数据管理平台。

元数据管理工具、数据标准管理工具、数据质量管理工具是数据资产管理工具的核心，数据价值工具是数据资产化的有力保障。中国信通院对数据管理平台的测试结果显示，数据管理平台对于元数据管理工具、数据标准管理工具和数据质量管理工具的覆盖率达到了 100%，这些工具通过追踪记录数据、标准化数据、稽核数据的关键活动，有效地管理了数据，提升了数据的可用性。与此同时，主数据管理工具和数据模型管理工具的覆盖率均低于 20%，其中主数据管理多以解决方案的方式提供服务，而数据模型管理多在元数据管理中实现，或以独立工具在设计数据库或数据仓库阶段完成。超过 80% 的数据价值工具以直接提供数据源的方式进行数据服务，其他的数据服务方式包括数据源组合、数据可视化和数据算法模型等。超过 95% 的数据价值工具动态展示数据的分布应用和存储计算情况，但仅有不到 10% 的工具量化数据价值，并提供数据增值方案。

未来，数据资产管理工具将向智能化和敏捷化发展，并以自助服务分析的方式深化数据价值。Gartner 在 2019 年关于分析与商务智能软件市场的调研报告中显示，该市场在 2018 年增长了 11.7%，而基于自助服务分析的现代商务智能和数据科学平台分别增长了 23.3% 和 19%。随着数据量的增加和数据应用场景的丰富，数据间的关系变得更加复杂，问题数据也隐藏于数据湖中难以被发觉。智能化的探索梳理结构化数据间、非结构化数据间的关系将节省巨大的人力，快速发现并处理问题数据也将极大地提升数据的可用性。在数据交易市场尚未成熟的情况下，通过扩展数据使用者的范围，提升数据使用者挖掘数据价值的能力，将最大限度地开发和释放数据价值。

（五）数据资产化面临诸多挑战

目前，困扰数据资产化的关键问题主要包括数据确权困难、数据估值困难和数据交易市场尚未成熟。

（1）数据确权困难。明确数据权属是数据资产化的前提，但目前在数据权利主体以及权利分配上存在诸多争议。数据权不同于传统物权。物权的重要特征之一是对物的直接支配，但数据权在数据的全生命周期中有不同的支配主体，有的数据产生之初由其提供者支配，有的产生之初便被数据收集人支配（如微信聊天内容、电商消费数据、物流数据等）；在数据处理阶段被各类数据主体所支配。原始数据只是大数据产业的基础，其价值属性远低于集合数据为代表的增值数据所产生的价值。

因此，法律专家倾向于将数据的权属分开，即不探讨整体数据权，而是从管理权、使用权、所有权等维度进行探讨。而由于数据从法律上目前尚没有被赋予资产的属性，所以数据所有权、使用权、管理权、交易权等权益没有被相关的法律充分认同和明确界定。数据也尚未像商标、专利一样，有明确的权利申请途径、权利保护方式等，对于数据的法定权利，尚未有完整的法律保护体系。

（2）数据估值困难。影响数据资产价值的因素主要有质量、应用和风险三个维度。质量是决定数据资产价值的基础，合理地评估数据的质量水平，才能对数据的应用价值进行准确预测；应用是数据资产形成价值的方式，数据与应用场景结合才能贡献经济价值；风险则是指法律和道德等方面存在的限制。

目前，常用的数据资产估值方法主要有成本法、收益法和市场法三类。成本法从资产的重置角度出发，重点考虑资产价值与重新获取或建立该资产所需成本之间的相关程度；收益法基于目标资产的预期应用场景，通过未来产生的经济效益的折现来反映数据资产在投入使用后的收益能力，而根据衡量无形资产经济效益的不同方法又可具体分为权利金节省法、多期超额收益法和增量收益法；市场法则是在相同或相似资产的市场可比案例交易价格的基础上，对差异因素进行调整，以此反映数据资产的市场价值。

评估数据资产的价值需要考虑多方面的因素，数据的质量水平、不同的应用场景和特定的法律道德限制均对数据资产价值有所影响。虽然目前已有从不同角度出发的数据资产估值方法，但在实际应用中均存在不同的问题，有其适用范围。构建成熟的数据资产评价体系，还需要以现有方法为基础框架，进一步探索在特定领域和具体案例中的适配方法。

（3）数据交易市场尚未成熟。2014 年以来，国内出现了一批数据交易平台，各地方政府也成立了数据交易机构，包括贵阳大数据交易所、长江大数据交易中心、上海数据交易中心等。同时，互联网领军企业也在积极探索新的数据流通机制，提供了行业洞察、营销支持、舆情分析、引擎推荐、API 数据市场等数据服务，并针对不同的行业提出了相应的解决方案。

但是，由于数据权属和数据估值的限制以及数据交易政策和监管的缺失等，目前国内的数据交易市场尽管在数据服务方式上有所丰富，但发展依然面临着诸多困难，阻碍了数据资产化的进程。主要体现在如下两点。一是市场缺乏信任机制，技术服务方、数据提供商、数据交易中介等可能会私下缓存并对外共享、交易数据，数据使用企业不按协议要求私自留存、复制甚至转卖数据的现象普遍存在。中国各大数据交易平台并未形成统一的交易流程，甚至有些交易平台没有完整的数据交易规范，使得数据交易存在很大风险。二是缺乏良性互动的数据交易生态体系。数据交易中所涉及的采集、传输、汇聚活动日益频繁，相应地，个人隐私、商业机密等一系列安全问题也日益突出，亟须建立包括监管机构和社会组织等多方参与的，法律法规和技术标准多要素协同的，覆盖数据生产流通全过程和数据全生命周期管理的数据交易生态体系。

五、数据安全合规要求不断提升

2019 年以来，大数据安全合规方面不断有事件曝出。2019 年 9 月 6 日，位于杭州的大数据风控平台杭州魔蝎数据科技有限公司被警方控制，高管被带走，相关服务暂时瘫痪。同日，另一家提供大数据风控服务的新颜科技人工智能科技有限公司高管被带走协助调查。以两平台被查为开端，短短一周内，多家征信企业分别有人被警方带走调查，市场纷纷猜测是否与爬虫业务有关。一时间，大数据安全合规的问题，特别是对于个人信息保护的问题，再次成为行业关注热点。

（一）数据相关法律监管日趋严格规范

与全球不断收紧的数据合规政策相类似，中国在数据法律监管方面也日趋严格规范。

当前中国大数据方面的立法呈现出以个人信息保护为核心，包含基本法律、司法解释、部门规章、行政法规等综合框架。一些综合性法律中也涉及了个人信息保护条款。

2019 年以来，数据安全方面的立法进程明显加快。中央网信办针对四项关于数据安全的管理办法相继发布征求意见稿，其中，《儿童个人信息网络保护规定》已正式公布，并于 2019 年 10 月 1 日开始施行。一系列行政法规的制定，唤起了民众对数据安全的强烈关注。

但不可否认的是，从法律法规体系方面来看，中国的数据安全法律法规仍不够完善，呈现出缺乏综合性统一法律、缺乏法律细节解释、保护与发展协调不够等问题。2018 年，十三届全国人大常委会立法规划中的“条件比较成熟、任期内拟提请审议的法律草案”包括《个人信息保护法》《数据安全法》两部。个人信息和数据保护的综合立法时代即将来临。

（二）数据安全技术助力大数据合规要求落地

数据安全的概念来源于传统信息安全的概念。在传统信息安全中，数据是内涵，信息系统是载体，数据安全是整个信息安全的关注重点，信息安全的主要内容是通过安全技术保障数据的秘密性、完整性和可用性。从数据生命周期的角度区分，数据安全技术包括作用于数据采集阶段的敏感数据鉴别发现、数据分类分级标签、数据质量监控；作用于数据存储阶段的数据加密、数据备份容灾；作用于数据处理阶段的数据脱敏、安全多方计算、联邦学习；作用于数据删除阶段的数据全副本销毁；作用于整个数据生命周期的用户角色权限管理、数据传输校验与加密、数据活动监控审计等。

当前中国数据安全法律法规重点关注个人信息的保护，大数据行业整体合规也必然将以此作为核心。而在目前的数据安全技术中有为数不少的技术手段瞄准了敏感数据在处理使用中的防护，如数据脱敏、安全多方计算、联邦学习等。

在《数据安全管理办法（征求意见稿）》中明确要求，对于个人信息的提供和保存要经过匿名化处理，而数据脱敏技术是实现数据匿名化处理的有效途径。应用静态脱敏技术可以保证数据对外发布不涉及敏感信息，同时在开发、测试环境中保证敏感数据集本身特性不变的情况下能够正常进行挖掘分析，应用动态脱敏技术可以保证在数据服务接口能够实时返回数据请求的同时杜绝敏感数据泄露风险。

安全多方计算和联邦学习等技术能够确保在协同计算中任何一方实际数据不被其他方获得的情况下完成计算任务并获得正确的计算结果。应用这些技术能够在有效保护敏感数据以及个人隐私数据不存在泄露风险的同时完成原本需要执行的数据分析、数据挖掘、机器学习等任务。

上述技术是当前最为主流的数据安全保护技术，也是最有利于大数据安全合规落地的数据安全保护技术。其中的各项技术分别具有各自的技术实现方式、应用场景、技术优势和当前存在的问题。

上述技术均存在多种技术实现方式，不同实现方式可能达到对于隐私数据不同程度的保护，不同的应用场景对于隐私数据的保护程度和可用性也有不同的需求。作为助力实现大数据安全合规落地的主要技术，在实际应用中使用者应根据具体的应用场景选择合适的隐私保护技术以及合适的实现方式，而繁多的实现方式和产品化的功能点区别导致技术使用者具体进行选择时会遇到很大的困难。通过标准对相应隐私保护技术进行规范化，可以有效地应对这种情况。

未来伴随着大数据产业的不断发展，个人信息和数据安全的相关法律法规将不断出台，在企业合规方面，应用标准化的数据安全技术是十分有效的合规落地手段。随着公众数据安全意识的提升和技术本身的不断进步完善，数据安全技术将逐渐呈现出规范化、标准化的趋势，参照相关法律法规要求进行相关产品技术标准制定，应用符合相应技术标准的数据安全技术产品，保证对于敏感数据和个人隐私数据的使用合法合规，将成为未来大数据产业合规落地的一大趋势。

（三）数据安全标准规范体系不断完善

相对于法律法规和针对数据安全技术的标准，在大数据安全保护中，标准和规范也发挥着不可替代的作用。《信息安全技术个人信息安全规范》是个人信息保护领域重要的推荐性标准。标准结合国际通用的个人信息和隐私保护理念，提出了“权责一致、目的明确、选择同意、最少够用、公开透明、确保安全、主体参与”七大原则，为企业完善内部个人信息保护制度及实践操作规则提供了更为细致的指引。2019 年 6 月 25 日，该标准修订后的征求意见稿正式发布。

一系列聚焦数据安全的国家标准近年来陆续发布，包括《大数据服务安全能力要求》（GB/T 35274—2017）、《大数据安全管理指南》（GB/T 37973—2019）、《数据安全能力成熟度模型》（GB/T 37988—2019）、《数据交易服务安全要求》（GB/T 37932—2019）等，这些标准对于中国数据安全领域起到了重要的指导作用。

中国通信标准化协会大数据技术标准推进委员会（CCSA TC601）推出的《可信数据服务》系列规范将个人信息保护推广到企业数据综合合规。标准针对数据供方和数据流通平台的不同角色身份，从管理流程和管理内容等方面对企业数据合规提出了推荐性建议。规范列举了数据流通平台在提供数据流通服务时，在平台管理、流通参与主体管理、流通品管理、流通过程管理等方面的管理要求和建议，以及在数据提供方提供数据产品时，在数据产品管理、数据产品供应管理等方面需满足和体现服务能力与服务质量的要求。系列规范已于 2019 年 6 月发布。

六、大数据发展展望

党的十九届四中全会提出将数据与资本、土地、知识、技术和管理并列作为可参与分配的生产要素，这体现出数据在国民经济运行中变得越来越重要，数据对经济发展、社会生活和国家治理正在产生着根本性、全局性、革命性的影响。

技术方面，我们仍然处在“数据大爆发”的初期，5G、工业互联网的深入发展将带来更大的“数据洪流”，这就为大数据的存储、分析、管理带来了更大的挑战，牵引大数据技术再上新的台阶。硬件与软件的融合、数据与智能的融合将带动大数据技术向异构多模、超大容量、超低时延等方向拓展。

应用方面，大数据行业应用正在从消费端向生产端延伸，从感知型应用向预测型、决策型应用发展。当前，互联网行业已经从“IT 时代”全面进入“DT 时代”（Data Technology）。未来几年，随着各地政务大数据平台和大型企业数据中台的建成，政务、民生与实体经济领域的大数据应用将再上新的台阶。

治理方面，随着国家数据安全法律制度的不断完善，各行业的数据治理也将深入推进。数据的采集、使用、共享等环节的乱象得到遏制，数据的安全管理成为各行各业自觉遵守的底线，数据流通与应用的合规性将大幅提升，健康、可持续的大数据发展环境逐步形成。

然而，中国大数据发展也同样面临着诸多问题。例如，大数据原创性的技术和产品尚不足；数据开放共享水平依然较低，跨部门、跨行业的数据流通仍不顺畅，有价值的公共信息资源和商业数据没有充分流动起来；数据安全管理仍然薄弱，个人信息保护面临新威胁与新风险。这就需要大数据从业者在大数据理论研究、技术研发、行业应用、安全保护等方面付出更多的努力。

新的时代，新的机遇。我们也应该看到，大数据与 5G、人工智能、区块链等新一代信息技术的融合发展日益紧密。特别是区块链技术，一方面区块链可以在一定程度上解决数据确权难、数据孤岛严重、数据垄断等“先天病”；另一方面隐私计算技术等大数据技术也反过来促进了区块链技术的完善。在新一代信息技术的共同作用下，中国的数字经济正向着更加互信、共享、均衡的方向发展，数据的“生产关系”正在进一步重塑。

第二节　大数据的定义与本质

随着大数据时代的来临，大数据（Big Data）这个词近年来成了关注度极高和使用极频繁的一个热词。然而，与这种热度不太对称的是，大众只是跟随使用，对大数据究竟是什么并没有真正地了解。学术界对大数据的含义也莫衷一是，很难有一个规范的定义。虽然说大数据时代刚刚来临，对大数据的含义有着不同的理解完全是正常的，但作为哲学工作者，我们还是有必要对其做一个相对系统的比较和梳理，以便大众更好地把握大数据的内涵和本质。

一、大数据的语义分析

早在 1980 年，著名未来学家阿尔文 · 托夫勒在其《第三次浪潮》一书中就描绘过未来信息社会的前景并强调了数据在信息社会中的作用。随着信息技术特别是智能信息采集技术、互联网技术的迅速发展，各类数据都呈现出急剧爆发之势，计算机界因此提出了“海量数据”的概念，并突出了数据挖掘的概念和技术，以便从海量的数据中挖掘出需要的数据成了一种专门的技术和学科，为大数据的提出和发展做好了技术的准备。2008 年 9 月，《自然》杂志推出了“大数据”特刊，并在封面中特别突出了“大数据专题”。2009 年开始，在互联网领域，“大数据”一词已经成了一个热门词语。不过，这个时候的“大数据”概念与现在的“大数据”概念，虽然名字相同，但内涵和本质有着巨大的差别，而且主要局限于计算机行业。

2011年6月，美国著名的麦肯锡咨询公司发表了一份《大数据：下一个创新、竞争和生产力的前沿》的研究报告。在这份报告中，麦肯锡公司不但重新提出了大数据的概念，而且全面阐述了大数据在未来经济、社会发展中的重要意义，并宣告大数据时代的来临。由此，“大数据”一词很快越出学术界而成为社会大众的热门词语，麦肯锡公司也成为大数据革命的先驱者。2012年的美国大选中，奥巴马团队成功运用大数据技术战胜对手，并且还将发展大数据上升为国家战略，以政府之名发布了《大数据研究与发展计划》，让专业的大数据概念变为家喻户晓的词汇。美国的Google、Facebook、Amazon以及中国的百度、腾讯和阿里巴巴，这些数据时代的造富神话更让大众知晓了大数据所蕴藏的巨大商机和财富，成为世界各国政府和公司追逐的对象。2012年2月11日，《纽约时报》发表了头版文章，宣布大数据时代已经降临。2012年6月，联合国专门发布了大数据发展战略，这是联合国第一次就某一技术问题发布报告。英国学者维克托·舍恩伯格的《大数据时代》一书则对大数据技术及其对工作、生活和思维方式进行了全面的普及，因此大数据及其思维模式在全世界范围内得到了迅速的传播。从国内来说，涂子沛的《大数据：正在到来的数据革命》让国人及时了解到国际兴起的大数据热，让我们与国际同行保持了同步。

大数据究竟是什么意思呢？从字面意思来说，所谓大数据就是指规模特别巨大的数据集合，因此从本质上来说，它仍然是属于数据库或数据集合，不过是规模变得特别巨大而已。因此麦肯锡公司在上述的咨询报告中将大数据定义为：“大小超出常规的数据库工具获取、存储、管理和分析能力的数据集。”

维基百科对大数据这样定义：Big Data is an all-encompassing term for any collection of data sets so large or complex that it becomes difficult to process using traditional data processing applications。中文维基百科则说：“大数据，或称巨量资料，指的是所涉及的数据量规模巨大到无法通过人工在合理时间内截取、管理、处理，并整理成为人类所能解读的信息。”

世界著名的美国权威研究机构Gartner对大数据给出了这样的定义：“大数据是需要新处理模式才能具有更强的决策力、洞察发现力和流程优化能力的海量、高增长率和多样化的信息资源。”百度百科则基本引用Gartner对大数据的定义，认为大数据或称巨量资料，指的是需要新处理模式才能具有更强的决策力、洞察发现力和流程优化能力的海量、高增长率和多样化的信息资产。

英国大数据权威维克托则在其《大数据时代》一书中这样定义：“大数据并非一个确切的概念。最初，这个概念是指需要处理的信息量过大，已经超出了一般电脑在数据处理时所能使用的内存量，因此工程师必须改进处理数据的工具。”“大数据是人们获得新认知、创造新的价值的源泉；大数据还是改变市场、组织机构，以及政府与公民关系的方法。”

John Wiley图书公司出版的《大数据傻瓜书》对大数据是这样解释的：“大数据并不是一项单独的技术，而是新、旧技术的一种组合，它能够帮助公司获取更可行的洞察力。因此，大数据是管理巨大规模独立数据的能力，以便以合适速度、在合适的时间范围内完成实时分析和响应。”

大数据技术引入国内之后，我国学者对大数据的理解也一样五花八门，不过跟国外学者的理解比较类似。最早介入并对大数据进行比较深入研究的三位院士的观点应该具有一定的代表性和权威性。

邬贺铨院士认为："大数据泛指巨量的数据集，因可从中挖掘出有价值的信息而受到重视。"李德毅院士则说："大数据本身既不是科学，也不是技术，我个人认为，它反映的是网络时代的一种客观存在。各行各业的大数据，规模从 TB 到 PB 到 EB 到 ZB，都是以三个数量级的阶梯迅速增长，是用传统工具难以认知的，具有更大挑战的数据。"而李国杰院士则引用维基百科定义"大数据是指无法在一定时间内用常规软件工具对其内容进行抓取、管理和处理的数据集合"，认为"大数据具有数据量大、种类多和速度快等特点，涉及互联网、经济、生物、医学、天文、气象、物理等众多领域"。

我国最早介入大数据普及的学者涂子沛在其《大数据：正在到来的数据革命》中，将大数据定义为："大数据是指那些大小已经超出了传统意义上的尺度，一般的软件工具难以捕捉、存储、管理和分析的数据。"由于涂子沛的著作发行量比较大，因此他对大数据的这个界定也具有一定的影响力。

从国内外学者对大数据的界定来看，虽然目前没有统一的定义，但基本上都从数据规模、处理工具、利用价值三个方面来界定：①大数据属于数据的集合，其规模特别大；②用一般数据工具难以处理，因而必须引入数据挖掘新工具；③大数据具有重大的经济、社会价值。

二、大数据的哲学本质

大数据究竟是什么这个问题，仅仅从语义和特征来回答，似乎并没有完全揭示出大数据的本质。大数据时代的来临，最重要的是给我们带来了数据观的变革，只有从哲学世界观的视角分析大数据的世界观或数据观，才能真正回答大数据究竟是什么。简单来说，大数据作为一场数据革命，除了带来海量数据，并且这些数据具有 4V 特征之外，更重要的是大数据带来的数据世界观。在大数据看来，万物皆数据，万物皆可被数据化，大数据刻画了世界的真实环境，并且带来了信息的完全透明化，我们的世界变成了一个透明的世界。

（一）在大数据看来，万物皆由数据构成，世界的本质是数据

世界究竟是什么？这是哲学家长期关注的重大问题。从古希腊哲学家泰勒斯开始，哲学家就开始探索世界的本原，并从 beginning（起源）和 element（要素）两个维度进行了回答。早期自然哲学家曾经把水、火、土、气、原子分别作为本原，而后期的人文哲学家则基本上将人类精神作为本原。马克思主义哲学正是从 beginning 的维度将历史上的所有哲学分为唯物主义和唯心主义，在这一维度，物质和精神是对立的，只能二选一。从 element 的维度看，物质和精神都是构成世界的要素，而且以往的哲学家和科学家基本都认为也只有这两者才是构成世界的终极要素。但刚刚兴起的大数据则认为，除了以往认为的物质和精

神之外，数据是构成世界的终极要素之一，即构成世界的三大终极要素是物质、精神和数据。英国大数据权威维克托·舍恩伯格甚至认为，世界万物皆由数据构成，数据是世界的本质。

万物皆数据，数据是世界的本质，世界上的一切，无论是物质还是意识，最终都可以表述为数据，这样数据就成了物质、意识的表征，甚至将物质和意识关联统一起来。古希腊哲学家毕达哥拉斯从音乐与数字、几何图形与数字的关系中发现了数据的重要性，提出了“数是万物本原”的思想，强调了数据对世界构成的意义以及对世界认知的影响。无独有偶，老子在数千年前就认识到数据的世界终极本质，在《道德经》中就提出了“道生一，一生二,二生三,三生万物”的思想，把世界的生成与数据联系起来。两千多年以前的毕达哥拉斯和老子都不约而同地揭示了数据与万物的关系，以及世界的数据本质，充分强调了数据在世界构成中的重要地位。但是，在随后两千多年的历史长河中，数据在人类生活和科学认知中虽然越来越重要，而且也有莱布尼兹、康德、马克思等哲学家关注过数据的重要性，不过总体来说，哲学家对数据基本上是忽视的。随着大数据时代的来临，数据才获得到了应有的地位，哲学家才又想起毕达哥拉斯和老子的数据世界观。可以说，大数据时代的来临是毕达哥拉斯和老子所提出的数据世界观的当代回响。

（二）在大数据看来，世界万物皆可被数据化，大数据可实现量化一切的目标

数据是对世界的精确测度和量化，是认知世界的科学工具。自从发明了数字和测量工具，人类就不断地试图对世界的一切进行数据测量、精确记录。古埃及时期，由于尼罗河泛滥，人们每年需要重新丈量土地，于是发现了数据的秘密，并发明了测量技术。于是，数据成了测量、记录财富的工具，人们日常生活所接触的大量物品、财产都可以用数据来表征，这个时期的数据可被称为“财富数据”。文艺复兴之后，人们逐渐发明了望远镜、显微镜、钟表等科学测量器具。随着测量技术的进步，测量与数据被广泛应用于科学研究之中。例如天文学家第谷对天文现象进行了大量的观察记录，并积累了大量的天文数据。随后，力学、化学、电磁学、光学、地学、生物学等，各门学科都通过测量走上了数据化、精确化的道路。各门科学积累大量的科学数据，并借助数据，各种自然现象都实现了可测量、可计算的精确化、数据化的目标，自然科学各学科也完成了其科学化的历程。这个时期可被称为“科学数据”时期。

由于人类意识的复杂性，人类及其社会的测量和数据化成为量化一切的拦路虎。社会科学虽然引进自然科学方法，但其数据的客观性往往招致质疑，而人文学科更是停留在思辨的道路上。在传统方法遇到困难的地方，大数据却可以大显身手。大数据用海量数据来测量、描述复杂的人类思想及其行为，让人类及其社会也彻底被数据化，这些数据可被称为“人文数据”。所以，大数据时代将数据化的脚步向前迈进了一大步，在财富数据化、科学数据化的基础上，实现了人文社会行为的数据化。因此，从大数据方面来看，数据是

物质的根本属性，世界万物皆可被数据化，其一切状态和行为都可以用数据来表征，量化一切是大数据的终极目标。

（三）大数据全面刻画了世界的真实状态，科学研究不必再做理想化处理

真实、全面地认知世界是人类的一种理想，同时也是摆在人类面前的一道难题。真实的世界，无论是自然界还是人类社会，都极为复杂，需要极其繁多的参数才能准确、全面地对其进行描述。但是，由于过去没有先进的数据采集、存储和处理技术，于是不得不对复杂的研究对象进行“孤立、静止、还原”的简单化处理。所谓孤立就是把对象与环境的所有联系都切断，让其成为一个孤立的研究对象，免得受外界的侵扰。所谓静止，就是将本来运动变化的对象做一时间截面，然后就以这一时点的状态代表所有时点的状态。所谓还原是指将复杂的现象逐渐返回到几个简单的要素或原点，然后从要素的性质和状态推演出系统的性质和状态。复杂对象经过简单化处理之后，虽然我们能够认识和把握对象的某些性质和状态，但毕竟经过了简单、粗暴的理想化处理，它已经不能真正反映真实对象和真实世界。

大数据技术使用了无处不在的智能终端来自动采集海量的数据，并用智能系统处理、存储海量数据，不再需要对研究对象做孤立、静止和还原的简单化处理，而是将对象完全置于真实环境之中，有关对象的大数据全面地反映了复杂系统各个要素、环节、时态的真实、全面状态。这样，在大数据时代，我们可以在真实、自然的状态下研究复杂的对象。大数据记录了真实环境下研究对象的真实状态，因此我们可以利用大数据去真实、完整、全面地刻画复杂的研究对象。这就是说，大数据是真实世界的全面记录，一切状态尽在数据之中，大数据真正客观地反映了对象的真实状态。

（四）万物的数据化带来了世界的透明化，未来的世界是一个透明世界

宇宙万物，复杂多变，人们面对复杂多变的世界往往感到漆黑一片，难怪哲学家康德会认为，现象世界背后存在着一个物自体，而这个物自体就像一个黑箱，永远无法被人类认知，那是上帝留下的自留地，科学无法涉足其中。这就是说，真实的世界就像一个大黑箱，我们永远无法打开。我们人类就像那个剥洋葱的小男孩，剥到最后也不知道洋葱里面究竟是什么。

但是，大数据技术彻底改变了人类对世界的认知。由于无处不在的智能芯片，整个世界变成了一个智能的世界、数据的世界，或者叫智慧世界。通过赋予世界以智慧，就像一切事物都被安装了充满智慧的大脑。无所不知的智能系统可以感知世界的一切，而且将一切状态都以数据的形式记录、储存下来。通过数据挖掘，我们人类就可以知道世界的一切秘密。康德所设置的科学禁区被大数据所打破，透过大数据，世界变成了一个完全透明的世界，一切都可以被人类所感知、把握和预知。大数据让我们的世界从一个附魅的世界变成了祛魅的世界，数据的阳光把原本黑暗、神秘的世界深处照得通彻透亮。在大数据面前，无论是自然物质世界还是人类精神世界，都从黑天鹅变成了白天鹅甚至是透明的天鹅，大

数据成了无所不能的上帝。套用赞美牛顿的一首英格兰儿歌来说，宇宙万物及其秘密都隐藏在黑暗之中，上帝说，让大数据去吧，于是一切都变成了光明。

大数据究竟是什么？这个问题虽然难以用一句话回答，但从大数据的语义中我们知道了大数据意味着数据规模特别大，以至于传统的技术手段难以处理。从大数据的4V特征中，我们进一步了解到大数据时代的所谓数据已经从狭义的数字符号走向了广义的信息表征，一切信息都是数据。从大数据的哲学本质中，我们更深入地发掘出了大数据现象背后所蕴藏的哲学本质：大数据代表着一种新的世界观，万物皆数据，数据是万物的本质属性，而且随着大数据的发展，我们的世界将变成一个完全被数据化的透明世界。

三、大数据时代社会治理逻辑创新

（一）树立科学大数据的理念是大数据时代社会治理方式创新的前提

随着数据在社会生活作用的日益明显，树立科学的大数据理念对于科学运用大数据具有前置作用。一是要重视数据。加强领导干部的数据意识，培养用数据说话的意识和客观分析的理性思维。二是要尊重数据。加强对知识的尊重和对科技人才的重视，提高科技决策在政府决策中的地位，使数据成为判断的标准参考。三是要敬畏数据。加强对大数据理论的学习和思考，进一步提高对数据的认知和驾驭能力。

（二）建立广泛的数据获取渠道是大数据时代社会治理方式创新的基础

数据和质量是数据服务社会治理的关键。一是要建立明确的数据权属。制定数据边界清单，厘清数据共享范围。二是要建立数据正常交易渠道。尝试以发达地区为试点，开展大数据交易平台建设应用，为数据提供合法的、正规的交换平台。三是建立权利与责任统一的数据应用模式。建立监管机制，使商家在使用数据的同时，履行好数据保护和数据清洗的义务。

（三）建设服务型政府是大数据时代社会治理方式创新的关键

政府要加强利用大数据实现政府职能转变，充分运用大数据平台，进一步提升便民服务水平，切实加强人民群众的安全和满意度。一是建立跑一趟的服务机制。利用大数据的便利优势，实现政务信息公开，设置查询“一键通”功能，为群众办事提供数字向导，同时减少政府开支。二是加强政府、企业间数据共享。打破数据壁垒是数据共享的关键。加快建立数据共享机制，充分调动相关企业、机关的积极性，构建公民办事信息的全网共享使用，减少重复录入、采集问题。三是打破信息垄断。将数据公开于民，使企业更加便捷地获取想要的数据，更好地分析形势以保证经济的稳健发展。

（四）加强资本防范和技术监管是大数据时代社会治理方式创新的底线

大数据技术异化的背后，是利益相关者之间的博弈，也是资本逐利的外现。新经济不排斥资本的功能，但当资本目标与公共利益发生冲突时，就要毫不犹豫地选择服从公共利益，对资本控制进行防范。只有明确资本走向，扎牢法治围栏，相关部门对市场中各种违法违规行为严加防范、严厉打击，以法治赢得利益各方的信任，才能让资本有效地助推大数据发展。此外，要确保大数据安全，还要构筑牢固的技术安全底线。归根结底，大数据是依靠互联网技术支撑的，技术上的控制力在大数据的发展中起到了至关重要的作用。因此，要提高技术创新力度，努力实现关键网络设施及软件产品的国产化，摆脱对西方技术的依赖，从根本上提升大数据平台的安全防护能力。

第三节　大数据的分类与技术

一、大数据网络中的数据分类优化

大数据时代的到来给人类的生活带来了许多便利，涉及各个行业领域。由于数据量的庞大，在进行处理时，较难把握数据的完整性和纯度，运用大数据进行数据分类优化可以保证数据质量，提高数据管理效率。就数据分类优化的相关概念进行阐述，可以指出传统数据分类方法的不足，探讨数据分类在大数据网络中如何应用。

（一）大数据网络和数据分类优化的相关概念

大数据就是利用计算机对数量庞大的数据进行处理，在一定范围内，无法运用常规数据处理软件对数据进行处理加工时，需要开发新的数据处理模式对数据进行处理的方法。

数据分类是指将某种具有共性或相似属性的数据归在一起，根据数据特有属性或特征进行检索，方便数据查询与索引，常见的数据分类有连续型和离散型、时间序列数据和截面数据、定序数据、定类数据、定比数据等。数据分类应用较多的行业是逻辑学、统计学等学科。数据分类应遵循以下几条原则：一是稳定性，进行数据分类的标准是数据各组特有的属性，这种属性应是稳定的，确保分类结果的稳定；二是系统性，数据进行分类必须逻辑清晰，系统有条理；三是可兼容性，数据分类的基本目的就是存储更多数据，在数据量加大时，保证数据的类别可以共存；四是扩充性，数据根据分类标准可以随时扩充；五是实用性，数据分类的目的是对数据进行更好的管理和使用，有明确的分类标准，逻辑清晰，方便索引，数据获取方便。

（二）传统数据分类优化识别方法存在的问题

21 世纪是大数据时代，大数据网络衍生了大量的数据，对数据进行分类尤其重要，传统数据分类缺乏大数据环境带来的优势，对数据分类只是通过计算机根据现有分类标准进行粗略划分，在后期数据索引工作造成较大麻烦。常见的数据分类方法造成数据冗余度过高，在数据处理和使用过程中，索引属性或特征遭遇改变，使得最初的数据分类标准变得不明确，对数据管理造成困扰。

1. 分类数据冗余度过高

数据冗余是指数据重复，即一条数据信息可在多个文件中查询。数据冗余度适当可以保证数据安全，防止数据丢失。但数据冗余度高会导致数据索引过程中降低数据查询的准确性，很多人为简化操作流程对同一数据在不同地方存放，为了数据完整性进行多次存储和备份，这些操作无形中会增大数据冗余度。传统数据分类处理存在数据丢失的顾虑，对数据进行多次备份，没有认识到增加数据独立性，减少数据冗余度可以保证数据资源的质量和使用效率这一重要性。

2. 数据分类标准不明确

数据分类是为了对数据进行更好的管理和使用，人们进行数据分类是希望对之前操作造成的数据冗余度适量降低，但传统数据分类并没有确定明确的分类标准，对数据进行盲目分类，在后期索引中造成不便，无法实现数据的有效提取。传统数据分类采用的方法是基于支持向量机的分类方法、基于小波变换算法的分类方法、基于数据的增益算法，以上几种分类算法会造成数据冗余度过高。

（三）大数据网络中数据分类优化识别探究

1. 实现数据冗余分类优化

数据冗余度是一种多种类分类的问题，增加数据独立性和降低数据冗余度是计算机分类数据的目标之一。大数据网络优化通过改变分类算法，对数据冗余现象进行处理分析，在数据分类优化识别过程中，利用局部特征分析方法，对冗余数据中的关键信息做二次提取并相应标记，更换第一次数据识别属性或特征，并将更换过的数据属性作为冗余度数据识别标准，实现冗余度数据的二次分类优化识别。

2. 数据分类标准明确清晰

大数据网络中数据有多个类别，对数据进行分类优化识别必须具有明确清晰的标准，这是传统计算机网络不能做到的，以大数据为研究对象，根据特定标准进行数据分类，提取大数据中的关键属性和特征作为分类标准，在后期数据整理归类时按照相应的分类标准进行归档处理，实现数据的高效管理和使用。经研究表明，在 Matlab 的仿真模拟环境中，利用虚拟技术对数据进行分类优化识别过程进行模拟，根据仿真图像可得出，大数据网络下数据分类处理呈现时域波形，表明数据分类处理结果较为准确。此外，还可以通过向量量化方法对大数据信息流中的关键数据进行获取和处理，作为数据分类优化识别的结果，也获得了理想效果。

大数据网络下对数据进行分类优化识别具有重要意义，通过上述内容可知，数据冗余度仍然是大数据网络分类优化识别应用的主要问题，数据在输入和使用过程中造成数据冗余等普遍问题，加强对数据冗余度的处理，可以实现数据分类优化识别的目的。数据分类优化识别讲究准确率，提高准确率对数据分类优化识别起到了关键作用，改进数据分类优化识别方法，在降低数据冗余度的同时，能够促进大数据网络中数据分类优化识别的进一步发展。

二、大数据时代数据挖掘技术

21 世纪是数据信息大发展的时代，移动互联、社交网络、电子商务等都极大地拓展了其应用范围，各种数据迅速扩张变大。大数据蕴藏着价值信息，但如何从海量数据中淘换出对客户有用的沙金甚至钻石，是数据人面临的巨大挑战。本节在分析大数据基本特征的基础上，对数据挖掘技术的分类及数据挖掘的常用方法进行了简单分析，以期在大数据时代背景下能够在数据挖掘方面取得些许成绩。

（一）大数据时代数据挖掘的重要性

随着互联网、物联网、云计算等技术的快速发展，以及智能终端、网络社会、数字地球等信息体的普及和建设，全球数据量出现爆炸式增长，仅在 2011 年就达到 1.8 万亿 GB。毋庸置疑，大数据时代已经到来。一方面，云计算为这些海量的、多样化的数据提供存储和运算平台，另一方面数据挖掘和人工智能从大数据中发现知识、规律和趋势，为决策提供信息参考。

如果运用合理的方法和工具，在企业日积月累形成的浩瀚数据中，是可以淘到沙金的，甚至可能发现许多大的钻石。在一些信息化较成熟的行业，就有这样的例子。比如银行的信息化建设就非常完善，银行每天生成的数据数以万计，包括储户的存取款数据、ATM 交易数据等。

数据挖掘是借助 IT 手段对经营决策产生决定性影响的一种管理手段。从定义上来看，数据挖掘是指一个完整的过程，该过程是从大量、不完全、模糊和随机的数据集中识别有效的、可实用的信息，并运用这些信息做出决策。

（二）数据挖掘的分类

数据挖掘技术从开始的单一门类的知识逐渐发展成为一门综合性的多学科知识，并由此产生了很多数据挖掘方法。这些方法种类多，类型也有很大的差别。为了满足用户的实际需要，现对数据挖掘技术进行如下几种分类：

1. 按挖掘的数据库类型分类

利用数据库对数据分类成为可能是因为数据库在对数据储存时就可以对数据按照其类型、模型以及应用场景的不同来进行分类，根据这种分类得到的数据在采用数据挖掘技术时也会有满足自身的方法。对数据的分类有两种情况，一种是根据其模型来分类，另一种是根据其类型来分类。前者包括关系型、对象 - 关系型以及事务型和数据仓库型等，后者包括时间型、空间型和 Web 型的数据挖掘方法。

2. 按挖掘的知识类型分类

这种分类方法是根据数据挖掘的功能来实施的，其中包括多种分析方式，如相关性、预测及离群点分析方法，充分的数据挖掘不仅是一种单一的功能模式，而且是各种不同功能的集合。同时，在上述分类的情况下，还可以按照数据本身的特性和属性来对其进行分类，如数据的抽象性和数据的粒度等，利用数据的抽象层次来分类时可以将数据分为三个层次，即广义知识的高抽象层、原始知识的原始层以及多层知识的多个抽象层。一个完善的数据挖掘可以实现对多个抽象层数据的挖掘，找到其有价值的知识。同时，在对数据挖掘进行分类时还可以根据其表现出来的模式及规则性和是否检测出噪声来分类。一般来说，数据的规则性可以通过多种不同的方法挖掘，如相关性和关联分析以及通过对其概念描述和聚类分类、预测等方法，同时还可以通过这些挖掘方法来检测和排除噪声。

3. 按所用的技术类型分类

数据挖掘的时候采用的技术手段千变万化，如可以采用面向数据库和数据仓库的技术以及神经网络及其可视化等技术手段，同时用户在对数据进行分析时也会使用很多不同的分析方法，根据这些分析方法的不同可以分为遗传算法、人工神经网络等等。一般情况下，一个庞大的数据挖掘系统是集多种挖掘技术和方法的综合性系统。

根据数据挖掘的应用的领域来进行分类，包括财经行业、交通运输业、网络通信业、生物医学领域如 DNA 等，在这些行业或领域中都有满足自身要求的数据挖掘方法。对于特定的应用场景，此时就可能需要与之相应的特殊的挖掘方法，并保证其有效性。综上所述，基本上不存在某种数据挖掘技术可以在所有的行业中都能使用的技术，每种数据挖掘技术都有自身的专用性。

（三）数据挖掘中常用的算法

目前数据挖掘中常用的算法主要有四种，这四种算法包括遗传、决策树、粗糙集和神经网络算法。以下对这四种算法进行一一解释说明。

遗传算法：该算法依据生物学领域的自然选择规律以及遗传的机理发展而来，是一种随机搜索的算法，利用仿生学的原理来对数据知识进行全局优化处理。其是一种基于生物自然选择与遗传机理的随机搜索算法，是一种仿生全局优化方法。这种算法具有隐含并行性、易与其他模型结合等优点从而在数据挖掘中得到了应用。

决策树算法：在对模型的预测中，该算法具有很大的优势，利用该算法对庞大的数据信息进行分类，从而对有潜在价值的信息进行定位。这种算法的优势也比较明显，在利用这种算法对数据进行分类时非常迅速，同时描述起来也很简洁。在大规模数据处理时，这种算法的应用性很强。

粗糙集算法：这个算法将知识的理解视为对数据的划分，将这种划分的一个整体叫作概念。这种算法的基本原理是将不够精确的知识与确定的或者准确的知识进行分类同时进行类别刻画。

神经网络算法：在对模型的预测中，该算法具有很强的优势，利用该算法对庞大的数据信息进行分类，从而对有潜在价值的信息进行定位。这种算法的优势也比较明显，在利用这种算法对数据进行分类时非常迅速，同时描述起来也很简洁。在大规模数据处理时，这种算法的应用性很强。光缆监测及其故障诊断系统对于保证通信的顺利至关重要，同时这种技术算法也是顺应当今时代的潮流必须推广使用的方法。同时，该诊断技术为通信管网和日常通信提供了可靠的技术支持和可靠的后期保证。

第四节　大数据的特征

一、大数据的4V特征

我们从大数据的概念中很难把握大数据的属性和本质，因此国内外学者都在大数据概念的基础上继续深入探讨大数据的基本特征，其中最有代表性的是大数据的3V特征或4V特征。所谓大数据的3V或4V特征是指大数据所具有的三个或四个以英文字母V打头的基本特征。所谓的3V是指Volume（大量）、Variety（多样）、Velocity（高速），这三个V是比较公认的，基本上没有争议。而4V是在3V的基础上再加上一个V，而这个V究竟是什么，目前有比较大的争议。有人将Value（价值）作为第四个V，而有人将Veracity（真实）当作第四个V。笔者曾经将Value当作第四个V，但现在则认为Veracity似乎更能代表大数据的第四个基本特征。

（一）Volume（数据规模巨大）

大数据给人印象最深的是数据规模巨大，以前也被称为海量，因此大数据的所有定义中必然会涉及大数据的数据规模，而且特别指出其数据规模巨大，这就是大数据的第一个基本特征：数据规模巨大。

从古埃及开始，人们就学会了丈量土地、记录财产，数据由此产生。古埃及、古巴比伦、古希腊都用纸草、陶片作为数据记录的工具，数据规模极其有限。古代中国也很早就有丈量土地和记录财富的历史，先是用陶片、竹片、绢布等做记录工具，后来有了纸张、印刷术等，各种数据更容易被记录，于是就有了“学富五车”的知识人，以及“汗牛充栋”的图书收藏机构。不过古人引以为自豪的事情如今看来只是“小儿科”。如今大数据的规模究竟有多大呢？虽然没有一个确切的统计数字，但我们可以举例描述其规模。现在一天内在Twitter上发表的微博就达到2亿条，7个TB的容量，50亿个单词量，相当于《纽约时报》出版60年的单词量。阿里巴巴通过其交易平台积累了巨大的数据，截至2014年3月，阿里已经处理的数据就达到100PB，等于104 857 600个GB的数据量，相当于4万个西雅图中央图书馆，580亿本藏书的数据。腾讯QQ目前拥有8亿用户，4亿移动用户，在数据仓库存储的单机群数量已达到4 400台，总存储数据量经压缩处理以后在100PB左右，并且这一数据还在以日增加200~300TB，月增加10%的数据量增长，腾讯的数据平台部门正在为1 000个PB做准备。

随着大数据时代的来临，各种数据呈爆炸性增长。从人均每月互联网流量的变化就可以窥见一斑。1998 年网民人均月流量才 1 MB，到 2000 年达到 10MB，到 2008 年平均一个网民是 1 000MB，到 2014 年是 10 000MB。在芯片发展方面，有一个著名的摩尔定律，说的是每 18 个月，芯片体积要减小一半，价格降一半，而其性能却要翻 1 倍。在数据的增长速度上，有人也引用摩尔定律，认为大概 18 个月或 2 年，世界的数据量就要翻一番。2000 年，全世界的数据存储总量大约 800 000PB，2020 年，世界的数据存储总量达到 35ZB。以前曾有人提出知识爆炸论而备受争议，而如今的数据暴增已是摆在我们面前的现实。

（二）Variety（数据类型多样）

大数据并不仅仅表现在数据量的暴增及数据总规模的庞大无比，最为关键的是，在大数据时代，数据的性质发生了重大变化。在小数据时代，数据的含义和范围是狭义的。所谓数据，其原意是指“数 + 据”，即由表示大小、多少的数字，加上表示事物性质的属性，即所谓的计量单位。狭义的数据指的是用某种测量工具对某事物进行测量的结果，而且一定是以数字和测量单位联合表征。但在大数据时代，数据的含义和属性发生了重大变化，数据的范围几乎无所不包，除了传统的“数 + 据”之外，似乎能被 0 和 1 符号表述，能被计算机处理的都被称为数据。也可以说，大数据时代就是信息时代的延续与深入，是信息时代的新阶段。在大数据时代，数据与信息基本上是同义词，任何信息都可以用数据表述，任何数据都是信息。这样数据的范围得到了巨大的扩展，即从狭义的数字扩展到广义的信息。

传统的数据属于具有结构的关系型数据，也就是说数据与数据之间具有某种相关关系，数据之间形成某种结构，因此被称为结构型数据。例如，我们的身份证都是按照 19 位的结构模式进行采集和填写数据的，手机号码都是 11 位的数据结构，而人口普查、工业普查或社会调查等数据采集都是事先设计好固定项目的调查表格，按照固定结构填写，否则会因无法做出数据处理而被归入无效数据。在大数据时代，除了这种具有预定结构的关系数据之外，更多的是属于半结构和无结构数据。所谓半结构就是有些数据有固定结构，有些数据没有固定结构，而无结构数据则没有任何的固定结构。结构数据是有限的，而半结构和无结构数据却几乎是无限的。例如，文档资料、网络日志、音频、视频、图片、地理位置、社交网络数据、网络搜索点击记录、各种购物记录等等，一切信息都被纳入数据的范围而带来了大数据的数据类型多样的特征，也因此带来了所谓的海量数据规模。

（三）Velocity（数据快捷高效）

大数据的第三个特征是数据的快捷性，指的是数据采集、存储、处理和传输速度快、时效高。小数据时代的数据主要是依靠人工采集而来，如天文观测数据、科学实验数据、抽样调查数据以及日常测量数据等。这些数据因为依靠人工测量，所以测量速度、频次和数据量都受到了一定的限制。此外，这些数据的处理基本都是费钱费力的事情，比如人口普查数据，因为涉及面广、数据量大，每个国家往往只能 10 年做一次人口普查，而且每次人口普查数据要经过诸多部门和人员多年的统计、处理才能得到所需的数据。人口普查数据公布之时，人口情况早已发生了巨大的变化。

在大数据时代，数据的采集、存储、处理和传输等各个环节都实现了智能化、网络化。由于智能芯片的广泛应用，数据的采集实现了完全智能化和自动化，数据的来源从人工采集走向了自动生成。例如上网自动产生的各种浏览记录，社交软件产生的各种聊天、视频等记录，摄像头自动记录的各种影像，商品交易平台产生的交易记录，天文望远镜的自动观测记录等等。由于数据采集设备的智能化和自动化，自然界和人类社会的各种现象、思想和行为都被全程记录下来，因此形成了所谓的“全数据模式”，这也是大数据形成的重要原因。此外，数据的存储实现了云存储，数据的处理实现了云计算，数据的传输实现了网络化。因此，所有数据都从原来的静态数据变为动态数据，从离线数据变为在线数据，通过快速的数据采集、传输和计算，系统可以做出快速反馈和即时响应，从而达到即时性。

（四）Veracity（数据客观真实）

大数据的第四个特征是数据的真实性。数据是事物及其状态的记录，但这种记录也因是否真实记录事物及其状态而产生了数据真实性问题。由于小数据时代的数据都是人工观察、实验或调查而来的数据，人的主观性难免被渗透到数据之中，这就是科学哲学中著名的“观察渗透理论”。我们在进行观察、实验或问卷调查的时候，首先就要设置我们采集数据的目的，然后根据目的设计我们的观察、实验手段，或者设计我们的问卷以及选择调查的对象，这些环节中都强烈渗透着我们的主观意志。也就是说，小数据时代，我们先有目的，后有数据，因此，这些数据难免被数据采集者污染，很难保持其客观真实性。

但在大数据时代，除了人是智能设备的设计和制造者之外，我们人类并没有全程参与到数据的采集过程中，所有的数据都是由智能终端自动采集、记录下来的。这些数据在采集、记录之时，我们并不知道这些数据能用于什么目的。采集、记录数据只是智能终端的一种基本功能，是顺便采集、记录下来的，并没有什么目的。有时候甚至认为这些数据属于数据垃圾或数据尘埃，先记录下来，究竟有什么用，以后再说。也就是说，在大数据时代，我们是先有数据，后有目的。这样，由于数据采集、记录过程中没有了数据采集者的主观意图，这些数据就没有被主体污染。也就是说，大数据中的原始数据并没有渗透理论，因此确保了其客观真实性，真实反映了事物及其状态、行为。

二、大数据的采集方法

（一）系统日志采集方法

对于系统日志采集，很多互联网企业都有自己的海量数据采集工具，如 Hadoop 的 Chukwa，Cloudera 的 Flume，Facebook 的 Scribe 等，它们均采用分布式架构，能满足每秒数百 MB 的日志数据采集和传输需求。

（二）网络数据采集方法：对非结构化数据的采集

网络数据采集可以将非结构化数据从网页中抽取出来，将其存储为统一的本地数据文件，并以结构化的方式存储。可以通过网络爬虫或网站公开 API 等方式从网站上获取数据信息。它支持图片、音频、视频等文件或附件的采集，附件与正文可以自动关联。对于网络流量的采集可以使用 DPI 或 DFI 等带宽管理技术进行处理。

（三）其他数据采集方法

对于企业生产经营数据或学科研究数据等保密性要求较高的数据，可以通过与企业或研究机构合作，使用特定系统接口等相关方式采集数据。

三、大数据存储（导入）和管理

（一）并行数据库

并行数据库系统大部分采用了关系数据模型并且支持 SQL 语句查询，在无共享的体系结构中进行数据操作的数据库系统。

（二）NoSQL 数据管理系统

NoSQL 指的是“Not Only SQL”，即对关系型 SQL 数据系统的补充。NoSQL 最普遍的解释是“非关系型的”，强调键值存储和文档数据库的优点，而不是单纯地反对关系型数据库。它采用简单数据模型、元数据和应用数据的分离、弱一致性技术，使 NoSQL 能够很好地应对海量数据的挑战。

（三）云存储与云计算

在云计算概念上延伸和发展出来的云存储，是一种新兴的网络存储技术，它将网络中大量各种不同类型的存储设备通过应用软件集合起来协同工作，共同对外提供数据存储和业务访问功能的一个系统。云存储是一个以数据存储和管理为核心的云计算系统。

（四）实时流式处理

所谓实时系统，是指能在严格的时间限制内响应请求的系统。流式处理就是指源源不断的数据流过系统时，系统能够不停地连续计算。所以，流式处理没有严格的时间限制，数据从进入系统到出来结果可能需要一段时间。然而，流式处理唯一的限制是系统长期来看的输出速率应当快于或至少等于输入速率。否则，数据会在系统中越积越多。

四、大数据的分析

数据分析主要利用分布式数据库，或者分布式计算集群来对存储于其内的海量数据进行普通的分析和分类汇总等，以满足大多数常见的分析需求。统计与分析这部分的主要特点和挑战是分析涉及的数据量大，其对系统资源，特别是 I/O 会有极大的占用。如果是一些实时性需求会用到EMC的GreenPlum、Oracle的Exadata，以及基于MySQL的列式存储Infobright等，而一些批处理，或者基于半结构化数据的需求可以使用Hadoop。

五、大数据的挖掘与展示

大数据技术不在于掌握庞大的数据信息，而是将这些含有意义的数据进行专业化处理，将海量的信息数据在经过分布式数据挖掘处理后将结果可视化。数据可视化主要是借助图形化手段，清晰有效地传达与沟通信息。依据数据及其内在模式和关系，利用计算机生成的图像来获得深入认识和知识。这样就对数据可视化软件提出了更高的要求。数据可视化应用软件的开发迫在眉睫，数据可视化软件的开发既要保证实现其功能用途，同时又要兼顾美学形式。例如，标签云、聚类图、空间信息流、热图等。

大数据成为推动经济转型发展的新动力。以数据流引领技术流、物质流、资金流、人才流，将深刻影响社会分工协作的组织模式，促进生产组织方式的集约和创新。大数据成为重塑国家竞争优势的新机遇。在全球信息化快速发展的大背景下，大数据已成为国家重要的基础性战略资源，正引领新一轮科技创新。大数据还成为提升政府治理能力的新途径。大数据应用能够揭示传统技术方式难以展现的关联关系，推动政府数据开放共享，促进社会事业数据融合和资源整合，将极大地提升政府整体数据分析能力，为有效处理复杂社会问题提供新的手段。

第五节　大数据产业协同创新动因

自2015年国家出台《促进大数据发展行动纲要》至今，我国涉及大数据发展的国家政策已多达63项，参与发布政策的部门包括国务院、发改委、环保部、交通运输部和工信部等。2014年以来，大数据已连续六年被写进政府工作报告，更在“十三五”规划纲要中被提升为国家战略。习近平总书记在党的十九大报告中明确指出，要推动互联网、大数据、人工智能和实体经济深度融合。这不仅为破局“数据孤岛”提供了思路，也为大数据产业的发展指明了方向。2016年，由国家信息中心、中国科学院计算技术研究所、浙江大学软件学院、清华大学公共管理学院、财经网等60余家单位共同发起成立了“中国大数据产业应用协同创新联盟”；2017年，教育部规划建设发展中心、曙光信息产业股份有限公司和国内数十所高校共同发布了大数据行业应用协同创新规划方案。由此可见，政府、科研院所、高校及企业均高度重视大数据产业的发展。

一、国内外研究现状

早在1980年，美国著名学者阿尔文·托夫勒就在《第三次浪潮》一书中提出了大数据的概念。随后，关于大数据的研究热潮席卷全球。Suthaharan 讨论了利用几何学习技术与现代大数据网络技术处理大数据分类的问题和挑战，并重点讨论了监督学习技术、表示学习技术与机器终身学习相结合的问题。Gandomi 等结合从业者和学者的定义，对大数据进行了综合描述，并强调需要开发适当、高效的分析方法，对大量非结构化文本、音频和视频格式的异构数据进行分析与利用。韩国学者 Kwon 等在相关研究中提到了大数据产业并构建了大数据产业发展的政策体系。

国内对大数据的研究虽然起步较晚，但与经济发展的联系更为紧密。邸晓燕等基于产业创新链视角，围绕产业链、技术链与价值链，对大数据产业技术创新力进行了分析，并通过比较案例分析法发现，在大数据产业链方面，我国与发达国家相比存在较大差距，提出从技术创新链、市场机制和评价体系三方面提升我国大数据产业创新力。周曙东通过编制大数据产业投入产出表，并利用 2017 年全国投入产出调查数据，测度了大数据产业对经济的贡献度，为制定大数据产业发展战略提供了重要参考。刘倩分析了大数据产业的政策演进及区域科技创新的相关要素，从驱动、集聚等角度分析了大数据产业促进科技创新的作用机制，并实证分析了大数据产业推动区域科技创新的路径。沈俊鑫等利用贵州省大数据产业发展数据，分别运用 BP 神经网络模型和熵权—BP 评价模型对其发展能力进行了评价。研究结果表明，后者的评价更为精确。周瑛等从宏观、中观和微观三个方面对影响大数据产业发展的因素进行了理论分析，并运用德尔菲法和层次分析法实证分析了影响大数据产业发展的主要因素。结果表明，影响大数据产业发展的因素由大到小依次为宏观因素、中观因素和微观因素。胡振亚等指出，大数据是创新的前沿，并从知识、决策、主体和管理四个方面阐释了大数据对创新机制的改变。王永国从顶层设计、人才队伍等角度分析了大数据产业协同创新如何推动军民融合深度发展。吴英慧对美国大数据产业协同创新的主要措施和特点进行了深入剖析，以期为我国大数据战略的实施提供决策参考。

综上所述，国内外学者对大数据及大数据产业的研究已经取得了较为丰硕的成果，但学界对“大数据产业”尚未形成统一的界定，且鲜有文献对大数据产业协同创新发展进行深入系统的研究。因此，笔者将结合我国大数据产业发展的实际情况，探讨大数据产业协同创新的动因，并提出大数据产业协同创新推进策略，以期为我国大数据产业的发展提供参考。

二、大数据产业协同创新及其动因分析

（一）大数据产业协同创新

1. 大数据产业协同创新的概念

大数据产业协同创新是指政府部门、科研院所、高等院校、企业等多主体共同参与，以互联网、物联网、大数据应用为导向，充分发挥各单位资源优势，因势利导，最终通过挖掘大数据价值来促使大数据产业成为经济增长的重要支撑。大数据产业协同创新响应了

国家“大众创业、万众创新”的号召，多元利益主体在良好的政策环境下共同提升大数据产业整体的理论研究和应用水平，进而形成健康的大数据产业发展生态。

在“互联网 +”背景下，大数据产业的协同发展模式呈现多样化，主要体现在战略协同、产业协同和技术协同三个方面。战略协同主要是根据大数据产业的特殊性，在“中国制造2025”战略背景下，通过工业化和信息化的融合发展有效地促进大数据产业协同创新发展。两化的融合发展激发了制造业的创新活力，促进了大数据产业与制造业的协同创新。大数据产业的发展将促进制造业向高端化迈进，制造业又将反过来促进大数据产业的持续创新发展。产业协同主要是指在两化融合的基础上，抓住智能制造发展的契机，以工业大数据的深度分析为智能制造提供技术支持。工业互联网驱动工业智能化，大数据产业中的云服务、物联网等将推动智能制造业的创新发展。技术协同主要是指人工智能技术与大数据技术的相互渗透，通过利用已有人工智能技术来促进大数据产业的创新发展以及实现产品的智能化。从发展的角度可以看出，大数据产业协同创新生态体系的发展是不断升级的，创新模式由线性向生态化发展。

2. 大数据产业协同创新的运行机制

大数据产业协同创新的核心运行机制是资源共享机制。大数据产业利用协同创新平台整合相关的知识、技术、人才等资源，从而产生集聚效应，促进创新活动的开展。通过产业链上游与下游的连接，高端化的创新资源可以得到充分共享与利用。通过大数据产业协同创新，将不同参与者的运营情况信息进行整合、分析与处理，并将处理后的信息反馈给各参与主体，有助于为各参与者的进一步发展提供决策参考。通过完善价值链，实现参与主体的价值升级，并借助互联网平台实现人与信息的交互，有助于持续推动大数据产业的协同创新发展。

3. 大数据产业协同创新的特征

大数据产业主要以互联网为载体，产业链的上下游贯穿着消费主体对数据的利用，因此，大数据产业协同创新的特征表现为协同领域广和协同模式多样化。协同领域广主要体现在以下几个方面：在产业领域，大数据产业协同创新有助于降低各产业的成本，促进价值增值，促进科学决策；在教育领域，大数据产业协同创新实现了教育决策的科学化和民主化；在军民融合领域，大数据产业协同创新推动了军民融合产业的深度发展；在城市治理领域，人们利用大数据技术采取数据规训的方式成功实现了城市的秩序规训。协同模式多样化主要体现在三个方面。第一，战略目标协同。大数据产业协同创新必然将多个产业的发展战略目标进行有效整合，在双方达成共识后，相互合作，利益共享。第二，产业梯度与差异化协同。大数据产业在协同创新发展过程中的梯度化和差异化能够有效地促进大数据产业协同创新的高质量发展。第三，法治保障协同。大数据产业的特点在于数据的无形性，因此，对知识产权的保护尤为重要，其有利于促进各主体的良性竞争。

（二）大数据产业协同创新动因分析

大数据时代，我国传统的经济发展模式已不能驱动经济更高质量发展，国民经济转型升级迫在眉睫。在此背景下，大数据产业协同创新与新旧动能转换、产业转型升级等要求高度契合，是去产能、去库存的重要技术手段，是促进经济增长的新动力。信息技术的发展催生了包括大数据在内的人工智能、云计算等高新技术，持续更新升级的信息技术将为这些前沿技术的融合编织稳固的纽带。在此基础上，这些前沿技术的协同创新将具有实现超级规模数据库的建立、超快速的数据分析、超高精度的数据处理等强大性能。将这些技术应用到国民经济的各个领域中，有助于推动这些领域的创新，从而为国民经济的发展注入新动力。

大数据产业协同创新是提升政府治理能力的新途径。大数据产业协同创新将从加强政府公共服务职能、提高政府政务服务能力、完善政府信息公开制度、加强政务监管四个方面提升政府治理能力。

首先，大数据产业协同创新有助于加强政府的公共服务职能，推进服务型政府的建立。交通、基础设施等领域是民众使用高频、需求迫切的公共服务领域。在大数据产业协同创新过程中，政府有关部门可以利用大数据技术挖掘国民对公共服务的精细化需求，为政府高效履行职能提供决策依据。

其次，大数据产业协同创新有助于提高政府的政务服务能力，推进智慧型政府的建立。大数据技术是一种新兴前沿技术，政府有关部门已开始利用大数据技术将数据的规模计算、分析、处理应用于日常管理工作。大数据技术的利用有助于政府梳理海量数据，挖掘数据价值；有助于政府开通电子政务平台，实施电子政务操作，从而推动形成政府治理现代化体系。

再次，大数据产业协同创新有助于完善政府信息公开制度，推动开放型政府的建立。应利用大数据技术对政府工作领域内的微型数据、小型数据、大型数据进行综合分析、处理，从中挖掘出与城乡居民联系密切的有价值的数据并在政务信息中公开，以促进政府数据的开放共享。

最后，大数据产业协同创新有助于加强政务监管，推进阳光型政府的建立。大数据产业协同创新将有效汇集政府工作各个环节的数据，通过大数据技术的分析功能，识别并锁定权力运行的合理范围，对权力进行有效监督，促使权力在阳光下运行。

大数据产业协同创新是实施创新驱动发展战略的现实需求。大数据产业协同创新将渗透到各个行业，带动各个行业的创新，进而驱动整个国民经济的发展。随着大数据在工业、金融业、健康医疗业等产业的应用不断深化，产业的发展方式将逐渐转变，产业发展也将不断获得新的动力。在工业方面，2018 年 6 月工信部印发的《工业互联网发展行动计划（2018—2020 年）》，明确提出推动百万工业企业上云，而此计划只有通过工业与大数据产业协同创新才能实现。这种新型的工业发展方式是工业转型发展的有益实践，将有助于提升国民经济现代化的速度、规模和水平。在金融业方面，由大数据处理带来的量化交易等智能投顾将为金融业开辟新的蓝海市场。这种智能投顾方式不仅能弥补传统金融交易的某些不足，还能减少交易成本。在健康医疗产业方面，大数据产业的协同创新将有助于推动“互联网＋健康医疗”数据库的建立，满足患者个性化的需求，开启多元医疗应用市场，发挥健康医疗等新兴产业拉动经济增长的引擎作用。此外，大数据产业协同创新也能减少市场中交易主体信息不对称问题。无论在哪种市场，都可以依据某一现实应用需求采集数据建立相应的数据库，大数据技术将帮助企业、个人从海量的数据库中挖掘出所需信息，帮助企业、个人进行交易决策，减少信息不对称问题。

三、大数据产业协同创新推进策略

近年来，我国大数据产业协同创新获得了快速发展，但也存在一些问题。首先，虽然协同创新的规模大，但质量较低。低端的大数据产业协同创新难以形成规模效应，开发成本较高。其次，虽然大数据产业协同创新模式多样，但缺乏有效模式的创新。很多大数据产业协同创新模式不可复制、不可推广。最后，大数据产业与传统产业之间难以实现有效融合。产业结构的不合理给大数据产业协同创新带来了严重阻碍。基于以上问题，笔者提出以下对策建议。

（一）构建大数据产业协同创新生态体系

随着经济的快速发展和科学技术的不断更迭，大数据产业在我国发展迅速。信息通信技术的快速发展为大数据产业的发展提供了技术支持，国家大数据战略和各级政府相关政策部署加快了大数据产业的发展进程。在诸多利好因素的影响下，我国大数据产业蓬勃发展，市场潜力逐步显现。从区域发展来看，我国大数据产业区域发展差异较为明显，东部发展迅速，西部次之，中部再次之，东北部排在最后，但各地区大数据产业规模都呈增长之势。我国具有代表性的大数据产业集聚区主要有京津冀地区、珠三角地区、长三角地区和大西南地区。其中，大数据产业最集聚的地区是京津冀地区，其辐射范围也在逐渐扩大；利用信息产业和计算中心的优势，珠三角地区不断加强大数据产业的集聚发展；长三角地区则积极推动大数据应用于公共服务领域；大西南地区利用政策优势，积极培育、引入大数据产业以带动区域经济发展。我国大数据产业市场规模在 2018 年达到 437.8 亿元，是 2012 年市场规模的近 13 倍，预计到 2020 年我国大数据市场产值将突破 10 000 亿元，成为我国新的经济增长点。

（二）积极探索大数据产业协同创新模式

既具特色又可以复制推广的大数据产业协同创新模式可以为大数据产业的可持续发展提供动力。大数据产业作为新兴战略产业，其发展打破了传统产业发展的模式，通过注入“互联网＋”的活力，与其他产业协同发展，构建出以企业为核心的大数据产业协同创新模式。有关部门应借助互联网中的云服务，引导其他产业与大数据产业协同发展，运用互联网技术优化整合两者之间的组织关系和发展关系。要结合市场化、信息化原则，推动大数据产业链向高端发展，使产业协同发展的效率不断提高。通过成立区域“协同创新战略联盟”，建立合作团队，共同规划本区域大数据产业协同创新发展模式。以战略联盟为纽带，形成分支智库，从技术、管理、运营等方面探讨协同创新模式的构建，并通过不断尝试，形成较为成熟的协同创新模式。

（三）推动大数据产业科技资源信息共建共享

从现有情况来看，科技资源共享主要存在有偿共享和不共享两种情况，只有一小部分是无偿的和共享的，而且共享方式比较单一。虽然有关部门搭建了很多网络平台，但其仅仅提供某些资源的信息简介，并不展现具体的资源内容。因此，有必要搭建大数据产业协同创新发展科技资源信息共享平台，将不同部门收集到的信息资源进行共享。政府各部门应对资源进行有效协调，保证信息沟通顺畅，解决好多种来源信息的管理问题；定期对资源保存单位开展监督和评价工作，为科技资源信息的共享保驾护航；处理好政府与科研单位之间的信息管理关系，因为很多科技资源信息都是由科研单位提供的，政府要求资源信息共享，难免会受科研单位的限制，因此，政府应设立专门的岗位，安排专人从事资源的共享共建工作；参与共享共建的单位应积极履行共享协议，对共享资源的利用情况及时给予反馈。

（四）促进大数据产业结构不断优化升级

大数据产业结构的优化升级主要涉及大数据对于政府、企业和个人的应用价值的提升。首先要挖掘大数据在企业商业方面的价值，这是实现企业资源优化配置的关键所在。企业是大数据产业协同创新的重要载体，因此，要利用大数据技术深度挖掘企业在发展大数据产业方面的客观条件，择优选择优质企业来推动大数据产业的协同创新发展。大数据产业在积极挖掘商业价值的同时，也要兼顾政府和个人方面的价值，使整体发挥出的经济效益最大化。大数据分析结果可以为政府决策提供参考，有助于改善民生。政府不仅是大数据的主要支配者，也是大数据产业协同创新发展的主要评价者。在工业化和信息化深入融合的背景下，大数据在促进企业特别是工业企业信息化水平的提升方面能够起到至关重要的作用，而工业企业信息化水平的提升能促进相关产业链的延伸并推动产业链向高端发展。为保证大数据产业协同创新的顺利进行，政府必须做好统筹规划、协调、组织等工作。为了保证市场在资源配置中起决定性作用，也要充分发挥市场的作用。此外，在“互联网+”和智能制造的背景下，需要重视“未来型”大数据的建设。所谓“未来型”大数据建设，就是在网民不断增加的背景下，大数据在未来可以持续产生，不断积累，并被运用到社会生活的各个领域，进而为大数据产业协同创新发展打下坚实的基础。

第二章 财务会计的理论研究

第一节 当代财务会计的发展趋势

财务会计在企业的运行和发展中起着不可替代的作用，是企业管理环节中最为关键的一个部分。随着我国现代化进程的加快，财务会计的发展也要跟上时代的步伐。本节主要分为三个部分对现代财务会计发展的趋势进行了探讨，第一部分阐述了当前财务会计的发展现状，主要包括财务会计供给的个性化、质量的不断提升、信息的多元化、工作效率的不断提升以及人在财务会计的发展中作用越来越大等。第二部分主要对当今社会财务会计发展中存在的问题进行了探讨，财务会计发展中的问题具体有财务会计主体虚拟化、风险被放大、监管系统不够健全、人员专业素质水平不高等。最后一个部分则对现代财务会计的发展提出了几点建议和对策，具体内容有强化对会计虚拟化的监管、强化财务会计网络安全建设、完善财务会计管理体系、提高财务会计工作人员专业水平等。

进入 21 世纪，随着我国经济的快速发展和进步，互联网在我们生活的各个领域中都有应用，财务会计也不例外。在财务会计行业中，计算机技术和网络技术的应用，促进了财务会计行业的信息化发展。在企业的发展中财务会计业务发挥着重要的作用，企业相关管理人员对财务会计也越来越重视，从而使得财务会计的发展稳步向前。

一、财务会计的发展现状

财务会计供给的个性化。在我国传统的财务会计模式下，企业的领导者、管理层以及其他利益相关者为财务会计的主要控制人，财务会计主要以报表的形式提供相对应的会计服务和需求。但随着互联网以及信息技术的不断发展，财务会计也发生了很大的变化，变得越来越个性化，财务会计可以根据使用的不同需求进而提供不同的财务信息服务。使用者也可以根据财务会计中的数据单独的分离出来，根据自身的需求进行加工处理。

财务会计信息的质量不断提升。在互联网技术未应用之时，有关财务会计的相关信息主要是由人来完成的，通过工作者判断以及传统的手工编制。这样，很容易出现蓄意操纵任务和人为错误等问题，会导致严重的会计失真。随着社会的发展进步和互联网技术的出现和应用，会计信息的可靠性有效提高。例如，它在税务和会计中的应用，可以最大限度地减少人为欺诈和人为因素导致的信息错误。

财务会计信息呈现多元化。传统的财务信息和数据采集，显示主要是由会计人员收到的会计账簿的主动查询和固定点发布的财务报表方法优先，而将人工智能技术应用于会计行业，智能软件可以自动生成会计相关证据等，通过智能会计软件，信息需求者也可以根据自己的需要随时随地获取财务信息，以得到实时的财务信息。此外，人工智能可以促进财务数据自动推荐，改变独立分析的原因等，因此，它可以为财务决策者提供有效的财务信息基础。

财务会计工作效率不断提高。在以前，会计人员往往需要花费大量的时间和精力来完成简单而重复的人工收费工作，这不仅会增加员工的工作量，还难以推动财务工作的进展，提升整体效率。智能会计软件自动生成技术的应用，能在很大程度上提高会计处理的速度和效率。此外，人工智能的数据处理能力非常强，它不仅可以对财务数据进行深入挖掘和处理，还可以创建数据库，实现数据跟踪和分析。此外，还可以建立多种类型的数据模型，并在多种约束下对会计信息进行综合分析，从而改变获取原始信息和大量的分析难度高的问题，促进财务信息更加理想化和智能化。

二、当前财务会计发展存在的问题

网络环境发展在一定程度上为财务管理提供了更加便捷的处理方式，使得网络市场交易逐渐普及，无纸化交易越来越多。无纸化的交易模式不仅极大地提高了业务发展的便利性，同时也极大地提高了交易处理业务的整体效率，但是导致了信息和数据篡改欺诈风险性的提高。

财务会计主体虚拟化。在电子商务快速发展背景下，财务会计发展所面临的首要问题是会计信息审核的真实性受到了会计主体的虚拟性质的影响。由于网络电子技术和电子商务的迅猛发展，金融会计的虚拟化趋势越来越明显。电子商务的在线交易通过一个虚拟网络实现。这种交易是网络会计虚拟模式，这是一个模糊的状态。通过虚拟化的网络模型、企业经济实现新业务的控制。虚拟电子商务网络会计实体由信息用户管理。随着市场的变化，信息平台的变化，各种会计数据信息也发生了变化。但是，在线电子商务的会计决策没有明确的物理经济单元，这导致决策行动者的空缺。财务会计工作的艺术价值更明显，而且很容易根据信息处理过程中出现的问题来判断责任人。信息审查工作的难度，不利于保持会计信息审查的真实性，不利于我国各类会计工作的顺利发展。

财务会计风险被放大。在互联网商业快速发展的背景下，会计实体逐渐转变为虚拟化，从传统的纸质合同开始到建立虚拟的网络交易模式。目前我国大多数企业已经开始实施无纸化电子贸易合作，关于合同的签订、交易条款的谈判、交易信息的处理等都是通过修改网络的沟通和协商来完成的。网络化和无纸化交易过程是网络化和无纸化贸易金融后处理的直接结果，作为一个虚拟的金融交易处理程序，导致对电子数据处理安全的财务会计产生怀疑，对各种电子合同、电子交易信息、财务数据，以及其他电子存档，如何确保安全已成为一个重要的问题。大多数商业交易会计数据只能存储在硬盘或可移动硬盘中，存储的安全性仍有待提高。互联网电子科技也表现出交易的便捷性和两面性，在提供交易便利的同时也增加了信息数据的损失和泄露的风险，如何加快电子会计财务信息数据处理和存储安全性成为当下会计发展的重要问题。

财务会计监管系统不够健全。近年来，我国在财务监管方面还不够完善，针对企业的财务监督制度也还不够完善。据了解，尽管我国企业的财务发展情况都得到了较大的发展和进步，但是在财务监管方面还是存有很大的漏洞，其在很大程度上影响了企业财务管理的健康发展。此外，对于企业的整体发展，对业务管理和经济损失的重大影响会带来潜在的危机。因此，相关行政部门要完善财务管理监控体系，应充分重视财务管理监控体系的发展，使之符合现代金融发展的趋势，符合现代社会发展的趋势，有效避免财务管理中出现的问题。

财务会计人员专业素质水平不高。除上述问题外，财务人员的专业素质较低也是影响我国金融核算进展的一个因素。根据相关的社会调查，目前很多社会企业财务人员招聘制度并不严谨，而随着社会经济的快速发展，财务会计人员队伍，无论是知识结构还是专业知识储备都无法与当代企业财务发展的需要保持一致，缺乏专业工作能力阻碍企业财务工作的正常有效开展。还有企业的财务因素导致对企业人员限制，导致联合互联网融合的财务管理不太好，即使招聘到熟悉计算机技术的人员，但是大多数缺乏财务管理经验。网络时代的金融管理部门想要忽略复杂的财务管理人员缺乏的影响是一种特定的关系。当然，这也需要有一定的管理监督和评价体系，以确保工作人员的工作效率。

三、现代财务会计发展趋势与对策

强化对会计虚拟化的监管。现代网络技术的发展和应用，使得财务会计有了一点的虚拟性，会计信息使用者的多样化对会计信息的效率、质量和成本控制提出了更高的要求。随着我国互联网以及信息技术的发展，财务会计虚拟化的监管在企业未来的发展中发挥着越来越重要的作用。互联网时代背景下的会计职能、监管建设，只符合网络发展趋势，应加强会计信息化建设，满足不同监管机构和会计信息用户的需求。促进企业内部控制，提升管理能力等，使企业在市场乃至全世界都有竞争优势。

强化财务会计网络风险管理。确保互联网安全建设的有效性，对于电子商务环境下财务会计的转型与发展至关重要。为了充分了解中国电子商务的快速高效发展，网络技术已经成为一个重要的保证因素。网络财务会计的发展需要改进企业会计信息软件的应用。具有完整功能和稳定性的互联网金融软件，可以提高财务数据信息网络化处理的有效性。在互联网时代发展的背景下，我国网络会计的整体财务会计水平也在不断提高。在电子商务的背景下，为了满足财务会计的转型和发展的需求，我们应该建立一个符合企业发展需求的数据库并拥有更多的全面数据信息。通过创建大型数据库，各种财务数据信息的处理可以更加方便和快速。首先，财务会计与管理会计的转变，在最初的工作阶段，必须提高和删除工作内容，在相关的项目和工作系统中，人员的位置将会有更多的风险，这是必要的，必须制订一个完美的转型计划来确保转变的顺利过渡并减少传统设置的缺陷，这样，以后的工作就可以按照正确的路线进行。

完善财务会计管理体系。随着我国当代财务会计工作分工明确化，企业本身的财务监控管理系统的完善是当今中国企业发展的必然趋势。为了确保企业财务管理的科学性、严谨性、可实施性，对企业管理制度的改进是不可或缺的，这可以有效地避免企业的财务损失以及财务工作带来的财产损失。加强电子商务财务管理网络的建设首先要扩大信息流的范围。增加财务信息和数据的流通和共享，将支持企业更新数据信息。应针对主要网络平台的特性建立目标网络系统，并逐步实现网络会计和实体财务会计的整合。一方面提高企业的防范机制，提高企业的预防机制，是提高企业内部控制制度的重要组成部分。建立企业预防机制可以提高企业对资金运行的控制能力、了解资金的风险，最终可以提高企业资金使用的效率。另一方面，有必要完善会计反馈控制制度，主要涉及企业内部经济活动的监测。及时有效地监控，确保及时发现问题，及时纠正预算偏差，能有效控制投资的成本。及时发现财务会计工作的问题，及时调整工作内容，定期考核财务会计决算，实施奖惩制度，以有效提高财务会计最终工作的质量。

提高财务会计工作人员的专业水平。重视财务相关工作人员的专业技能培养，提高财务工作者的整体工作水平，加强财务工作者在财务专业方面的学习和创新思维能力。首先，企业从自身出发，加强针对信息技术培训，为那些有丰富金融经验的人员加强信息技术的培训强度。同时，公司可以开展移动训练机制，向外输送财务管理人员培训模式，这样做的好处是让财务管理人员更全面、更快、更好地了解财务政策，加强相关基础知识和计算机技术的培训，使他们会利用相关财务模型处理财务问题，使财务工作更加方便。其次，企业需要制定财务管理人员引入机制，制定系列的福利政策以确保企业能够引入复合型金融管理人才。通过引进财务管理人才，可以更好地促进企业的健康发展，提高企业的整体竞争力。需要注意的是，要对引进的复合型财务管理人员进行财务管理培训，并将经验传给他们，以便他们能更好地融入工作中。企业要做到这两种措施，使相关计划战略更具针对性和可操作性，为公司的长期发展提供强大动力。

物联网技术、人工智能等高科技的出现和应用发展对财务会计产生了一定的影响。本节对现代财务会计的发展趋势进行了研究，并根据当前财务会计发展存在的缺陷进行了分析，对金融会计的当前状况进行了讨论，利用现代会计财务发展知识的实际使用情况，提出了建议，主要为加强会计虚拟化的监督，提高财务会计网络建设的安全性，完善财务会计管理制度，完善财务会计人员的专业标准。

第二节　试论财务会计目标定位

目前，国有财务会计目标模糊，相关制度不完善。因此，要解决财务会计目标中存在的问题，可以采用完善财务会计管理结构、减少企业管理熵值等方式。为了促进财务会计目标的全面发展，合理的方法可以提高工作效率，降低工作成本。

随着国家社会主义市场经济不断发展，企业改革不断深入，国有企业作为国家经济发展的核心关键，必须进行全面的改革。财务会计是提高企业合作能力的关键，也是保证企业全面发展的基础，因此，国有企业必须全面提高企业财务管理能力和会计核算工作，以此有效解决国有企业在发展过程中存在的财务经济问题，推动国有企业实现全面可持续发展，提高企业社会经济效益，带动国家经济发展。

一、新经济时代下国有企业财务管理工作现状

改革开放后，国家经济飞速发展，企业数量不断增加，国有企业在不断地改革发展的工作中，也取得了较大成绩。但是，随着科学技术的发展，知识经济时代到来，大量的外来经济进入本土市场，对本土市场造成了一定的冲击。不仅如此，国内企业之间的竞争也日趋激励，国有企业想要在这样的经济市场中站稳脚跟，就要进行更深层次的改革。国有企业传统的财务管理方式已经不能满足新时期市场的需求，新经济时代下国有企业财务管理工作的开展也发生了一定的变化，想要对国有企业实现财务会计目标时存在的问题进行分析，首先要明确在当前社会市场背景下，国有企业财务管理工作的现状。互联网经济的全面发展，让云计算、大数据、移动互联网等技术实现了全面的突破和发展，对财务会计管理目标形成了一定的有影响，在大数据时代下，企业的相关财务信息更加透明，国有企业想要得到全面的发展，就必须适应这一变化，财务会计管理工作呈现出多元化的发展趋势，因此财务会计管理目标也必须进行变化。新时期，形成符合时代社会发展的综合目标，并且将知识资本最大化，以此保证经济效益最大化，实现企业利润目标的全面发展。

二、会计目标定位的观点

决策有用观。随着我国市场经济的逐步发展，企业的发展就具有了更多的投资者与债权者，基于这一现状，相应的委托代理关系也会发生相应的变化，主要由单一逐步转向复杂的方向发展，这就意味着企业财务的较为分散的投资者和债权者提供及时准确的企业的经营状况信息资料，主要是为了债权者和投资者做出正确的投资选择。因此，从资本市场的发展层面而言，会计目标就是对于较为分散的投资者和债权者提供及时的财务发展的信息，这就是决策有用观。制定决策时要考虑未来发展道路的选择，要综合分析未来的投资

者与债权者将来的发展情况。只有这样的决策才具有实际的操作性与实用性。

受托责任观。随着公司发展模式的不断变革，企业的发展经营权无法与市价的所有权相结合，这就出现了广泛的委托代理的关系。企业发展的经营权和所有权无法进行有效的结合，这就说明委托代理的实际出现使得企业的委托方主要关注企业发展的自身资本的扩大，受托方主要负责管理和实际资源的利用情况，并将这些情况向委托方报告。委托方依据受托方企业运营的情况，做出整体的评价，然后再根据相应的委托人的实际工作效果并且决定是否一直聘用。委托代理关系发展的大局势之下，会计主要为了达到委托方对于企业发展的实际进行整体的评估，核心就是企业经营业绩的计算和实际的效果，这就是会计目标的受托责任观。

受托责任观与决策有用观之间的联系。受托责任观和决策有用观的形成都是因为我国企业的经营权与所有权分离，然而受托责任观主要是因为企业的经营权与所有权实行分离，所有权具有实际处分的权利。在完善的经济的发展之下，决策有用观的财务目标成立，主要是通过资本市场与经营者建立了广泛而实际的关系而孕育的，经营者的实际权力得到了扩大，负责企业的生产经营状况，具备相应的企业资产处置的能力，所以投资者就必须通过相应的企业运营的实际资料来进行相应的决策。受托责任观主要是因为企业发展的经营权与所有权实行分离，委托代理关系就显得很明显。所以，决策有用观是在受托责任观的影响之下而形成的，主要反映了市场经济发展的主要发展方向，同时也是经济环境变化的主要表现形式。

三、当前我国财务会计目标的具体构建

企业会计目标的具体定位。基于此原则，财务会计目标首先需要为企业管理层提供企业发展过程中能够良好反映企业发展的经济信息。第一，需要具有提供投资和信贷相关的准确信息，体现出潜在投资人、债权人以及其他有关投资、信贷的关键信息。第二，提供现金流量数据与未来存量的信息，此类信息可以帮助当前和潜在的投资者、债权人评估企业的股利或股息、销售、到期债券或借款清偿等不确定信息。第三，需要提供企业经济资产、财务状况、经营成果与资源分配、使用的具体情况。在此基础上，财务报告还需要将当年的经济计划完成情况、整体资产处于增值或保值阶段等向受托者进行展示。财务报告作为企业经济数据的完整呈现方式，是企业在证券市场上的重要考评条件。相关投资者对于企业报表数据的判断可以直接影响后续企业获得融资的机会。

现代企业制度下的财务会计目标。现代企业制度已成为国内企业在经济发展过程中的必然选择。财务会计的工作目标需要积极地融入现代企业制度中去。作为现代企业制度的关键，法人制是判断企业模式的重要标准。企业法人制度是现代企业制度的主体。在企业法人制度下，投资者与企业的关系被简化为纯粹的委托者与被委托者间的关系。当前我国企业中，上市公司占比较小且上市后企业也不能实现资本的完全流通。因此我

国会计的工作目标需要定位在向委托人也就是投资者旅行自身受托责任，为委托人提供所需的相关信息。

综上所述，会计目标并非独立存在于会计行业中，会计目标的制定、实施与会计环境、会计理论、会计职能等有着密切联系。因此，对会计财务目标定位的思考不应局限于某个方面，而应进行多维度、深层次的思考。

第三节　财务会计、权利与财务会计目标

会计主体利益和有关外部利益者二者属于对立统一的关系，也是促进财务会计产生与发展的基本动因。所以，会计信息其质和量都应该是会计主体和生产运用要素每个全能主体在合作对决的过程中一起界定的，财务会计最终的目标就是保证二者在这种合作对决中均获得利益，受委托责任和策略有用学派仅仅重视一方的利益。本节主要对财务会计、权利与财务会计目标相关问题进行了进一步的论述。

自美国 FASB 这一财务理念构造发布之后，财务会计理念构造研究就成为财务会计理论的重点内容，建立这个构造的核心是两个思路，一是将财务会计目标当作起点，二是将会计假设当作起点。这就说明，想要建立对于会计标准制定以及实物理解发挥指导作用的财务会计理念构造，一定要先把财务目标的问题解决好。因此，下面将进一步分析财务会计、权利与财务会计目标。

一、会计信息质和量是以会计主体、生产运营条件和外部环境权利主体一起界定的

不一样的权利主体通过相应权利参加会计质和量的界定。对财务会计服务对象来讲，其不仅是对内会计，同时也是对外会计，给会计主体相关的利益者提供必要的会计信息，当前，会计信息外部运用人员包含我国政府部门和债权人以及可能成为债权人的人，还有投资者和可能成为投资者的人，人力资源权利主体其聘用人员还有四周环境权利主体等等。

通过多次博弈界定会计信息质和量。基于现代社会经济，对于构成会计主体生产运营能力十分有利，获得利益能力生产运营药店以及外部环境全部全能完全分离，任何一种权能主体都按照有关权利参加会计主体利益的配置，针对理性经济人摄像，所有权能主体都能够实现自身利益最大化，将自己的损失降到最低。基于这种利益配置合作对决的过程中，所有权能主体想要得到更多的利益，有两个渠道实现，第一个是会计主体获取利益最多，第二个是让自己方获取最多的利益。

所以，在对会计质和量进行界定的过程中，一定要思考外部利益人员的利益，听取所有外部利益企业的建议，确保外部利益企业总体利益，让其具有科学的获利。并且，这对

于会计主体本身也十分有利。因此，在对会计信息的质和量进行界定的时候，一定要对于资本市场良好循环有一定的好处，给企业生产经营制造一个优秀的外部环境，始终坚持优胜劣汰这一原则，这样才能完善总体社会资源组合。会计标准制定人员必须对双方的意见进行充分的思考，让双方的利益得到最好的组合，进而实现共赢。

二、财务会计目标界定

确保资本市场正常顺利发展。会计主要利益与有关外部利益者利益是对立统一的，进而促进会计信息不断改进，调节所有全能主体之间的利益，推动社会资源科学的分配。在资本市场不断加快发展的这个时代，社会资源科学分配主要体现在资本所有权的科学组合。所以，目前财务会计的根本目标就是要保证资本市场健全，进而才会提高会计主体由资本市场得到最大资本的概率，进一步扩大生产的规模，对于资本构造进行改善。针对资本市场债权主体来讲，其在短暂摒弃资本应用权利的时候，会计主体一定要让债权主体相信其能够按照规定收回成本与利息的权利能成为现实。因此，会计主体一定要提供和其有关的一系列会计信息。针对会计主体所有权来讲，在所有权与经营权分离这种企业制度条件下，所有权主体在永远摒弃资本使用权的过程中，会计主体一定要让所有权主体相信其资本可以增值，因此，财务会计一定要提供与行业资本增值有关的一系列会计信息，从而给投资人员进行正确的决策提供一定的便利。若财务会计信息无法完成上面的要求，那么资本市场将很难正常稳定地发展下去。

协调会计主体和四周环境。会计主体始终在四周环境当中生存，会计主体想要发展必须调节好与四周环境的关系，所以，财务会计还应该提供和四周环境有关的一系列会计信息，同时这也是社会责任，也是会计受到重视的动因之一。

会计信息价值影响财务目标确定。会计信息对于使用人员的价值多少主要是和专业知识掌握情况和判断能力有着直接的关系，相同的会计信息对于不同层次的使用人员有着相应的价值。财务会计目标在思考会计信息好处的过程中，应该由各种类型的权利主体总体情况当作准则，会计信息价值还有一个思路就是会计信息加工和处置以及揭示花费和制度实施花费的总和与会计信息效果进行比较，按照科斯交易费观点，所有会计信息作用除去社会交易花费应该确保最大利益。

观察我国和国外一些学者针对股权结构和企业多元营销关系相关问题的探索主要有两种观点，两种观点呈对立的状态，一种观点觉得二者之间有着明显的相关性，而另一种观点觉得二者之间没有相关性。而本节觉得股权结构和企业多元营销二者之间是存在着一定的关系的，但是这种关系最多只是一种相关关系，不可以说成严格的因果关系。也就是不可以当作是股权结构汇集，这一定会造成企业多元化营销程度不高。研究人员对于二者之间关系的研究均是适用计量经济模型对其实施回归分析，这种实证分析的方式对这方面问题理解存在一定的局限。第一，研究人员基于不一样的研究角度选择研究的对象，对象企业处于的外部环境，如政治和文化以及市场程度这些都存在巨大的差别，所得到的结果无法表示全部的情况。第二，假设股权结构和企业多元营销二者存在着明显的相关关系，股权结构变化属于企业多远营销改变的原因之一，但是它不是唯一的一个原因，是和别的因素相互协作一起发挥作用的，造成企业多元营销发生改变。

笔者认为，在外部环境和别的条件都一样的前提条件下，若一家企业治理结构有着良好的效果，那么这家企业多元运营水平会相对较低。站在企业治理产生的历史以及逻辑角度去看，其股权构造和公司多元运营二者有着十分亲密的关系，必须在股权构造具有合理性的前提下，才有可能构成健全的企业治理构造，从而才可以确保企业降低减少股东价值多元化运营。

本节对财务会计和权利与财务会计目标相关问题的进一步阐述，使我们了解到会计主体利益和有关外部利益者二者属于对立统一的关系，也是促进财务会计产生与发展的基本动因。所以，会计信息其质和量都应该是会计主体和生产运用要素每个全能主体在合作对决的过程中一起界定的，财务会计最终的目标就是在保证二者在这种合作对决中均获得利益。因此，希望本节的阐述，能够给财务会计和权利以及财务会计目标方面提供一定的帮助，进而实现双赢。

第四节 财务会计作用探析

在社会经济高速发展背景下，企业也面临着日益激烈的市场竞争，为了更好地适应市场环境变化，对各项经济管理工作的开展也需要给予充分重视。财务会计是经济管理中不可或缺的一部分，不仅是管理的终端工作，也能够帮助企业决策者在做出决定之前，对企业当前的发展情况做出全面分析，确保各项决策的科学、正确性。

财务管理工作是企业整个经营管理内容的核心所在，财会人员在工作中，不仅要对企业财务数据做出妥善处理，还要为企业提供更准确的运营信息，进而在企业经济管理中发挥有效作用。财会人员是企业中的综合性、应用性管理人才，其地位是举足轻重的。因此，在规划、落实各项经济管理工作时，各企业应充分挖掘、利用财会人员的积极作用，以此不断提升经济管理水平。

一、财务会计的职能分析

首先，是反映职能。作为财务会计最基本、原始的职能，反映职能是随着会计职业的产生而形成的，财务会计通常都会通过确认、记录等环节，将会计主体当前发生、完成的经济活动从数量上反映出来，并为企业管理者提供更精准、完整的经济与财务信息。

其次，是经管职能。当前，我国很多企业开展的财会工作都停留在算账、保障等层面，难以适应现代企业制度提出的各项要求，因此，要想将财会经营管理职能充分发挥出来，就必须在传统基础上，积极拓展新的领域，构建更完善的财会工作模式，也以此来提升经济建设水平，推动企业的健康、稳定发展。

二、财务会计在经济管理中发挥的作用

提供科学完善的预测信息。在市场经济高速发展的背景下，企业要想全面迎合其发展需求，就必须对市场供需情况变化做出深入调查与研究，并在此基础上，制订出科学完善的生产规划、营销方案，不断提升企业产品的市场竞争力。对此，企业需对环境、产品质量，以及市场供需要求和企业宣传等诸多因素做出综合考虑与分析调整，这样才能对企业营销信息做出科学预判，也只有这样才能在产品投产之前，结合产品成本构成制订出最佳的营销、生产方案，真正做到企业经济管理与效益的有机整合，在明确产品价值定位的同时，真正赢得最大化的经济效益。

积极发挥会计监督职能。这一职能的发挥主要是指在开展各项企业经济活动中，相应地对财务会计计划、制度做出科学监督与检查，作为一种科学的监督手段，其能够在尽可能减少经济管理漏洞的同时，促进企业经济、社会效益的逐步提升。财务会计可以通过不同渠道来达到这一目标，如可以通过对企业现金流、各项财务工作进行分析与检查，对企业经济做出科学评估等方式，来对企业各项生产经济管理活动、成果做出有效监督。比如，可以通过成本指标来对单位产品的劳动力消耗情况做出全面掌握，或者是结合利润指标来对经济活动成果做出科学评估。

不断提升财会信息质量。会计信息质量的高低对财务会计作用是否能够得到充分发挥有着决定性影响，而会计信息的准确、完整性，也直接影响着企业生产经营的健康发展。就目前来看，原始凭证、企业管理部门及其工作机制，以及相应的会计信息体系的完善程度等诸多方面都会对会计信息质量产生重要影响，对其影响因素的控制主要可以从以下两个方面入手：一方面，要不断加大对发票等一系列原始数据的管理力度，营造良好的管理秩序。同时，还应充分重视《会计法》等财会法律法规的认真落实，并结合实际情况，制定出科学有效的执行方法，以此来确保财会人员的合法权益能够得到有力维护，为其各项工作的高效有序开展提供有力支持。另一方面，应不断加大会计信息系统的建设力度，优化相应工作机制。同时，企业还应积极挖掘、整合社会各界的监督力量来科学管控会计信息质量，以此来促进其信息质量的不断提升。

不断加强财会人才培养。人才一直都是企业经营管理发展最根本的动力，而在经济管理中，要想将财务会计的积极作用充分发挥出来，就必须注重高素质、综合型人才的培养与引进，以此来为企业的创新发展提供有力的人才支持。

在知识信息时代高速发展的背景下，各行业人才的综合素质也随之在不断提升，尤其是财会人才在企业发展中有着举足轻重的地位，相对于物质资源来讲，人力资源具有的社

会价值更高，因此，在经济管理中，对于财务人才综合素养的提升，以及人力配置的进一步优化应给予足够重视，并结合社会发展需求，经济引进高品质的专业人才，以此来不断提升企业综合竞争实力。

综上所述，不论对于哪一行业来讲，财务会计占据的地位都是至关重要的，在为企业管埋层提供的相关经济信息，对各项决策工作的开展有着不可忽视的影响。财务会计对经济管理活动的规划，以及经济效益的提升都发挥着积极的促进作用。因此，各企业需要充分重视对财会人才的培养与引进，充分挖掘与利用相关资源，以确保财务会计的重要价值能够在经济管理中得到充分发挥。

第五节　财务会计的信任功能

财务会计能够在代理人与委托人之间建立信任机制，通过财务会计信息能够增进双方的信任；作为一个完善的信任机制，通常会将财务会计与其他的信任机制联系起来，本节将通过建立初步的分析框架，进一步分析各种理论制度对财务会计的影响，并梳理财务会计中的一些争论。

在委托与代理信息不对称的情况下，财务会计信息能够在一定程度上解决信息不对称的问题，财务会计信息也因此在资本市场发挥着重要的作用。财务会计信息中关于投资项目的准确详尽信息有助于投资者做出正确的判断，并相应地做出正确的投资决策，这一作用通常被称为财务会计信息的投资有用性或者是定价功能。另外，在代理人与委托人建立委托代理关系后，委托人可以要求代理人提供相关的财务会计信息，以助于委托人的财产安全评估，并以此来约束代理人，财务会计信息的这一功能被称作契约有用性或是治理功能。因此，不难看出财务会计信息功能不仅能在一定程度上解决信息不对称的问题，还能够实现定价与治理的功能，这已经在大量研究中被证实过了。

然而财务会计为何会有信任功能仍然不够清晰明了，只是结论性地认为财务会计具备信任功能。在探讨财务会计的信任功能时，可以从多方面的问题入手，如财务会计为何具备信任功能，外部因素对财务会计的影响以及制度对财务会计的影响等等。

一、财务会计信任功能的概念及理论基础

财务会计的信任功能，重点在于财务会计和信任两个核心。财务会计属于企业会计的一个分支，通常是指通过对企业已经完成的资金运动进行全面系统的核算与监督，为外部与企业有经济利害关系的投资人、债权人以及政府有关部门提供相关的企业财务状况与盈利能力等经济信息的经济管理活动；显然财务会计不仅仅是指产出结果，还包括产出过程，对交易事项进行特定处理后经过外部审计才能成为公开信息，这一最终信息被称为财务会

计信息，在现代企业中，财务会计还是一项重要的基础性工作，为企业的决策提供重要的相关信息，提高了企业的经济效益，促进市场经济的健康有序发展。

信任是一个抽象且复杂的概念，涉及范围广泛，且通常被用作动词，信任总是设计信任主体以及被信任的客体，由主体决定是否信任客体。然而在实际过程中，主体决定是否信任客体的条件无法控制，只能单方面期待客体有能力且遵守约定为主体服务。因此本节中的信任只包括主体、客体、能力以及意愿，具体情况就是主体信任客体有能力且有意愿为主体服务的过程，这便是本节的信任功能，并不是单指一个心理状态。

信息不对称问题是委托代理关系中必然会出现的问题，信息不对称作为一个普遍存在的问题，通常会导致逆向选择问题以及道德风险问题，其中多为代理人的不诚信或是委托人不信任代理人，因此，财务会计信息的有效性能够在一定程度上解决信息不对称的问题，也能够看出信任才是代理委托关系以及信息不对称这两者的实质性问题。而在代理委托关系下，委托人对代理人不信任是很正常的，委托人作为主体，承担着委托代理关系中的绝大部分风险，故而委托人有理由不去信任代理人，因为委托人无法确认代理人是否有能力且有意愿为自己服务；由于代理人的不诚实以及委托人的不信任才会造成信息的不对称，最终导致事前的逆向选择以及事后的道德风险问题，这时财务会计信息就能够发挥其定价以及治理的功能了，所以，从本质上来说，财务会计解决的根本问题是委托者对代理人不信任的问题。

财务会计信息作为财务信息处理的流程性记录，在一定程度上具有某些预测价值，能够减轻代理人行为上的不可预测性，加深了委托人对代理人的信任程度。同时，财务会计信息还能够作为评估代理人能力的参考信息，让委托人对代理人的能力有所了解，以此增加委托人对代理人的信任程度，而且财务会计信息注重于分析代理人的能力与委托人利益变化的关系，更为有力地证明了代理人的实际能力。

在委托人与代理人的信任关系中，完全寄希望于代理人自发的意愿为委托人服务也是不切实际的想法，也无法形成强制性的措施，对此可以通过制定对财务会计信息要求的规定使委托人能有一种主动制约代理人的能力，使委托人对代理人的控制建立在明确的基础之上，在增强委托人控制能力的同时，还增进了委托人对代理人的信任。契约签订也是约束代理人为委托人的利益服务的重要手段，行之有效的契约使得代理人不得不在实际行动上有利于委托人。

二、财务会计信息中信任制度理论的应用

制度的作用通常是威慑和约束代理人的不良行为，可以针对代理人损害委托人利益的行为做出适当的惩罚，这种惩罚性致使代理人不得不向委托人提供真实的财务会计信息；同时还约束着代理人的行为，促使代理人不敢侵害委托人的利益，因此，制度的制定也能够提升委托者对代理人的信任。

上文中还提到了财务会计信息的定价功能与治理功能。在实际应用中，财务会计信息的定价功能体现在委托者能够通过财务会计信息，大致了解代理人的能力，评估代理人能力的强弱，从而针对代理人能力给出一定程度的信任度；而财务会计信息的治理功能便是通过契约条款来约束代理人，致使代理人在实际行动中做出有益于委托者的行为，在财务会计信息的治理功能中，会计信息是作为必要条款而存在的。

综上我们大致能够得出这样的结论：针对会计信息的制度可以提高会计信息的定价功能，而针对代理人的制度可能会降低会计信息的治理功能。当然，尽管我们可以在理论上做出上述分析，但是也必须看到，现实当中不同针对性的制度是同时出现的，难以将它们的影响区分开来，这也正是经验研究得出不一致结论的原因。

本节从委托人和代理人的社会关系出发，对委托代理的信任关系及信息不对称问题进行了分析，从信任的角度出发研究了财务会计的模糊问题。财务会计应构建更加完善的信任机制，利用财务会计的信任功能理论提高财务会计理论的解释力和预测力，丰富和推进现有财务会计理论发展。

第六节　财务会计与税务会计的差异和协调

随着会计准则和税务制度的不断深化与完善，财务会计与税务会计的差异日益明显，鉴于两者在经济管理中的重要地位，处理好两者的关系是处理企业、国家、社会之间利益的重中之重，协调和完善财务会计与税务会计的关系刻不容缓。笔者针对财务会计与税务会计两者的差异及其产生原因进行了研究分析，并在此基础上，提出协调财务会计与税务会计差异的对策，为在实际工作中的企业和公司提供借鉴和帮助，让其更科学更稳健地开展实务工作。

财务会计与税务会计既相互关联又有一定的差异，这并不仅仅发生在我国，它普通存在于各个国家之中。财务会计是指对企业的资金和财务状况进行全面监督与系统核算，以提供企业的盈利能力与财务水平等经济信息为目标而进行的经济管理活动。财务会计依照相关的会计制度和程序，为有涉及利益关系的债权人、投资人提供相关的资金信息；财务会计不仅在企业运作中起着基础性的作用，而且对企业的管理和发展有重要的促进作用。所谓的税务会计是指，根据会计学有关内容和理论，对纳税人应纳税款的形成、申报、缴纳进行综合反映和监管，确保纳税活动的全面落实，让纳税人员自觉根据税法规定，进行税务缴纳的一项专业会计学科。税务会计是进行税务筹划、税金核算和纳税申报的一种会计系统。通常人们认为税务会计是财务会计和管理会计的自然延伸，而自然延伸的基本条件是税收法规逐渐趋于复杂化。目前，受各种因素的影响，大部分企业中的税务会计不能在财务会计和管理会计中分离出来，导致税务会计无法形成相对独立的会计系统。但财务会计和税务会计都是我国会计体系的重要组成部分，两者既有关联又有差别，具有一定的差异性和相似性。两者都是在符合国家法律和规章制度的基础上对经济利益进行保护的，并且为企业的客观财务信息提供支持，保证企业管理人员可以得到正确真实的财务信息。重视财务会计与税务会计之间的差异，并强化两者的差异协调，能够促使企业提高管理水平，进而实现整体经济效益的迅速发展。

一、财务会计与税务会计差异产生的原因分析

在新《企业所得税法》和《企业会计制度》的实施下，财务会计与税务会计在会计目标和核算范围等方面都出现了新的差异，在我国经济快速发展以及会计制度的一系列改革的促动下，财务会计与税务会计的差异越来越大。一方面，财务会计的核算流程、方式、内容都是依照财务会计的准则进行的，财务会计制度的重点是努力实现企业财务和经济的标准化，提供经济利益保障。而税务会计的核算流程、方式、内容是依照税务会计的规定进行的，税务会计的重点是遵照国家税法的标准对纳税人进行征税，两者在本质上存在差异。当今，财会体系在形成中不断发展，特别是国家开展了关于财务领域的相关革新活动，使得财务会计领域的相关体系与准则和税法之间开始出现隔阂和距离。另一方面，许多单位的所有制也表现出多种样式，经济体制的逐渐改变也是导致两者产生差异的重要原因，它带动了所得税的变化，使得税务会计与财务会计的差异日益明显。

二、财务会计与税务会计的差异分析

由于传统的经济管理体制不能适应社会的发展，随着税务职能的深入和渗透，财务会计与税务会计之间的差异日益凸显，两者在会计目标、核算对象、核算依据、稳健态度、会计等式和会计要素等方面都出现了明显的差异，下面对财务会计和税务会计两者的差异进行分析比较，从而为两者之间的协调提供更大的发展空间。

（一）会计目标的差异分析

会计目标是会计的重要组成部分，是会计理论体系的基础，其在特定情况下，会因受到客观存在的经济、社会现状以及政治方面的影响而变化，对财务会计和税务会计所表现的会计目标差异进行分析具有重要的意义。

1. 基于财务会计的会计目标

财务会计要求从业人员依法编制完整、合法、真实的对外报告和会计报表来反映企业财务状况与经营成果，为管理部门和相关人员提供对决策有用的会计信息。财务会计目标在企业会计制度系统和财务会计系统中有着举足轻重的作用，是制定各种法则和规范会计制度的重要因素。一般来说，财务会计目标分为决策有用观和受托责任观。决策有用观是指信息使用人员要确立正确的财务会计目标，为管理层提供做出决策有用的信息。受托责任观是指如实反映受托责任在进行的状况。另外，财务会计的目标是以记录和核算所有经济业务的情况为基础，编制资产负债表、利润表、现金流量表和附表，向财务报告使用人

员提供相应的企业经营成果、财务状况与现金流量状况等有关的会计信息，对企业的管理层所托付的任务履行情况进行真实的反映，使领导层能够根据相关财务报告做出更加正确、合理的经济决策。

2. 基于税务会计的会计目标

税务会计是商品经济阶段发展到市场经济阶段的必然产物，税务会计的目标：一方面以遵守税法的相关规定为基本目标，进行正确合理的计税、纳税和退税等操作，以实现降低成本的目的，使税务会计主体可以获得较大程度的税收收益。税务会计再通过向税务和海关部门纳税申报，将纳税信息提供给信息使用人员，帮助税务部门更加方便地征收税款。另一方面将有利于做决策的相关信息提供给税务管理部门和纳税企业管理部门；为了税务管理部门和纳税企业管理部门能更加正确地进行税务决策，也可以通过整合和运用高层相关人员所提供的相关信息，得到合理的决策方案，获取更大利润收益。

（二）核算对象的差异分析

会计核算是指以货币为主要计量单位，对企业、事业、机关等有关单位的资金和经济信息利用情况进行记账。会计核算范围分为会计实践范围和会计空间范围；会计的时间范围，是指会计分期，通常会计从时间上来看，是根据一个年度来划分范围的。会计的空间范围，是指会计主体，实际上就是一个企业。另外，会计核算的范围从空间上来看，它只核算本企业的经济业务。财务会计与税务会计两者的核算对象存在着明显差异，财务会计核算对象表现是通过货币来反映资金运动过程，而税务会计核算对象是通过税负来反映相关的资金运动过程。分析财务会计和税务会计核算对象之间的差异，对企业的业务操作与制度改进具有一定的参考价值和借鉴价值。

1. 财务会计的核算对象

财务会计通过货币计量，对相关企业所有的有关经济事项进行核算，为投资人和债务人等利益相关人员进行服务，财务会计的核算对象是可以用货币表现的全部资金活动过程，需要通过财务会计对有关资金状况进行核算。相关资金活动过程不仅可以在一定程度上反映有关企业的相关财务状况，而且可以反映企业一些资金的变动和经营情况。将资金的投入、周转和循环、退出等过程作为核算的范围也可以满足投资人员、经营管理人员、企业和国家的经济管理需求。总体上，财务会计的核算对象所涉及的范围要比税务会计更加广泛。

2. 税务会计的核算对象

税务会计是对纳税人的与税收变动相关的经济事项进行核算，税务会计核算的对象仅仅是与企业税负有关的资金运动，包括财务会计中有关税款的核算、申报等内容，与税收没有关系的业务不需要进行核算，也反映出税务会计的核算对象是受纳税所影响而引发的税款计算、补退以及缴纳等相关经济活动的资金运动。而且税务会计的核算范围和财务会计的核算范围还存在着一定的差异，具体表现在税收减免、纳税申报、收益分配以及经营收入等和纳税相关的经济活动，相对来说税务会计涉及的范围比较小。

（三）核算依据的差异分析

财务会计和税务会计的核算依据有着明显的差异，财务会计的核算依据是按照企业会计准则和制度开展和组织活动，其核算的原则和方法都是来自企业会计准则。而且企业会计准则会因为行业不同而存在一定的差异，具有一定的灵活性；再者，根据企业会计准则和相关制度的有关要求和规定对会计核算进行组织和进行真实的企业财务活动记录，并且提供有用的会计信息，协助企业经营和管理。其中依据会计准则就是要对外提供真实相关的具有高质量的财务报告，一方面要针对相关的资源管理和使用情况向企业管理层做出真实的反映；另一方面为财务报告使用人员提供正确合理的信息，帮助管理层做出正确的决策，对企业会计核算的一些不恰当行为进行规范。税务会计的核算依据是税收法规，核算原则和方法来自税法，税法具有强制性和无偿性、高度的统一性，用于规范国家征税主体和纳税主体的行为，从业人员要遵循税法的宗旨和规定进行核算，然后按照税法的规定对所得税额进行计算总结，并且向税务部门进行申报。税务会计核算要恪守法律规定，遵守国家对纳税人相关缴税行为的规定，目的是保证可以足额地征收企业税款，以满足政府公共支出的需求，以及在国家和纳税人之间的财富分配。

（四）核算原则的差异分析

财务会计运用权责发生制作为核算原则，税务会计是在权责发生制基础上，运用收付实现制对其进行调整的。权责发生制和收付实现制对于同一笔经济业务的处理时间和处理原则不同，导致两者在入账时间及入账金额方面可能不一致。

（五）稳健态度的差异分析

会计稳健性原则是在会计核算中经常运用的一项重要原则，国家通过发布《企业会计制度》和具体会计准则充分体现了这一原则，对企业会计核算有重要的指导作用。稳健性原则是指当一些相关企业遇到没有把握或者不能确定的业务时，在处理过程中应该要保持谨慎严谨的态度，可以记录一些具有预见性的损失和费用，并且加以确认。财务会计的稳健态度表现在：对企业可能造成的损失和费用进行预计和充分考虑，不去预计企业可能发生的收入，让会计报表可以更加准确地反映企业所发生的财务状况以及经营成果，避免让报表使用人员误解或者错读报表信息。而税务会计的稳健态度表现在：它不会预计未来可能发生的损失和费用，而只对一些已有客观证据并且可能在未来发生的费用才进行预计，比如坏账计提，其具有一定的客观性。在市场经济的发展态势下，不可规避风险是很多企业不可避免的问题。在面对问题时，应该积极应对、坚持审慎严谨的原则，在风险实际出现之前做到未雨绸缪，防范风险，并以化解风险，这样既对企业做出正确和合理的决策有促进作用，也间接地提高了企业对债权人利益的保障能力，进而使企业在市场上有更加强劲的竞争力。

（六）会计等式和会计要素的差异分析

会计要素是反映会计主体相关财务状况的基本单位，通过对会计对象进行基本分类而形成。财务会计有六个要素，包括资产、负债、所有者权益、收入、费用、利润，这六个要素存在联系也有区别，是会计对象具体化的反映，财务会计围绕着这六大要素来反映发生的内容和业务，它构成的会计等式为“资产＝负债＋所有者权益”，这是编制资产负债表时要满足的原则。“收入－费用＝利润”，这是编制利润表时要满足的原则。税务会计有四大要素，包括应税收入、扣税费用、纳税所得和应纳税额，其中应纳税额是核心，其他三个要素为应纳税额的计算提供了前提条件。另外，这四个要素和企业应交税款关系密切，税法的应税收入可能与会计上的收入和费用会有所差异，在编制纳税申报表时，税务会计的四个要素构成了以下等式：“应税收入－扣除费用＝纳税所得额”“应纳税额＝应纳税所得额×税率”，通过以上等式来更加具体地反映计税过程。

三、财务会计与税务会计的协调分析

在财务会计和税务会计的协调发展问题上，首先要明确两者之间的关系，这样才能在社会不断发展的过程中协调好两者的关系，避免出现方法不统一、关系严重不协调的现象，要做好财务政策与税收政策、会计政策之间的协调工作，强化会计处理方面的协调性，加强规范性。其次放宽税法对会计的限制，加强税收法律和会计制度的适应性，重视两者的协调工作。最后重视人才培养和信息披露，不断提高工作人员的整体素质，加强工作人员的从业学习能力，也要加强对信息的充分披露，确保会计信息能够全面、准确、充分地披露。处理好财务会计和税务会计的协调性，使两者之间政策的一致性得以保障，尽最大的可能减少差异，这不仅可以促使国家经济的持续发展，为企业科学管理奠定基础，还可以保证会计信息的真实合理，促进企业效益得到有效的保障，从而实现企业价值最大化和效益最大化的管理目标。

（一）强化会计处理方面的协调

首先在会计处理方面，财务会计的核算在按照税法规定的同时也要联系相关的会计原则。税务会计可以将相关的税收理论转变成税法学的相关概念、原理和基础，使其能进一步和相关会计原理与准则相结合，并且借助会计方法，反映企业的应纳税额。税务会计要植根于财务会计，财务会计是税务会计的前提。其次需要统一会计核算基础，税收采用的是收付实现制，它虽然在操作方面比较便捷简单，有利于税收保全，可是会使应纳税所得额与会计利润之间产生差异，不能体现出税收公平的原则，既不符合收入和费用相匹配的会计原则，也不符合会计可比性信息质量的相关要求。所以在税务会计处理方面应该以权责发生制为基础进行计量，尽量减少税收会计和财务会计之间的差异，体现出税收的公平；同时还要重视会计处理的规范化，财务会计制度和税收法律要体现在具体的工作中，会计制度要与税收制度相互协作，保障企业会计业务的规范化，根据会计理论和方法对税务会计理论体系进行完善，实现财务会计和税务会计的紧密联系。由于我国的会计处理方法还不健全，体制还不完善，缺少相关会计制度的制约，而且财务会计发展的时间比较久，所以它相对于税务会计，已经形成了比较完善的财务会计理论体系，对我国的财务会计发展有着重要的指导和推动作用。因此要完善和规范会计制度，加强会计制度和税收的协调管理，相关政府部分需要加大对税务会计理论体系构建和完善的力度，加快税务会计的理论体系构建，将税收学科合理地应用于税收体系的构建当中，强化会计处理有利于我国税务会计学科的发展，为更好地完善财务会计制度奠定基础。同时也有利于会计制度和税收法律制度在管理层面相结合，可以为财务会计和税务会计两者在企业上的协调发展做出贡献。

（二）放宽税法对会计的限制

一方面，税法应该适当地、有限度地放宽企业对风险的评估，这样既能保证企业的抗风险能力，也不会对税基造成损害，放宽税法对会计方法选择的限制有利于提高会计政策的灵活性，从而促进企业创新技术和增强竞争能力。税法可以规定在企业发生会计政策变更时，要通过税务机关的批准和备案，并且针对变更会计政策做出相应的规范方案，防止偷税漏税。另一方面，要强化会计制度和税收法规的适应性。由于财务会计是建立在相关会计制度和规章的基础上的，而税收会计是建立在税收法律基础上的，两者的原则不同。因此，要更加重视税法和会计制度之间的适应性，会计制度要重视和关注税法监管的相关信息需求，实现和加大会计对于税法和税收规章的信息支持效果，而税法也要积极提高对会计制度协调性的执行力度，在税收征管中与会计制度进行磨合，增强两者的协调性，这样既有利于财务会计和税务会计的合理协调，也可以推动企业和国家的经济发展。

（三）重视人才培养与信息披露

当前，由于大部分企业的财务人员和税务人员掌握的专业知识和理论都属于财务和税务分离的知识结构，甚至有一些工作人员只掌握了其中一小部分的知识。这样不仅阻碍了企业的发展，还限制了财务会计和税务会计的合理开展，所以企业要重视和加强企业财务人员对财务会计和税务会计的学习，增加其协调性。另外财务会计人员在进行会计工作的时候，要以《企业会计准则》为基准，遵守财经法规等职业道德，不断提升自己的专业学习能力、巩固专业知识、提高自己的素质等，保障企业的会计信息的客观真实、健全完整。同时，当前企业会计准则对企业披露信息要求比较低，导致披露不足，增加税务机关监管和征缴税款的难度，使得债权人不能充分了解和掌握企业有关税款征收的信息。针对现阶段的会计制度和对企业会计信息的披露制度不完善现象，努力加强政策宣传与会计信息披露，无论是税务部门还是财务部门都应该在宣传方面加大力度，提高对政策宣传的支持力度，保证能够把财务会计和税务会计的相关内容纳入宣传工作范围，从而提高会计制度和税收法律协调的效率。另外，应该保障会计报表的公开性和保证会计必要信息的完整披露，确保会计信息能够更加全面、更加准确、更加充分地披露，从而促进财务会计和税务会计的协调发展。

随着经济体制的不断改革和我国会计信息应用的不断多元化，税务会计和财务会计的矛盾和差异也日益增大，两者的矛盾和差异为企业的发展和运作、财务与税务管理等方面带来许多困难和干扰。虽然我国在努力缩小财务会计和税务会计的差异，但是两者的差异不可能立即消除，所以协调好两者关系势在必行。针对当前存在的财务会计和税务会计之间的管理差异和不足之处，应该辩证对待，对两者的差异进行合理分析，在理论上争取不断地创新，在方法上不断地健全和完善，结合当前的经济发展形势选择可行的协调模式。另外还要强化会计制度和税法的适应度，加快税务会计和财务会计的理论体系构建速度，加强财务部门和税务部门的沟通，重视人才培养和提升人员素质、强化必要信息的披露工作、协调财务会计和税务会计之间的矛盾，使企业可以更科学、更稳健地运转，这不仅对企业管理水平的提升具有重要意义，而且对我国经济发展也具有举足轻重的作用。

第三章　财务会计模式创新研究

第一节　现代财务会计模式的缺陷

财务会计是企业管理的重要内容，建立科学、先进、合理的财务会计模式，对提高决策正确性、强化企业经营管理、实现企业经营效益目标起着不可忽视的作用。本节从分析财务会计模式的根本缺陷入手，对优化现代财务会计模式提出了几点建议，期望对提高财务会计管理水平有所帮助。

一、财务会计模式的根本缺陷

传统会计模式的缺陷。在传统会计模式下，会计业务处理独立于其他业务流程，只负责记录和审查已发生的经济业务，根据原始凭证进行记账，编制各类账簿和报表。从本质上来看，传统会计工作集中于对单据的流转与记录，这就造成了传统会计缺乏灵活性。由于传统会计不涉及业务工作，所以在成本核算、固定资产管理、应收账款管理等方面未能发挥其应有的作用。同时，传统会计模式缺乏对管理决策的参与，仍停留在财务会计记账层面，尚未履行会计管理职能，这种粗放式、简化式的会计模式，已经无法满足现代企业管理要求。

财务预算管理缺陷。现阶段，越来越多的企业开始重视预算管理，将其作为财务管理的重要内容。但是，在预算管理实践中却存在着管理体系运行缺陷，具体表现为：员工参与预算管理的积极性不高，预算制度未能获得员工的支持；预算根据工作计划编制，采用固定预算编制法，使预算缺乏可执行性，经常出现较大预算执行偏差；预算考核形同虚设，没有将预算考核纳入部门绩效考核范围内，同时也缺乏必要的奖惩措施，从而弱化了预算的刚性和约束力。

财务会计管理体制缺陷。国内部分企业存在这样一种现象，投资者即经营管理者，由此对企业财务会计管理工作的开展造成了不利影响，如决策的科学性及民主性不足，导致财务管理工作无法顺利进行，企业内控对财务的监管和审计无法健全，财务会计管理的作用难以有效发挥。同时，企业管理者未对财务会计管理工作予以足够的重视，使得财务会计管理在企业经营决策方面无用武之地。此外，因财务会计管理制度不够完善，相关人员在工作中没有制度可依，工作的规范性和科学性不够，对企业的经营决策造成了影响。

财务会计报告缺陷。财务会计报告受现行会计制度和会计准则的影响，呈现出一些缺陷，具体表现在以下三个方面：一是财务会计报告忽视价值核算。在现行会计制度下，会计遵循历史成本原则进行核算，将成本核算作为重点，而轻视价值核算。如果发生严重的通货膨胀，则会影响财务报告信息的真实性，出现历史成本明显低于现行重置成本的问题。二是无法反映未来经济活动。财务报告是对历史会计数据的汇总，会计信息使用者通过财务报告了解到企业过去一段时期内的财务状况和经营成果，但是却无法获取未来一段时期内的经营预测信息。三是信息披露不完整。财务报告只能披露企业财务信息，而与经营业绩相关的非财务信息却未能得到披露，如企业人力资源状况、企业经营优势、企业商誉情况、企业经营风险等方面。应当说，上述列举的现代财务会计所存在的种种矛盾和障碍，既有来自实践中有关利益阶层的推动，也有来自会计理论认识上的偏差。

二、现代财务会计模式的优化措施

拓展会计管理职能。当前，传统的会计模式已经难以适应企业的发展需要，所以必须进一步拓展会计职能，促使会计核算为企业管理服务，从单一的事后核算转变为集事前预测、事中控制、事后核算于一体的会计管理体系。企业要重视财务部门在经济管理中的重要地位，让财务部门参与到企业管理与决策中，具体措施如下：首先，建立多元化财务会计目标。会计工作要以提高企业经济效益、服务企业长远战略发展、维护投资者利益以及提供有效会计信息为目标，履行自身会计管理职责。其次，参与企业投资决策。利用会计核算所获取的经济数据，从经济效益角度出发，对投资项目进行经济预测，预计未来收益，综合考虑风险因素，从而做出正确的投资决策。最后，成本效益分析。会计工作要加强与其他业务部门的协作，及时获取采购、生产、销售、应收账款回收等方面的信息，做好成本效益分析，为企业调整产品结构、制定销售策略、改进生产模式提供依据。

落实全面预算管理体系。企业单位要落实全面预算管理体系，使预算覆盖到企业各项经济活动中，通过预算管理提高单位资金使用效率，实现资源优化配置。首先，调动全员参与预算管理。根据企业战略发展规划制定预算总目标，将预算总目标层层分解，落实到各部门、各岗位，形成全员参与预算管理的良好氛围。其次，引入科学的预算编制方法。预算编制根据业务特点的不同选用与之相应的编制方法，如零基预算法、弹性预算法、滚动预算法等，使预算更加合理、严谨。再次，强化预算执行刚性。严格按照审批通过的预算对各项经济业务进行控制，针对预算执行偏差进行分析，找出原因，采取有效的纠偏措施。在非必要的情况下，尽量不对预算做出调整，维护预算的权威性。最后，落实预算绩效考核。构建起完善的预算绩效考核指标体系，对考核单位的预算执行情况进行客观评价，并根据考核结果落实奖惩措施，使预算与部门、个人的利益挂钩。

完善财务会计管理体制。为有效解决企业财务会计管理体制中存在的缺陷问题，必须逐步完善财务会计管理体制，具体可从以下几个方面着手：其一，可对财权进行适当集中，并对管理加以强化。总机构应当具备以下权力：资金调度权、资产处置权、收益分配权、投资权。而各分支机构则只具备经营权，借此来实现分权型管理向集权型管理转变。其二，对物资可实行统一采购，借此减少采购成本，可借鉴政府集中采购制度，节省仓储费用，加快资金的周转速度，提高资金使用效率。其三，可在企业中推行目标管理模式，该模式是一种现代管理理念，它以对最终成果的考核为核心，实现对企业内部各部门的绩效考评与控制，其管理思想是激励，通过各种激励方式调动各部门的经营和管理积极性。其四，应健全内部机制，加大财务监管力度，确保财务会计管理的权威性和地位，使其作用得以充分发挥。

改进财务会计报告体系。现代财务会计报告体系应更加全面地反映企业过去和未来一段时期内的经营成果与财务状况，增强财务会计报告的有用性。财务报表是财务会计报告体系的核心，三大报表要满足相关性、可靠性、可计量性的要求。将财务报表中所披露的会计信息划分为核心信息和非核心信息，核心信息采用历史成本计量属性，非核心信息可引入公允价值等计量属性。在财务报表中，要加入对投资报酬、变现能力、财务弹性等方面的披露内容。在财务报表附注中，要增加与企业经营业绩相关的非财务信息披露，如融资方式风险、物价变动信息、经营活动不确定性事项、商誉评估等内容，使信息使用者更加全面地了解企业发展环境和发展能力，从而提高财务会计报告的使用价值。

总而言之，新形势下财务会计模式必须与时俱进，加快模式创新与优化，促使财务会计更好地服务于企业发展，满足财务信息使用者的需求，实现预期的发展目标。在财务会计实践中，要结合现代企业制度，构建起完善的会计管理体系、全面预算体系、财务会计管理体制以及财务会计报告体系，从而推动现代财务会计模式不断发展。

第二节　数据时代财务会计模式转型

大数据给时代经济的发展带来诸多影响，人们可以借助数据分析事物发展的动态，制定科学的发展策略。同时，基于大数据体现的发展优势，财务会计需要改变之前的工作方式，要顺应行业发展需求，改革工作体系。通过分析大数据时代发展下财务会计变革的背景，思考财务会计转型发展的思路，从而展望其发展趋势及影响。数据时代财务会计模式的研究能让企业科学地了解大数据下财务会计呈现的发展优势，促使企业积极转变财会工作的模式，努力提升财务工作的创新性，帮助企业实现健康长远的发展。

财务会计的发展与经济以及社会进步有着密切联系。当前，人类已经步入信息化的时代，财务会计随着市场环境的变化不断发展及完善，可以说，财务会计是依照经济环境而发生变化的，并进行相应的改革以及转型，这样能促使财务会计与社会及国内经济实现协调性的发展。特别是随着现代信息化技术的不断深入发展，企业的经济数据在不断增长，数据量在爆炸性增加，数据结构也变得越来越复杂。在这样一个信息数据爆炸的时代，大型国有企业和民营中小企业都在加快发展的步伐，希望能找到一条提高核心竞争力、实现企业财富和资源稳步增长的途径。

一、大数据时代的财务会计变革背景

现代社会中数字化信息瞬息万变，变得更多、更快，从政府到民间，从商业到科学，这些变化和影响无处不在，为此，一些科学家和计算机工程师为这个现象创造出了一个新名词:"大数据"。这个时代也被称为"大数据时代"。

大数据，也称海量数据，是指所涉及的数据量已经太大，它不能在合理的时间内被人脑或主流软件检索、管理和处理，整理成积极帮助企业经营决策的资料。大数据时代随着科学技术和互联网的发展已经逐步到来，现在，每个企业每天都会生产出大量的数据，数据的量级已经从 B、KB、MB、GB、TB 发展到了 PB、EB、ZB、YB，甚至能达到 BB、NB 和 DB。

大数据逐渐走入人们的生活中，企业应该依照发展趋势完善原有的财会体系，让企业发展能符合时代需求。会计工作是时代演变的产物，必须对工作体系进行革新，提升其时代发展的先进性，为此，立足大数据的发展，企业必须对财务工作进行创新发展。对于企业来说，大数据时代的管理和传统的管理最大的区别就在于如何分析和利用这些海量数据，大数据时代的管理是基于对海量数据的科学分析，而不是凭直觉和经验进行业务决策；财务会计的本质是在数据收集、数据分析的基础上进行的数据量化的管理。然而大数据技术中的数据仓库以及数据挖掘技术，可以使企业的管理更加精细化，使财务管理中的各种工具，包括预算的管理、成本的管理、业绩的评价、会计报告等，在进行商业决策的过程中发挥出越来越重要的作用，因此财务会计也要相应地做出一些变革来适应大数据时代的要求。

（一）财务会计人员需要收集和存储更多数量和结构的信息和数据

不能对大数据呈现的价值进行评估，就不能对有用信息进行精准的估算。运用大数据创新技术能更科学地反映出企业整体的运行状态，给数据提供更加便利的条件。企业对大数据进行搜集和整理，可以提升企业整体的市场份额，为企业获得较好的竞争优势。会计部门是与数据信息紧密联系的部门，如果可以运用大数据所提供的发展数据，则能给企业提供发展信息。因此，这就要求企业的财务人员能够熟悉信息技术，并能够快速地在海量数据和复杂数据中寻找有价值的数据，从而充分反映企业业务的发展，消除信息的不对称问题。

随着市场经济的完善，企业获得发展利润的核心因素是成本控制，这也是微利时代的发展要求。在大数据时代下，从事成本控制的财务人员要具备扎实的专业素养，也要对企业整体发展过程进行高度关注，在企业的生产过程和内部控制过程中，控制产品的报废率、生产效率及成本差异等指标。立足成本控制的体系，企业能对成本数据进行深层分析与挖掘，对各项成本数据进行科学的收集工作，并分配和分析这些数据，为企业的决策提供帮助，为企业成本的有效控制奠定基础。

（二）财务会计需适应大数据提出的处理需求

大数据改变信息传递的方式，增加网络信息的数量，传统的财会数据处理存在诸多不足，整体处理能力较差，不能对数据进行有针对性的筛选及处理，因此，财务人员只能对财务数据进行传统方式的分析，依据数据变动掌握企业呈现的变化趋势，分析企业整体的运营能力，但是不能对企业整体运营能力进行深层面的分析，整体处理能力较差。为此，财务会计应该对数据信息进行全面管理，分析出有价值的财会数据，并对它们进行处理以及分类管理。同时，企业应该针对信息的种类制订不同的发展方案，以此对未来发展做出更科学的规划，有助于企业实现健康的发展。此外，企业需要借助大数据开展统筹工作，给企业在经济层面的发展提供帮助。从整体层面上讲，大数据时代要求财务会计具备信息数据统筹以及综合管理能力，这也是当前财务会计缺少的专业能力，只有具备这些专业能力才可以为企业提供更多的优质服务，增加企业整体竞争能力。

（三）财务信息的使用者提出了个性化需求

财务会计工作是为经营者提供信息、帮助决策的一项系统性工作。随着市场经济的不断发展，市场整体竞争程度较高，要想获得利益，企业就应该保障决策的科学性，也需要保障其正确性，而人们更关注适用性，这就导致企业财务会计目标发生变化，逐渐从管理责任转变为决策责任。随着大数据的出现，更多企业关注到云计算的应用，数据以及企业信息数量不断增加，用户呈现的财会信息需求更加多样化，也更加个性化，体现出很强的不可预测性。为此，大数据发展要求企业更加关注财务会计信息的个性化，对原有的会计工作提出更多的挑战。在大数据时代的发展过程中，财务会计工作应重视这一发展趋势，采取积极的措施来应对这一不确定性。

（四）非结构化数据的价值日益凸显

目前，企业和事业单位的会计处理主要涉及各种结构化数据的处理。随着现代计算机技术的发展、信息技术的创新和网络技术的更迭，会计人员对结构化数据的处理越来越方便。在这方面，技术已基本成熟，并已能非常熟练地处理结构化数据的计算、汇总、统计等。如果遇到大量的企业财会数据，可以应用商业软件实施处理，以此完成相关的财务会计工作。但是，随着数据时代的深度发展，很多半结构及非结构的数据软件应用到岗位工作中去，这样的转变不仅反映在数据的量的变化上，而且充分地体现在所产生的价值上，所以，会计人员需要从众多的企业数据中寻找那些有价值的财会数据，并且对这些数据进行充分的分析，并从这些数据中找出非结构化的数据。所挖掘的数据价值越多，就越能提升经营者的整体竞争实力。为此，管理者应该重视财务信息的精准性，逐步提升财务数据在财务工作中的作用，财会人员应该重视对各项数据的分析以及运用，提升这些财务信息的利用能力，逐步强化财务数据的价值。

（五）财务会计数据的精准性要求越来越高

传统财务报告的工作，主要是在对数据进行基本确认、进行计量等工作基础上实施的。企业的财务数据和相关业务数据是企业管理的重要资源，由于技术手段不足和不完善，它的价值没有得到充分发挥，未能引发充足的关注。部分企业在进行决策时受到技术条件等条件的限制，并没有充分且及时收集、整理及分析符合决策工作需求的财务数据，这就导致对数据进行分拣的难度加大，整体处理效率低下，影响企业最终财会数据的精准性及可用性。许多财务管理数据在被企业生成财务报告前一直处于未被重用的状态。大数据提升技术研究的科学性，企业可以对各种数据进行科学的处理，并对数据进行整合，更好地挖掘有价值的财会信息及有效的发展数据，促使企业获得更好的发展，这样能提升财务数据的精准性，促使财会工作实现科学的发展。

（六）财务会计人员需转换角色

大数据改变传统财务工作的角色，使之摆脱之前的角色。会计人员不仅要开展简单的核算及整合等基础工作，也要实施更高层面的财会工作。传统的财会人员能立足报表数据进行分析，为管理者提供相关的决策依据。随着市场竞争的加剧，之前简单的报表数据分析不能满足企业实现信息化发展的需求。在大数据时代，财务人员能从不同层面探索企业需要的财务数据，解决之前财务报表不能深度分析财务数据的问题，通过对这些财务数据的实时分析，可以更好地发现企业在市场发展以及成本管理中的难题，可以对企业的经营业绩做出客观的评价，可以揭示出企业在经营思路上存在的问题，也可以更好地为经营者转变思路提供明确的方向。

二、大数据时代财务会计转型的思路

随着大数据时代的到来，人们获取数据信息的方式越来越简单和快捷，企业要提升对财务数据进行选择及处理与整合的能力。面对新形势，财务会计工作必须及时创新才能确保企业健康、稳定、可持续发展。财务工作必须与时代、社会及生活等背景相结合，才能顺应时代发展的潮流。

（一）财务会计人员要提升整体专业能力

国内财会人员在构成上体现出复杂的特点，年龄大的财会人员虽具备一定专业能力，但是存在落后性，财务思想也比较陈旧；年轻的财会人员从业经验较少，也欠缺一定的工作能力。从整体层面上看，财会人员整体专业能力未能达到时代发展提出的需求，这就阻碍了财务工作的创新转型，更阻碍了企业的全面发展。结合上述研究得知，企业在新时代应该重视对专业人才的培养，只有实现专业人才的转型，才能加快财务工作的转型进程，为企业发展提供更高质量的人才保障，所有企业需开展多个方面的转型工作，提升财会人员的综合素养。第一，对财务人员进行能力培训。需要重视对财会人员的能力培养，提升其工作能力。针对当前的财会队伍，企业需要将大数据融入平时的培训中，拓展其业务视野，以此实现现代化财会人员的培养。同时，企业可以派遣财会人员出去学习，学习先进企业所采用的大数据处理方式，强化财会工作的科学性。第二，建立大数据管理专业机构。这就需要政府的大力支持。在西方，许多国家已经建立了大数据管理专业机构，并设立了与大数据管理相结合的财务会计专业，以培养更多的专业管理、挖掘大数据资源的会计师。

（二）要重视财务会计工作人员人本化的理念

企业需将人本思想作为工作核心。知识时代，企业要想提升整体竞争能力就需要科学开展人力资源管理，为企业创造更多的发展价值。传统的人资管理模式表面上看是比较稳定的，但是实际管理中存在多种隐患，如员工之前出现责任推诿、争吵不休等。大数据时代的到来，信息传播体现出碎片化的现象，只有提升财务人员的主动性，才可以为企业提供更多的发展数据以及生产力。因此，人本思想能改变财会工作的现状。长久以来，企业财务人员已经出现脱离实际岗位需求的现象，仅是在办公室进行业务处理。大数据能让财会人员实现业务以及具体财务工作的结合，工作人员需要深入企业的部门以及具体工作环节，促使业务信息转化为有价值的信息，给企业提供更多财务数据分析。在传统业务工作中，财务核算的程序比较复杂，财务人员主要是对财务报表进行反复的核算，个人工作能力则不是很强，不能从全局层面对财务报表进行统筹管理，也就不能科学地分析整体财务状态。同时，通过人工进行财务核算不能提升整体工作的效率，导致传统财务工作的效率比较低。

财务会计在更新发展中，传统财务方式以及核算内容均发生了变化——从传统财务转型为信息化。大数据对财务管理的转型发展注入更多动力，解决之前烦琐的会计核算工作问题。同时，大数据促使财会人员将工作精力主要放在财务信息收集以及深度挖掘上，以此更精准地分析整体财务情况，也能探索整体运营能力。通过对财务数据进行深层面的思考，也可以识别企业潜在的财务风险，科学判断企业经济发展能力，促使企业实现综合能力的强化。此外，通过改变传统的财务工作内容，也能提升财会呈现的作用，让财务部门与其他部门进行深度的沟通，实现财务信息的共享，让部门实现协调性的配合。

（三）要提高财务人员整体财务管理、财务分析及运用的能力

大数据技术的发展将极大地提高财务管理的能力，现代信息技术的发展带动了物联网、互联网、企业内部信息网络的快速发展和大数据时代的发展。在没有信息技术支持的情况下，大数据的收集、处理、输出和分析将被阻断。因此，现代信息技术已成为现代企业赢得竞争的重要手段，成为战胜对手的重要武器。在信息时代，所有的会计工作，如信息的传递、资料的下载、管理软件等都必须依赖于计算机，由于大数据技术具有较高的数据处理速率，同时具备较强的数据处理能力，因此，会计人员可以依靠大数据技术来处理更多

的会计信息，且同时能够进行多项财务工作。在这样的情况之下，企业内部的财务岗位将会发生一定的变化，相似职能的会计岗位将会合并成同一个岗位，且在大数据技术的支持下，该岗位财务工作的准确性和效率将大大提高。所以说，立足于大数据对财务工作呈现的影响，财务人员需要积极提升整体财务管理的能力，提升财务分析及运用的能力。大数据对财务工作的模式提出更高层面的需求，要实施创新性的财务管理，增加对财务信息的分析及运用能力。财务人员只有提升财务管理的综合能力，深度分析财务数据中蕴含的内容，科学分析财务工作可能遇到的风险，以此制定科学的发展策略，才能提升企业财务数据处理的能力。

（四）要改变财务人员传统的管理思维

在以往的财务管理工作中，相对落后的管理理念直接影响着企业财务管理的实际效果，所使用的财务管理机制、财务管理理念、财务管理方法等都无法对企业的经济运行情况进行全面管理，并对财务会计的转型变革产生了一定的阻碍作用。部分财务人员盲目相信财务报表，企业收支与具体支出可以真实反映运行情况。但是仅通过简单的财务报表及流水账，不能真实反映企业资金的流动情况，不能对未来投资进行准确的评估，也不能进行科学的规划，影响财务工作呈现的先进性。这主要是管理理念存在的滞后性导致的，企业不能科学地开展财会工作，制约了财务工作的先进性。大数据能改变传统管理思维，促使财务人员可以对财务数据及信息进行科学处理，提升财务会计的转型速度。通过强化财务分析的整体能力，能对各项数据进行科学处理，对企业资金实施统筹性的管理，更好地控制企业发展。此外，企业也需要宣传大数据转型发展的观念，积极转变传统的财务思想，以此加快财务会计转型过渡的步伐。

三、大数据时代财务会计发展趋势及影响

大数据对财务会计工作提出转型发展的要求，企业应该科学制定发展策略，加快财会工作的转型发展，增加企业整体的发展与竞争能力。

通过对大数据的发展进行分析，探究企业实施财会转型的内容，笔者认为受到大数据发展的影响，财务会计必须改变传统的工作模式以及思路，重视对专业技能以及职业道德等知识的学习，以便开展更高层面的财会工作。信息化处理是未来企业实施高水准财会工作的标志，也是提升企业对财会信息利用能力的途径。大数据的出现将加快财会工作的转型，也为企业的现代化发展提供动力，各行业应该认知到该发展趋势。只有科学认知该发展趋势，管理层以及财务人员才能实施更科学的分析以及管理工作，提升财务管理的科学性。

传统财务工作思路已经不能满足大数据时代提出的发展需求，也不能给企业财会工作的创新发展提供助力。为此，企业管理者应该掌握大数据对企业以及财务工作提出的各项要求，重视对现代化财会人员的培养，企业应该更新管理理念，重视财务岗位的精准性，

关注财会人员在岗位工作中体现的效率。同时，财务人员需要掌握时代发展对专业人才提出的转型要求，积极提升自身的专业能力，能对企业财务数据进行精细化的处理，科学地分析企业可能会出现的财务风险，增加企业整体的竞争实力。此外，企业应该重视对财务人员进行专业技能等能力的培养，增加财务人员对大数据发展及财务转型的认知，逐步提升企业财务工作的有效性。

财务工作应该顺应时代发展的潮流，立足时代进步更新工作模式。所以，企业在实施财会工作时，应该积极思考怎样提升财务工作的创新性，更好地开展财务数据分析工作，掌握企业整体的发展态势。在进行岗位人员招聘的时候，企业需关注财务人员的专业技能及职业素养，强化财会队伍组建的先进性。具体来说，招聘财务人员的过程中，应该关注应聘人员的学历、工作经验、对财务工作转型的理解、道德素养以及操作能力的内容，从优录取高素质的财务人员。

受到大数据的发展影响，财务人员需要积极改变观念，思考岗位对自身提出的要求，重视提升自己的专业技能，努力提升自己对财务软件的使用能力，更好地满足财务岗位对专业人才的能力要求。此外，财务会计的转型发展虽然给企业的发展提出诸多的发展要求，但也给财会工作的开展提供更多的动力。如果企业能根据大数据提出的转型要求开展创新性的财务工作，就能提升财会工作的先进性，也能对财会数据实施精细化的处理，更客观且全面地分析企业发展情况，科学预测可能出现的财务风险。

财务人员也应该努力强化自身的专业技能，对先进的财务知识进行学习，积极转变工作理念，提升自身对财务软件的运用能力，以便实施更高层面的财务工作。财务人员也需要对财务数据进行深层面的思考，立足财务数据分析企业可能遇到的发展风险，以此制定科学的管理对策，帮助企业实现更稳定的发展。

第三节　现代企业制度下财务会计模式

任何一种事物都有客观的外部环境和与之相适应的自身运行规律，同理，任何一种企业财务会计模式也对应着一种企业财务运行机制。

我国建立的现代企业制度，是适应社会化大生产和社会主义市场经济要求的产权清晰、权责明确、政企分开、管理科学的企业制度，它是使企业成为面向国内外市场法人实体和市场竞争主体的一种企业机制。建立现代企业制度对今后企业财务会计模式也提出了更高的要求。

一、建立起多元化的企业财务会计目标模式

会计目标是会计在特定环境下所应达到的预期结果和根本要求，是整个财务会计管理系统运行的定向机制，是出发点和归宿。

会计目标的确定主要取决于两个因素，即社会需要会计干什么和会计能够干什么，因而与现代企业制度相适应的企业财务会计目标主要有三个：一是合理组织资金运动，提高企业经济效益；二是为企业、国家、债权人等使用者提供有用的信息；三是维护投资者、债权人和本单位各方的利益。

二、建立起经营管理型的企业财务会计工作模式

我国现行企业财务会计工作，基本上仍停留于算账、报账的传统形式，因而尚不能满足现代企业制度的要求，只有在财务会计的基础上，开拓新领域，充分发挥现代财务会计的职能作用，建立起经营管理型的企业财务会计工作模式，才是根本出路。

经营管理型的企业财务会计工作模式，是由下列三个不同层次的财务会计子系统构成的：第一层次是以总会计师为主，建立起规划会计系统；第二层次是以企业内部各单位的人为主体，建立起行为会计系统；第三层次是以财会部门为中心，建立起财务会计系统。

三、建立以注册会计师为主体的财务会计监督模式

在我国现行的会计监督体系中，内部会计监督和内部审计监督是基础，国家审计是主体，民间审计是补充，会计师事务所和审计事务所同时并存。个人认为，这种体系结构与建立现代企业制度不相适应，应建立起以注册会计师为主体的财务会计监督体系。

现代企业制度的建立，使现有国有企业改造成股份有限公司后，国家成为其投资者或股东之一，而国家审计机关是政府的一个行政机构，因而不独立于政府，故应由具有独立地位的第三者——注册会计师来审计它的一切业务，这样做，符合社会各界要求对财务信息的鉴证应无任何立场偏向的原则，也符合国际惯例。

现代企业制度的建立，使投资者的终极所有权和企业法人的财产权相分离，这是企业会计人员和内部审计人员具有双重身份的客观基础，由于他们与本单位的利益休戚相关，加之直接受本单位管理当局的领导，因而其经济监督力必将受到较大的限制。

建立起间接管理型的企业财务会计客观管理模式。（1）借鉴世界上多数发达国家通行的做法，由国务院授权民间职业团体直接领导和管理全国会计工作。使之脱离政府的直接管理，这样能从根本上理顺会计和政府的关系，保证会计的“公正性”。（2）我国现行的会计核算规范是由基本会计准则和行业会计制度构成，其带有浓厚的直接控制色彩。笔者认为，应逐步制定一套具有针对性和可操作性的具体会计准则，来取代行业会计制度。

四、建立我国现代企业制度下的企业财务运行机制

企业财务运行机制的本质特征。企业财务运行机制是指企业在从事理财活动过程中遵守的一系列原则、程序、规章、方法等规范标准，按照一定的方式结合所形成的有机体，它是企业经营机制的重要组成部分，是企业经营机制系统中的一个子系统，它的形成将使企业理财活动连续有序进行得到保证。

企业财务的目标。在一定外部环境条件下，企业进行经营是追求利益和财产的增加，在漫长的理财活动过程中逐步形成了“利润最大化”和“财富最大化”两种财务目标。（1）利润最大化。从传统的观点来看，衡量企业工作效益的公认指标就是利润，因此假定利润最大化是企业的财务目标。（2）财富最大化。财富最大化是指通过企业的合理经营，采用最优的财务政策，在考虑资金的时间价值和风险报酬的情况下，使企业总价值达到最高，进而使股东财富达到最大。

企业财务运行机制的基本框架。（1）构建企业财务运行机制遵循的基本原则。①必须严格遵守国家有关的法律、法规、制度和规定。市场经济是法制经济，国家对企业经营行为、财务活动的约束将主要是以各种法规形成实行间接管理，建立企业财务运行机制必须遵守国家的各种法律、法规，以确保国家有关法规的有效实施。②以充分挖掘全员潜力调动全员积极性、创造性为宗旨，实行责权利相统一。企业理财存在于企业生产经营的所有阶层和环节，因此，建立企业财务运行机制必须有利于吸收全员参与企业理财，充分挖掘他们的潜力，调动全员的积极性和创造性。③充分体现企业生产经营特点和管理要求。注重实用性和可操作性，将国家赋予的企业理财自主权具体体现在其中。（2）企业财务运行机制基本框架。企业内部财务管理体制，它是在一定的经营机制前提下，企业内部各主体在财务管理方面的权限责任的结构和相互关系，它明确规定了企业内部为主体分别享有哪些理财权限和承担哪些理财责任，在企业财务运行机制中处于核心地位。（3）财务管理制度。它是企业在从事日常的财务管理工作中所遵守的各项规范标准，根据其具体内容可分为以下三个方面：①筹资管理制度，即财务人员在从事筹资工作过程中所应遵守的规范标准，包括筹资预测及分析制度、资本金管理制度、公积金管理制度、负债管理制度等。②投资管理制度，即对投资活动进行管理，包括投资预测分析制度、内部投资管理制度等。③利润分配管理制度，即是对企业利润分配比例、幅度、内容等所做的规定。④企业内部监督制度。财务运行机制作为一个有机体，实行有效的自我监督是保证其正常有效运转必不可少的条件，包括内部会计监督和内部审计监督。

第四节 新环境下的财务会计模式理论

为适应当前社会环境及经济环境的变化，财务会计模式理论也必须基于实际情况进行改革，本节则对新环境下的财务会计模式理论缺陷及改革进行分析。

财务会计及其环境已经成为会计理论结构中不可或缺的重要组成部分，无论是对于企业价值的实现，还是对于社会经济的发展，都起到重要的促进作用。本节基于新形势下现代财务会计模式的理论缺陷及变革理念这一课题的研究，针对现代财务会计模式在发展、应用中所存在的理论性缺陷，基于创新发展的战略思想，提出一种新的变革思路，重点以企业、市场利益为出发点。

一、新环境下的现代财务会计理论

（一）会计主体

进入 21 世纪以来，在经济全球化趋势的带动之下，以互联网信息为主导的计算机和网络技术得到了迅猛的发展，并在短时间内得到了最大化普及，换言之，当下我国财务会计的发展已经离不开数据信息处理技术，它们之间的关系在新时期将会变得更加紧密。当然，在这样一种大背景环境下，会计理论也得到了一定程度的发展与演进，最为突出的一点就是突破了国界的限制，最大限度地实现了国际的联合会与分组，这种情况无疑增强了新时期市场经济会计主体的可变性。但是从另一个角度来思考，也加大了对会计主体的认证难度，也就是说，由于互联网信息技术的演进，现代会计在核算工作环节，所涉及的空间范围将变得更难界定。

（二）会计目标

所谓“会计目标”，主要就是指专门提供信息及信息原因的对象，以及提供信息相关内容等。这一点与传统的财务会计目标存在较大的出入。首先，在传统的市场经济发展模式下，市场各经济主体一般都会将会计信息使用者看作一个有机整体，并为其提供较为全面的、通用的会计报表。在新时期，随着互联网信息技术的发展，电子商务模式应用与普及，伴随着现代企业制度的确立，现代财务会计功不可没。在当前互联网环境下，会计信息提供者与会计信息需求者之间可以通过互联网及时沟通、交流，以及相互学习，借鉴经验。尤其是在当下后知识经济时代，会计目标可能会依据不同的决策模型来分别提供不同形式的财务报告模型。

（三）会计权益理论

关于会计权益理论，首先可以从传统会计平衡方式中得以体现。在传统会计权益理论框架下，企业财务资本持有者的权益，是专门对于人力资本所有者的权益来对比的。进入21世纪后，特别是在“十二五”发展规划期间，随着知识经济的到来，能够真正影响甚至决定着企业未来发展前景的，是互联网知识经济环境下所提供的信息、知识、科技及其创新能力等，这些才是新经济时期企业发展的核心要素。简单来说，与传统会计权益理论所不同的是，在现代社会，企业的财务体系不能只包含非人力资本，除此之外还应当尽可能多地体现出市场人力资本、企业人力资本，并及时更新会计权益理论，促使其与社会实践相结合。

二、新环境下的财务会计模式改革

（一）人力的资本化

当今世界是以知识经济为核心的互联网信息时代，随着技术经济在社会和企业发展中的作用日益突出、显著，企业更加注重人在生产要素中所发挥出的巨大作用。首先，人是社会财富的创造者，同时也是财富的守护者，更是人才的培养者与传递者，以及生产者。因此，在资本化社会时代，资本力量的核心还是人力。简单一点讲，现代企业无论是在经营管理理念上，还是在财务会计实施策略上，对于人力资本的投入，就具有一定的科学合理体系，也初步形成了现代企业价值观，总而言之，任何资本投入都是有价值的。

（二）主体的多元化

社会经济主体的多元化，主要体现在产业经济结构上，比如，在经济主体层面上，我国包括国有经济、外商投资经济、个体经济、中外投资经济等。主体多元化，势必会导致与催生利益多元化，继而引发一系列利益冲突，简单一点讲就是市场竞争程度加强，各企业的竞争实力也得到加强。除此之外，会计结构也出现了变化，主要表现为内部结构的变化。在这种情况下，现代企业会有针对性地给出相对精确的目标，长此以往，创新型的财务会计信息技术也就逐渐得以形成，并在此基础上加以创新，产生了一个全新的会计信息运行体制。

基于上述问题缺陷，提出新的变革理念与思路方向。以基础会计学为基础，重构会计信息系统。从会计的最初本质来看，它是一种单纯的以复式记账为基础性方法的经济理念，无论什么时间，它都应当以实现社会经济效益作为根本目标，进而全面满足当期市场经济的资本发展的需要。笔者之所以提出“以基础会计学为基础，重构会计信息系统”，主要看重的是财务会计本身属于企业组织对外报告会计中的一个小小分支，却是不可或缺的关键分支，所以，为了避免将财务会计等同于企业对外报告会计，今后我国在财务会计理论发展与实践中，需要将现代财务会计与资本市场会计联系在一起。

第五节 网络环境下财务会计模式探讨

财务会计管理在企业发展过程中发挥着关键性作用，随着社会经济的发展、网络技术的推广，网络环境下企业财务会计管理越来越受到重视，当前需要对网络环境财务会计基本特征进行全面分析。财务会计管理呈现多样化的特征，新的背景下财务会计要实现核算功能，更好地发挥决策、监督的作用；网络环境下财务会计管理需要建立有效的制度保证，把财务风险降到最低。

随着社会经济的发展，网络环境下财务会计已经越来越受到各行各业的重视，当前只有全面认识网络环境下财务会计的基本特征，才能营造良好的财务会计环境，为促进网络环境下财务会计模式转变奠定坚实的基础。需要最大限度利用网络的作用，充分抓住财务会计发展机遇，发展网络优势，把网络技术真正运用到财务会计工作中去，从根本上回避风险，迎接新时代的挑战。随着计算机网络技术的快速发展，企业的理财环境发生了根本性的变化。在网络经济时代特征下，知识技术等相关资源的渗透、融合、分配、交换、生产、消费，导致各类资源的流通速度呈现乘方速度的增长。财务会计管理理念需要跨越时空界限，才能适应网络环境下财务会计的具体要求，才能实现财务会计模式的转变。当前需要建立网络环境下财务会计的空间、时间、速度的三维观创新理念，财务会计管理工作面临网络时代的巨大挑战，企业在发展过程中需要不断更新计算机硬件设备、实时建立完善的企业信息管理系统，同时需要根据市场情况占领有利先机，才能使企业在激烈的市场竞争中处于不败之地，才能从根本上实现企业财务会计管理目标。

一、网络环境下财务会计模式特征分析

财务会计理论多样性是网络环境下财务会计若干模式特征之一，在网络环境模式下，财务会计信息的使用者需要掌握多样化的信息，不同的会计信息会产生不同的会计目标，所以财务会计目标也会呈现多样化的趋势。网络环境下财务会计假设会得到进一步的扩展，多币种、多主体、不等距会计期间将成为必要和可能。财务会计的计量也会呈现多样化的状态，出现现收现付制和权责发生制并存、公允价值和历史价值并存，记账方式在网络环境下也发生了根本性变化，呈现多样化记账格局。随着网络技术的发展，财务会计方法和流程也呈现多样化的特征，通过对网络环境下财务会计的模式进行分析可以看出，在网络环境下由于计算机能够处理的财务会计信息量越来越大，财务会计的核算方法也呈现多样性，因此可以满足不同的使用者对财务会计信息的需求。财务会计的流程同样具有多样性，在网络环境下，由于计算机具有十分强大的计算处理能力，同时网络技术也在飞速发展，这促使财务会计核算可以采取多元化处理模式，因此可以满足不同使用者对财务会

计信息的需求，网络环境下财务会计模式转变需要把技术与信息需求紧密结合，实现二者的完美融合，促使模式方面的转变。从财务会计流程本身的特点看，在网络环境下同样具有多样性，企业在财务会计核算过程中需要提供原始的基础性数据，同时还要提供核算策略分析模型，财务会计信息的使用者可以通过授权的模式在线访问企业的财务会计数据库。通过对原始数据模型的获取来进行决策，这对信息使用者是非常有利的，通过远程在线访问方法即可获取财务会计决策信息，对企业全面发展提供决策依据，为财务会计模式转变创造有利的外部环境和内部环境。企业在财务会计信息数据库建立的过程中也可以提供报表、分析结果获取最终的数据信息。

财务会计的信息呈现多样化的模式，通过对网络环境下财务会计的分析可以看出，财务会计信息既包括真正的财务会计信息也包括非财务会计信息，财务会计信息既有货币信息也有非货币信息，既有内部信息也有社会部门和供应链信息，既有历史信息存在也有未来信息和现在信息，既有绝对指标信息模式也有相对指标信息模式，既有反映实物资产的信息策略也有反映非实物资产的信息策略。企业在发展过程中可以按月、季、年提供信息，同时也可以按照随时提供信息的模式提供信息。使用者按照授权访问数据库的策略进行信息传递，其在实施过程中可以获取有价值的动态财务会计信息。企业在网络环境下可以提供数字化信息，同时也能提供语音化信息和图像化信息。

通过对网络环境下企业财务会计模式的分析可以看出，企业的管理核心转化为知识和信息。因此企业发展过程中必须坚持信息高度集中，财务会计信息能够完全实现共享。随着网络技术的快速发展，这种集中化财务会计信息策略成为可能。同时在网络环境下，可以全面实现业务和财务的协同发展，财务会计与企业内部各个部门之间协同发展，社会有关部门与其供应链之间实现协同。企业在网络环境下的财务会计管理真正实现数据共享、数出一门，为企业全面转型奠定了坚实的基础。企业在发展过程中按照网络化的集成管理进行处理，可以把整个企业的财务会计资源进行有效整合，为企业全面发展提供重要的支持，也为企业综合竞争力提升奠定了重要基础。

通过对网络环境下企业财务会计模式进行分析，可以看出企业可以在网上进行交易，因此在发展过程中出现了电子货币、电子单据，促使电子结算成为一种可能。企业财务会计管理过程中各种数据能够实现在线输入，电子货币在网络环境支持下能够实现自动划转，业务信息在处理过程中能够实时转化，财务会计在网络环境下真正实现动态信息管理的模式转变。企业财务会计管理模式已经从传统手工管理模式向现代化、网络化、信息化模式转变，财务会计业务核算从以往的事后核算转化为当前的实时核算模式，从静态传统管理模式转变成动态实时管理模式，财务会计管理在网络模式下真正实现了在线管理策略，当前只有实现财务会计信息收集的动态化，才能实现财务会计信息使用和发布的动态化管理。

二、网络环境下财务会计模式转变过程分析

在网络环境背景下，企业管理和经营信息大都是以电子化模式运行，企业的管理过程和业务管理流程真正实现了电子化，所以企业管理完全可以以计算机模式化推进。财务会计是企业发生各种活动的一个重要工具，需要按照数字化的模式对传统会计信息中一些不可计量的模式进行改进，比如在传统财务会计中涉及的企业信息资源、知识资源、人物资源等非实物资产，这些资产在运行过程中需要实现数字化，促进企业在网络环境下财务会计模式转变。通过数字化可以对企业经营管理活动进行全面的反映，对提高企业综合管理水平具有十分重要的意义。

通过对网络环境下财务会计模式的分析，可以看出会计软件在财务会计模式转变过程中扮演着重要的角色，也是新环境下提高企业财务会计管理水平的重要支撑平台。财务会计软件的功能多样化特点对企业管理产生重要的作用，财务会计软件的使用者可以利用模块化的会计程序实施，在信息库中进行灵活有效的选择，把不同的方法运用到企业财务会计决策模型中，最终形成使用者和会计信息的一一对应关系，从而真正实现财务会计信息的定制，实现模式的转变。

通过对网络环境下企业财务会计的特征分析，可以看出企业进行网络交易的资料可以直接下载到会计信息决策系统中，通过网络工具可以把信息方便地提供给使用者，企业在发展过程中也可以更好地了解自身的情况，可以对财务会计信息进行全面有效的分析，从而把各种决策能够真实有效地下达到各个下属部门，保证企业财务会计管理更加便捷、合理、有效。

实时性是企业财务会计管理在网络环境下的一个重要特征体现，在网络环境下企业财务会计发生的数据可以真正实现网络传递。可以把相关财务会计数据信息直接下载到会计运行程序中，从而促使原始单据和最终会计信息能够在瞬间实现信息比对，企业运行过程中如果需要会计信息实时的获取，对企业的全面提高工作效率，提高财务会计管理水平具有十分重要的意义。最终保证了会计信息的输入、收集、处理更加真实有效，能够实时实现数据信息资源共享。

开放性是网络环境下企业财务会计信息模式转变的一个重要过程，随着网络技术在企业财务会计工作中深入运用，企业财务会计信息的公开化程度和开放化程度越来越高，企业财务会计信息的大量数据需要从企业的内部系统和外部系统采集。企业内部外部各个机构可以根据授权策略，通过网络直接获取有价值的信息。

网络环境下企业财务会计管理人员需要向专业化方向转变，以往中层组织的上传下达模式已经不能适应网络环境下财务会计管理需要，当前财务会计管理呈现网络化的状态。组织结构呈现扁平化模型。以往财务会计主要进行财务核算，现在的财务会计更重要的功能是实现财务信息分析、财务监督和财务决策。因此在网络环境下，财务会计管理人员应该具备更加扎实专业的知识，才能适应新环境下财务会计管理模式的需要。

三、网络环境下财务会计风险应对措施

网络为财务会计模式转变提供了环境和平台支持，但是网络运用到财务会计管理过程中也给财务会计新模式的管理带来了很多的挑战，风险管理是财务会计管理过程中一个永恒的课题。财务会计管理过程中经常会产生网络病毒，在计算机上存放的财务会计报表等信息很可能会被窃取，在当前财务会计管理诚信体系还没有真正建立的情况下，财务会计信息被窃取的现象经常发生。针对这些问题，企业在网络化财务会计管理过程中需要高度重视，只有在实施过程中全面考虑企业财务会计信息的安全成本，才能更好地实现网络环境下财务会计管理目标。

另外为了避免财务失效，企业可以充分发挥计算机网络的优势和便利条件，通过建立一套积极有效的财务会计预警机制，有效防范网络环境下财务会计风险，从而更好地保证企业安全有效地运行。为了保证网络环境下财务会计更好地实现管理模式转型，重点需要从两个方面展开工作，第一，需要高度重视和引进高素质财务会计管理人员，不断提高财务会计管理队伍的专业化水平。同时针对企业内部财务会计人员需要定期进行培训，并且采取积极有效的激励机制，充分调动广大财务管理人员的积极性和创造性，把财务会计人员的卓越才能发挥出来。建立高素质的财务会计管理队伍是提高财务会计管理水平的重要举措。第二，企业在发展过程中需要建立严格的网络程序和安全控制制度。其具体内容包括两个方面，一是会计电算化内部会计制度建设，另一个是网络应用程序的控制。只有实现二者的全面控制，才能更好地对网络环境下财务会计管理进行控制，防范各种财务会计风险。通过对网络安全的控制和系统的应用控制，可以把一些潜在的危害信息消除，从根本上实现财务会计管理的输入控制和输出控制，为保证网络环境下财务会计信息完整、准确、安全创造良好的环境。

第六节　企业财务会计外包模式应用研究

随着我国经济的飞速发展，逐步与国际接轨，全球的经济也逐步呈现出一体化的趋势。在这种现状下，企业之间的竞争越发激烈，企业必须不断地进行创新与改革，打破传统思维与管理模式，才能使企业在日趋激烈的竞争中立于不败之地。而财务会计外包作为企业灵活布局的重要手段，既可以减轻企业的管理和成本压力，又可以树立企业的核心竞争力。因此，本节主要对企业财务会计外包模式应用进行分析研究。

一、企业财务会计外包概述分析

企业财务会计外包是指企业从整体战略角度出发，将企业生产经营活动全部纳入战略大局的层面上，将部分或者全部的财务会计活动交由专业的财务会计机构来完成，实现企业的财务会计活动与企业的未来发展规划有机地结合起来，从而有效降低企业的会计成本，提升企业的整体竞争力。在全球化背景下，企业的成本问题越发突出，为了有效降低综合成本，突出关键业务，不得不对财务会计活动进行外包。通过外包，可以有效降低企业运营成本，充分利用外部的咨询服务技术、会计服务、信息传递等资源达到低成本高回报的目的。当然外包的出现及实施存在很多原因，其中最主要的原因有以下两点。

第一，可以降低企业运营成本。企业运营需要很多成本才能实现，企业经营状况良好与否，对企业生存发展至关重要。影响企业运营情况的因素有很多，怎样对企业运营情况进行准确判断，需要从企业生产运营期间创造的纯利润为基础，获取的纯利润越高，证明其经营状况越好，当然若纯利润较低，或者呈现负数状态，则代表企业经营不够理想。获取更高的企业利润，最直接的方法有两种，一种是降低生产成本与运营成本，另一种是提高企业生产或者营销数量，拓展销售渠道，提高销售量。在企业生产运行期间，降低企业生产成本的方式有很多，最有效也是最直接的方式就是进行业务外包。

第二，降低企业自身的财务风险。企业发展中，财务会计是十分重要的工作内容。但是我国企业发展类型多样，很多中小企业自身经营管理的理念相对比较传统，加上资金实力不足，经营模式不够完善，对财务管理方面的工作重视不足，没有设立专门的财务管理部门，及时对企业财务工作进行管理，进行企业财务会计外包。很多企业设立的财务部门并没有实质性的工作内容，形同虚设，不能很好地履行财务管理部门应尽的职责。政府部门定期对企业进行检查，其中财务部门是检查的重点对象，若检查中发现财务方面存在问题，将会对企业造成严重的影响。企业发展期间，生产规模的不断扩大，也要求企业不断改进财务管理模式，满足企业财务管理的需要。当然随着社会的发展以及经济的进步，企业财务管理问题越来越显著，要求企业积极实施财务会计外包政策，以更好地实现财务管理质量的提升。

二、财务会计外包的方式分析

工资外包。将工资发放业务外包给第三方，可以解决员工的工资保密问题。工资信息都在外包商那里，因此员工无法得知其他员工的工资情况。这样可以避免员工之间互相比较，防止工作质量和效率降低。如今，此业务深受公司员工欢迎。

财务会计报告外包。外包前，公司管理层需要花费大部分精力和时间监督财务部门会计报告是否符合会计制度，是否按规定将财务信息报告给投资者、管理层、监督机构等相关部门。为了使管理层将重点更多地放在核心业务上，一些公司将财务会计报告业务外包给服务商。

应收账款外包。应收账款对公司来说十分重要，应收账款及时收回可以提高公司资金利用率，如果拖欠时间过长，则可能使公司出现财务危机。然而，应收账款的核算和催款非常烦琐，需要大量的人力物力。为了提高公司的工资效率，提高应收账款周转率，公司可以将应收账款业务外包给服务商。

三、加强企业财务会计外包模式应用的有效措施分析

增加财务会计外包相关知识的了解。财务会计外包并不适合所有的企业，一些企业自身能够处理财务管理方面的问题，就不需要进行财务会计外包。同时采取财务会计外包的企业，并不是将所有的业务全部进行外包，而是将企业中一些业务交与外包机构，结合外包机构的能力对其进行处理。比较适合财务会计外包的企业，企业经营活动较多，就会产生很多企业财务活动，这种企业也需要进行财务会计外包，帮助其提升财务活动处理的效率，并且能够调节企业财务会计结构变化，帮助企业很好地规避部门之间出现财务造假的现象，提高企业财务运行的速度，获得更理想的财务处理结果。

选择合适的外包服务商。为了保证外包质量，企业在前期应该就外包商的整体水平、业界信誉、服务能力、专业化管理水平等进行考察，从而选择最好的外包服务商。除此之外，还应该充分考虑以下几方面的因素：（1）外包服务商的服务质量。确认其能够高质量地开展财务会计管理工作。（2）外包成本。对于企业来说，进行外包活动的目的是降低财务会计管理成本，因此在基本满足自身财务会计管理要求的基础上，应尽可能选择服务价格最低的外包服务商。（3）外包商的市场口碑。外包商相关服务时间越长，服务能力就越高，越能够保证服务质量，就能够有效降低外包风险。

合理化外包合同的制定。对于财务会计外包来说，合同的制定也是极为重要的。这是因为合同不仅规定了外包服务中双方的责任和义务，也明确了发生外包问题时候的处理方法。因此在制定外包合同的时候应该结合服务商独立性、企业控制力等因素，尽可能多地满足双方的要求，实现服务双方的利益以及风险均衡。财务会计活动涉及企业的机密，双方应该认真签订保密协议，明确服务范围、服务内容。同时企业应该加强与外包商之间的沟通交流，针对外包风险漏洞制定相应措施，从而保证财务会计外包活动有序进行。

目前，我国企业面临诸多压力，企业必须改变传统的管理模式，将有限的精力与资源全部用到加强企业核心竞争力的业务中，可以将一部分业务进行外包。虽然财务会计外包已逐渐受到诸多企业的认可，但是在进行财务会计外包过程中，一定要足够重视，避免在带来利益的同时忽略了其带来的风险。

第四章　会计信息化与财务会计信息化

第一节　信息技术对会计的影响

信息技术的进步和应用的普及，对人类社会产生了极大的影响，也在不断地推进着管理科学的发展。计算机技术在会计工作中已经得到了普遍应用，手工会计系统已经被计算机会计信息系统所取代。信息技术与新的管理思想和管理方法相结合，打破了传统的管理规则，创造出许多新的组织结构形式和管理方式，特别是网络环境为企业创造了尝试多种形式管理的空间。而这一切也必然对会计学科和会计实务工作产生深远的影响。

一、对会计学科的影响

我国著名的已故会计学家杨纪琬先生曾预言："在IT环境下，会计学作为一门独立的学科将逐步向边缘学科转化。会计学作为管理学的分支，其内容将不断地扩大、延伸，其独立性相对地缩小，而更体现出它与其他经济管理学科相互依赖、相互渗透、相互支持、相互影响、相互制约的关系。"

二、对会计理论的影响

信息技术的应用对会计理论产生了深远的影响。

（一）对会计目标的影响

会计目标是会计理论体系的基础，会计目标主要体现在向谁提供信息、应该提供哪方面的信息或提供哪些信息等方面。传统会计将会计信息的使用者作为一个整体，提供通用的会计报表来满足他们对信息的需求。在网络经济时代，会计信息的需求者与会计信息的提供者可以利用网络实时双向交流。例如，财会人员在了解了企业管理层的决策模型之后，可以针对其需要，向其提供专门的财务报告和相关信息。因此，信息技术可以使会计能够提供适用于不同决策模型的含有不同内容的专用财务报告。

（二）对会计假设的影响

会计假设是会计核算的基本前提，是商品经济活动条件下进行会计活动的基本环境和先决条件。传统财务会计以会计主体、持续经营、会计分期和货币计量四项基本假设为基础，而基于网络的会计由于其特殊性往往可以不受这四项基本假设的束缚。

（1）对会计主体假设的影响。在网络经济环境下，企业可以借助网络进行短期联合或重组，形成虚拟企业，从而导致会计主体具有可变性，使得会计主体认定产生困难，使会计核算空间处于一种模糊状态，虚拟经济的出现对传统会计主体假设是一种挑战。

（2）对持续经营假设的影响。在网络经济时代，企业可以根据需要借助网络相互联合起来完成一个项目，当项目完成之后，这种联合随之解散。这种临时性的网络企业在网络经济时代将十分普遍，使企业持续经营的前提对他们不再适用。

（3）对会计分期假设的影响。会计分期的目的是分阶段地提供会计信息，满足企业内部和外部管理或决策的需要。限于处理能力，会计期间分为年度、季度和月份。在网络经济时代，通过网络，企业内外部会计信息的需求者可以动态地得到企业实时的财务信息，在这种情况下，会计分期已从年、季、月缩短为日甚至到实时。ERP 环境下的会计已经实现了这一点。

（4）对货币计量假设的影响。在网络经济时代，连接各国的信息网络使全球形成统一的大市场，国内与国外经济活动的界限变得模糊起来。同时，国际贸易的剧增使得币种多而且币值变动大，这些都对货币计量假设提出了挑战。在网络环境下，完全可能出现一种全球一致的电子货币计量单位，用以准确地反映企业的经营状况。

（三）对会计要素的影响

传统财务会计将会计要素划分成反映财务状况的会计要素（资产、负债、所有者权益）和反映经营成果的会计要素（收入、费用、利润）。随着信息技术的发展和应用，数据处理的速度会越来越快，会计要素的划分可以更加细密和更有层次，以便更加准确地反映企业资金的运动状况。

三、对会计实务的影响

信息技术的应用对会计工作实务也产生了深远影响。

（一）对会计数据采集的影响

面向供应链的管理理念与信息技术相结合，改变了传统会计数据的采集—核算—披露流程的处理方式。所谓供应链管理是指通过加强供应链中各活动和各实体间的信息交流与协调，增大物流和资金流的流量和流速，使其畅通并保持供需平衡。企业内部网通过防火墙，一方面使企业与未授权的外部访问者隔离；另一方面允许内部授权的活动延伸到企业外部，与关联企业如供应商、经销商、客户和银行之间形成范围更广的网络应用系统。这个网络应用系统人们称之为企业外部网。在这种情况下，不仅是企业内部，即使外部的经济活动发生端的数据采集，也不再需要大量的财会人员根据原始凭证录入，而是系统的实时处理功能使数据的采集与网上交易、结算活动及物资与价值的流动同时完成，实现会计数据的实时采集。

（二）对财务报告的影响

当前的财务报告有很多局限，无法反映非货币化会计信息，无法反映企业发生的特殊经济业务，如衍生金融工具等。在信息技术环境下，财务报告会突破上述限制，拓宽信息披露的范围，不仅提供财务信息，还会提供非财务信息，如风险信息、不确定信息、前瞻性信息、创新金融工作信息、企业管理信息等。充分揭示企业现金流量的变化、财务状况的变动趋势，全面反映企业的经营状况，满足不同信息使用者的要求。

四、对会计职能和观念的影响

（一）会计工作组织体制发生变化

在手工会计中，会计工作组织体制以会计实务的不同性质为主要依据。一般来说，手工会计可划分为如下专业组：材料组、成本组、工资组、资金组、综合组等。它们之间通过信息资料传递交换建立联系，相互稽核牵制，使会计工作正常运行。其操作方式是对数据分散收集、分散处理、重复记录。

会计信息化后，会计工作的组织体制以数据的不同形式作为主要依据。一般划分为如下专业组：数据收集组、凭证编码组、数据处理组、信息分析组、系统维护组等。其操作方式是集中收集、统一处理、数据共享，使会计信息的提取、应用更适应现代化管理的要求。

（二）会计人员素质发生变化

会计人员不仅要具有会计、管理和决策方面的知识，还应具有较强的计算机应用能力，能利用信息技术实现对信息系统及其资源的分析和评价。

（三）会计职能发生变化

会计职能是会计目标的具体化，会计的基本职能是反映和控制。信息技术对会计的两大基本职能将产生重大的影响。

从会计反映职能上看，在信息技术条件下，由于计算机处理环境的网络化和电子交易形式的出现，因此建立基于计算机网络的会计信息处理系统已成为必然。在这种会计信息处理系统中，企业发生的各种经济业务都能自动地从企业的内部和外部采集相关的会计核算资料，进行实时反映。

从会计控制职能上看，由于会计信息系统实现了实时自动处理，因此，会计的监督和参与经营决策的职能将显得更为重要。会计监督职能主要包括监督自动处理系统的过程和结果，监督国家财经法规和会计制度的执行情况，通过网络对企业经济活动进行远程和实时监控。会计参与经营决策的职能主要通过建立一个完善的、功能强大的预测决策支持系统来实现。

（四）会计观念需要创新

现在的社会经济环境、企业组织方式、企业规模等已经发生了重大变化，会计行业对如何提供信息需要有更加创新的视角。

企业除了追求营业利润外，更多的是要关注自身产品的市场占有率、人力资源的开发和使用情况，以及保持良好的社会形象。同时，知识经济拓展了企业经济资源的范围，使企业资源趋于多元化。人力资源将成为资产的重要组成部分，并为企业所拥有和控制，为企业提供未来经济效益。因此，会计工作必须树立增值观念，将增值作为企业经营的主要目的，定期编制增值表，反映企业增值的情况及其在企业内外各收益主体之间的分配情况。而资产应包括人力资产和物力资产两个部分。

在信息时代，信息传播、处理和反馈的速度大大加快，产品生命周期不断缩短，市场竞争日趋激烈，企业的经营风险明显加大，因此，会计工作还要树立风险观念。会计工作既是一种生成信息、供应信息的工作，也是一种利用信息参与管理的工作。企业管理的信息化也对财会人员提出了更高的要求，一个大企业如何进行会计核算，如何推进会计及企业管理的信息化，如何利用信息化的手段提高企业的市场竞争力、实现管理创新，正成为财会人员面临的新挑战。

五、对会计信息系统的影响

目前，国内建立的会计信息系统基本上都是用于处理已发生的会计业务，反映和提供已完成的经营活动的信息。然而，现代经济活动的复杂性、多样性和瞬间性，对管理者提出了更高的要求。每一个管理者都需要依靠科学预测来做出决策，而管理者的决策方式已从经验决策方式转向科学决策方式，应加强智能型会计决策支持系统的开发与应用，会计决策支持系统是通过综合应用运筹学、管理学、会计学、数据库技术、人工智能、系统论和决策理论等多门学科构建的。

随着信息技术的飞速发展，会计信息系统将向模拟人的智力方向发展。系统将会有听觉、视觉、触觉等功能，能模拟人的思维推理能力，具有思考、推理和自动适应环境变化的功能。专用会计信息系统将向通用会计信息系统发展，会计信息系统将是一个基于网络的信息系统。因此，企业集团可以利用数据库与网络，建立跨会计主体和跨地域的集团内部会计信息系统，实现“数据大集中、管理大集权”的目标，与会计工作方法的创新相适应。

第二节　会计信息化概述

一、会计电算化

（一）会计电算化的概念

会计是旨在提高企业和各单位活动的经济效益，加强经济管理而建立的一个以提供财务信息为主的经济信息系统。过去，人们利用纸、笔、算盘等工具开展会计工作，随着科学技术的发展，人们开始利用电子计算机来开展会计工作，形成了会计工作的电算化。

会计电算化，是“电子计算机在会计中的应用”的简称。“会计电算化”一词是于1981年8月财政部和中国会计学会在长春市召开的“财务、会计、成本应用电子计算机专题讨论会”上正式提出的。国内有的人又将会计电算化称为“电算化会计”“计算机会计”，国外有人称之为“电算化会计信息系统”。

会计电算化的含义有狭义和广义之分。狭义的会计电算化是指以电子计算机为主体的电子信息技术在会计工作中的应用；广义的会计电算化是指与实现电算化有关的所有工作，包括会计软件的开发与应用、会计软件市场的培育与发展、会计电算化人才的培训、会计电算化的宏观规划和管理、会计电算化制度的建设等。

（二）会计电算化的特征

与手工会计工作相比，会计电算化具有以下特征：

1. 人机结合

在会计电算化方式下，会计人员填制电子会计凭证并审核后，执行“记账”功能，计算机根据程序和指令，在极短的时间内自动完成会计数据的分类、汇总、计算、传递及报告等工作。

2. 会计核算自动化、集中化

在会计电算化方式下，试算平衡、登记账簿等以往依靠人工完成的工作，都由计算机自动完成，大大减轻了会计人员的工作负担，提高了工作效率。计算机网络在会计电算化中的广泛应用，使得企业能将分散的数据统一汇总到会计软件中进行集中处理，既提高了数据汇总的速度，又增强了企业集中管控的能力。

3. 数据处理及时准确

利用计算机处理会计数据，可以在较短的时间内完成会计数据的分类、汇总、计算、传递和报告等工作，使会计处理流程更为简便，核算结果更为精确。此外，在会计电算化方式下，会计软件运用适当的处理程序和逻辑控制，能够避免在手工处理方式下出现的一些错误。以“记账”处理为例，记账是计算机自动将记账凭证文件中的数据登记到总账、明细账、日记账等相关账户上，账户的数据都来源于记账凭证文件，数据来源是唯一的，记账只是“数据搬家”，记账过程中不会出现数据转抄错误，因此会计电算化方式下不需要进行账证、账账核对。

4. 内部控制多样化

在会计电算化方式下，与会计工作相关的内部控制制度也将发生明显的变化，内部控制由过去的纯粹人工控制发展成为人工与计算机相结合的控制形式。内部控制的内容更加丰富、范围更加广泛、要求更加明确、实施更加有效。

（三）会计电算化的产生和发展

1. 会计电算化的产生

1954 年，美国通用电气公司运用计算机进行工资数据的计算处理，拉开了人类利用计算机进行会计数据处理的序幕。我国 1979 年首次在长春第一汽车制造厂进行计算机在会计中的应用试点工作。

2. 会计电算化的发展

依据划分标准不同，会计电算化的发展阶段亦不相同。下面笔者将以会计软件的发展应用为参照，介绍会计电算化的发展过程。

（1）模拟手工记账的探索起步阶段。我国的会计电算化是从 20 世纪 80 年代起步的，当时的会计电算化工作主要处于实验试点和理论研究阶段，这一阶段的主要内容是利用计算机代替手工处理大量数据，实质是将电子计算机作为一个高级的计算工具用于会计领域。

此阶段主要是实现会计核算电算化，是会计电算化的初级阶段。利用计算机模拟手工记账，不仅模拟手工环境的会计循环，而且模拟手工环境的数据输出形式，利用计算机完成单项会计核算任务，缺乏信息共享。

（2）与其他业务结合的推广发展阶段。进入 20 世纪 90 年代后，企业开始将单项会计核算业务整合、扩展为全面电算化。引入了更多的会计核算子系统，形成了一套完整的会计核算软件系统，包括账务处理子系统、报表处理子系统、往来管理子系统、工资核算子系统、固定资产核算子系统、材料核算子系统、成本核算子系统、销售核算子系统等。企业积极研究对传统会计组织和业务处理流程的重新调整，实现企业内部以会计核算系统为核心的信息集成化，在企业组织内部实现会计信息和业务信息的一体化，并在二者之间实现无缝联合。

（3）引入会计专业判断的渗透融合阶段。我国顺应新形式的要求，于 2006 年 2 月建立了与国际准则趋同的企业会计准则体系，该体系引入了会计专业判断的要求。同时，新准则审慎引入了公允价值等计量基础，对会计电算化工作提出了新的要求。企业和会计软件开发商紧密围绕会计准则和会计制度，通过与会计电算化工作的不断调整、渗透和融合，逐步完成从单机应用向局域网应用的转变，尝试建立以会计电算化为核心的管理信息系统。

此阶段是会计电算化发展的高级阶段，目的是实现会计管理的电算化。这一阶段是在会计核算电算化的基础上，结合其他数据和信息，借助决策支持系统的理论和方法，帮助决策者制订科学的决策方案。

（4）与内控相结合建立 ERP 系统的集成管理阶段。2008 年 6 月，财政部、审计署、银监会、证监会、保监会、国资委六部委联合发布了《企业内部控制基本规范》。这标志着我国企业内部控制规范建设取得了更大突破和阶段性成果，是我国企业内部控制建设的一个重要里程碑。内部控制分为内部会计控制和内部管理控制。内部会计控制是指单位为了提高会计信息质量、保护资产的安全完整，确保有关法律法规和规章制度的贯彻执行而制定和实施的一系列控制方法、措施和程序。

随着现代企业制度的建立和内部管理的现代化，单纯依靠会计控制已难以应对企业面对的内、外部风险，会计控制必须向全面控制发展，传统的会计软件已不能完全满足单位会计信息化的要求，逐步向与流程管理相结合的 ERP 方向发展。

与内控相结合的 ERP 系统的集成管理，实现了会计管理和会计工作的信息化。目前这一阶段尚在进行中，但已经取得了令人瞩目的成果。有的大型企业已经利用与内控相结合的 ERP 系统，成功地将全部报表编制工作集中到总部一级。

二、会计信息化

从会计电算化的发展过程可以看出，会计软件的功能越来越强大，由最初的核算功能向管理功能、决策功能发展，会计处理上实现了财务业务一体化处理，进而实现了与内部控制的高度融合，工作重点由会计核算转向会计管理；会计工作的物质载体也由当初的电子计算机发展到以计算机和网络通信为代表的信息技术，伴随着电子商务的飞速发展，会计的一些方法技术也发生了变化。这些变化的内容都超出了当初会计电算化的内涵，而与当今信息化环境紧密相关。1999 年 4 月，在深圳召开的“会计信息化理论专家座谈会”上，与会专家提出了“会计信息化”的概念。国家重视会计信息化建设，2009 年 4 月 12 日，财政部以财会〔2009〕6 号文件的形式印发了《财政部关于全面推进我国会计信息化工作的指导意见》；2013 年 12 月 6 日，财政部以财会〔2013〕20 号文件的形式印发了《企业会计信息化工作规范》。相关文件提出了要促进会计信息化建设，并对企业开展会计信息化做出了具体规定。

会计信息化，是指企业利用计算机、网络通信等现代信息技术手段开展会计核算，以及利用上述技术手段将会计核算与其他经营管理活动有机结合的过程。

三、会计信息系统

（一）会计信息系统的概念

会计信息系统（Accounting Information System，AIS）是指利用信息技术对会计数据进行采集、存储和处理，完成会计核算任务，并提供会计管理、分析与决策相关会计信息的系统。

（二）会计信息系统的构成要素

会计信息系统是一个人机结合的系统，该系统由人员、计算机硬件、计算机软件和会计规范等基本要素组成。

1. 人员

人员是指会计信息系统的使用人员和管理人员，包括会计主管、系统开发人员、系统维护人员、软件操作员等。人员是会计信息系统中的一个重要因素，如果没有一支高水平、高素质的会计人员和系统管理人员队伍，硬件、系统软件、会计软件再好，整个系统也难以稳定、正常地运行。

2. 计算机硬件

计算机硬件是指进行会计数据输入、处理、存储及输出的各种电子设备。如输入设备有键盘、鼠标、光电扫描仪、条形码扫描仪、POS 机、语音输入设备等；处理设备有计算机主机；存储设备包括内存储器和外存储器，其中内存储器包括随机存储器和只读存储器，外存储器包括硬盘、U 盘、光盘等；输出设备有显示器、打印机等。网卡、网线、数据交换机等电子设备也属于计算机硬件范围。

3. 计算机软件

计算机软件是指系统软件和应用软件。系统软件是用来控制计算机运行，管理计算机的各种资源，并为应用软件的运行提供支持和服务的软件。系统软件是计算机系统必备的软件，如 Windows 操作系统、数据库管理系统，是保证会计信息系统正常运行的基础软件；应用软件是在硬件和系统软件的支持下，为解决各类具体应用问题而编制的软件。例如 Microsoft Office 软件、会计软件等。会计软件是专门用于会计核算与会计管理的软件，没有会计软件就不能称之为会计信息系统。

4. 会计规范

会计规范是指保证会计信息系统正常运行的各种法律、法规及单位规章制度。如《中华人民共和国会计法》《企业会计准则》及单位内部制定的硬件管理制度、内部控制制度等。

四、会计软件

（一）会计软件的概念

会计软件，是指企业使用的，专门用于会计核算、财务管理的计算机软件、软件系统或者其功能模块，包括一组指挥计算机进行会计核算与管理工作的程序、存储数据以及有关资料。例如，会计软件中的总账模块，不仅包括指挥计算机进行账务处理的程序、基本数据（如会计科目、凭证等），而且包括软件使用手册等有关技术资料。

（二）会计软件的功能

（1）为会计核算、财务管理直接采集数据。

（2）生成会计凭证、账簿、报表等会计资料。

（3）对会计资料进行转换、输出、分析、利用。

对会计软件的详细解释，可参阅前文中会计软件部分的内容。

（三）会计软件的分类

1. 按适用范围分类

按适用范围，会计软件分为通用会计软件和专用会计软件。通用会计软件是指软件公司为会计工作专门设计开发，并以产品形式投入市场的应用软件。专用会计软件是指专门满足某一单位使用的会计软件。

2. 按会计信息共享程度分类

按会计信息共享程度，会计软件分为单用户会计软件和网络与多用户会计软件。单用户会计软件是指将会计软件安装在一台或几台计算机上，每台计算机上的会计软件单独运行，生成的会计数据不能在计算机之间进行交换和共享的会计软件。网络与多用户会计软件是指不同工作站或终端上的会计人员可以共享会计信息，通过各用户之间的资料共享，保证资料一致性的会计软件。

3. 按功能和管理层次的高低分类

按功能和管理层次的高低，会计软件分为核算型会计软件、管理型会计软件、决策型会计软件。核算型会计软件是指主要具备会计的日常业务核算功能的会计软件，如完成账务处理、薪资核算、固定资产核算、应收（付）款核算、报表编制等功能，会计核算功能是会计软件最基本的功能。管理型会计软件是在核算型会计软件基础上发展起来的，除了具备会计核算功能，还包括会计管理控制功能的会计软件，如资金管理、成本控制、预算控制等功能。决策型会计软件是在管理型会计软件的基础上，具备预测、决策等功能的会计软件，如本量利分析、资金和成本预测、投资决策等功能。

五、ERP 的概念

ERP 是企业资源计划（Enterprise Resource Planning）的简称，是指利用信息技术，将企业内部所有资源整合在一起，对开发设计、采购、生产、成本、库存、分销、运输、财务、人力资源、品质管理进行规划，同时将企业与外部的供应商、客户等市场要素有机结合，实现对企业的物质资源（物流）、人力资源（人流）、财务资源（财流）和信息资源（信息流）等进行一体化管理（“四流一体化”或“四流合一”）的平台。其核心思想是供应链管理，强调对整个供应链的有效管理，提高企业配置和使用资源的效率。

ERP 是由美国著名咨询管理公司 Gartner Group Inc. 于 1990 年提出的，最初被定义为应用软件，其迅速为全世界商业企业所接受，现已经发展成为现代企业管理理论之一。

在功能层次上，ERP 除了最核心的财务、分销和生产管理等功能外，还集成了人力资源、质量管理、决策支持等其他管理功能。会计信息系统已经成为 ERP 系统的一个子系统。

六、XBRL 的作用、优势和发展历程

（一）XBRL 的概念

XBRL 是可扩展商业报告语言（eXtensible Business Reporting Language）的简称，是一种基于可扩展标记语言（eXtensible Markup Language）的开放性业务报告技术标准。

XBRL 是基于互联网和跨平台操作，专门用于财务报告编制、披露和使用的计算机语言，基本实现了数据的集成与最大化利用以及资料共享，是国际上将会计准则与计算机语言相结合，用于非结构化数据，尤其是财务信息交换的最新公认标准和技术。通过对数据统一进行特定的识别和分类，可直接被使用者或其他软件读取及进一步处理，实现一次录入多次使用。

（二）XBRL 的作用与优势

XBRL 的主要作用在于将财务和商业数据电子化，促进了财务和商业信息的显示、分析和传递。XBRL 通过定义统一的数据格式标准，规定了企业报告信息的表达方法。会计信息生产者和使用者可以通过 XBRL，在互联网上有效处理各种信息，并且迅速将信息转化成各种形式的文件。

企业应用 XBRL 的优势主要表现在以下几个方面：

（1）能够提供更精确的财务报告与更具有可信度和相关性的信息。

（2）能够降低数据采集成本，提高数据流转及交换效率。

（3）能够帮助数据使用者更快捷方便地调用、读取和分析数据。

（4）能够使财务数据具有更广泛的可比性。

（5）能够增加资料在未来的可读性与可维护性。

（6）能够适应变化的会计准则的要求。

（三）我国 XBRL 的发展历程

我国的 XBRL 发展始于证券领域。2003 年 11 月，上海证券交易所在全国率先实施基于 XBRL 的上市公司信息披露标准；2005 年 1 月，深圳证券交易所颁布了 1.0 版本的 XBRL 报送系统；2005 年 4 月和 2006 年 3 月，上海证券交易所和深圳证券交易所先后分别加入了 XBRL 国际组织，此后中国的 XBRL 组织机构和规范标准日趋完善。

2008 年 11 月，财政部牵头，联合银监会、证监会、保监会、国资委、审计署、中国人民银行、税务总局等部门成立中国会计信息化委员会暨 XBRL 中国地区组织。2009 年 4 月，财政部在《关于全面推进我国会计信息化工作的指导意见》中将 XBRL 纳入会计信息化的标准。2010 年 10 月 19 日，国家标准化管理委员会和财政部颁布了可扩展商业报告

语言（XBRL）技术规范和企业会计准则通用分类标准，这成为中国 XBRL 发展历程中的一个里程碑，表明 XBRL 在中国的各项应用有了统一的架构和技术标准。

2011 年财政部组织以在美上市公司为主的 15 家国有大型企业，以及 12 家具有证券期货相关业务资格的会计师事务所开展通用分类标准首批实施工作，取得了良好的成效。2012 年财政部在 2011 年的基础上扩大实施范围，增加 17 个省区市开展地方国有大中型企业实施工作，同时联合银监会组织包括 16 家上市银行在内的 18 家银行业金融机构开展实施工作。

第三节　信息技术环境下会计人员的价值取向

与手工环境相比，在现代信息技术环境下从事会计工作的会计人员的价值取向发生了很大的变化。

一、会计人员角色和职能的变化

首先，信息技术的应用彻底改变了会计工作者的处理工具和手段。由于大量的核算工作实现自动化，因此会计人员的工作重点将从事中记账算账、事后报账转向事先预测、规划，事中控制、监督，事后分析及决策的一种全新的管理模式。

其次，在信息技术环境下，会计人员要承担企业内部管理员的职责。并且随着外部客户对会计信息需求的增长，会计人员应及时地向外传递会计信息，为社会、债权人、投资者、供应商和客户、兄弟行业及政府管理部门等一切会计委托和受托者负责披露会计信息，提供职业化的会计和财务咨询服务。

最后，在信息技术环境下，会计人员不再仅仅是客观地反映会计信息，而且应使会计信息增值和创造更高的效能。特别是由于会计人员对企业业务流程有独到理解，并具有组织会计和财务信息的高超技艺。他们可以参与企业战略和计划的辅助决策，将注意力更多地集中到分析工作而不只是提供会计和财务数据，其作用更多地体现在通过财务控制分析参与企业综合管理和提供专业决策。换言之，未来的会计师将是企业经理的最佳候选人之一。

二、会计人员和会计信息系统关系的变化

与手工环境相比，在信息技术环境下，会计人员不仅是会计信息系统的信息提供者和使用者，同时还是会计信息系统所反映的各种业务活动规则、控制规则和信息规则的制定者和会计信息系统的维护者。会计人员的职责将得到大大的提升，主要表现在如下几个方面。

（一）科学使用会计信息系统的会计信息

在现代信息技术环境下，特别是在网络环境下，会计人员可以通过内联网（Intranet）、外联网（Extranet）和互联网（Internet）按事先制定的业务活动规则和权限来控制对采购、仓储、生产和销售等环节财会数据的实时采集。此时客观上就要求会计人员能够准确地分析数据，并提出科学的分析结论和决策方案，工作重心转移到对会计数据管理监控、分析和财务决策上。

（二）制定各种业务活动、会计控制和会计信息的规则

为了使财会人员科学地使用财会信息，一个重要的前提是在会计信息系统实施中，会计人员应与业务人员协作共同完成业务流程的优化或重组，并根据会计管理的需求制定各种会计控制和会计信息规则。

（三）会计信息系统的维护

随着管理理念和信息技术的不断发展，会计信息系统也应不断地在维护中实现自身的动态变革。与信息技术人员不同，会计人员对会计信息系统的维护重点表现在如下三个方面。

（1）根据会计管理变革的新需求，提出对会计控制规则和会计信息规则变革的新需求。

（2）协助信息技术人员正确理解、抽象和描述上述规则。

（3）在信息技术人员完成规则变革的信息设计后，会计人员对会计信息系统的新功能进行验收评测。

三、会计人员能力需求和知识结构的变化

为了使会计人员能胜任信息技术环境下的职责，对会计人员的能力和素质的需求也发生了变化。

（一）能力需求

在信息技术环境下，常规且结构化的会计核算和财务管理等工作将由基于信息技术的信息系统完成。会计人员应更多地从事那些非结构化且非常规的会计业务，并完成评价信息系统及其资源的工作，因此未来的会计人员应具备如下五种能力。

1. 沟通技能

会计人员不仅能提供信息，而且能与企业高层领导和其他管理者交换信息，建立有意义的关系。

2. 战略性和关键性的思考能力

会计人员能够将会计数据、信息、知识和智慧联系起来以提出高质量的建议。

3. 关注企业客户和市场的发展

会计人员能够比竞争对手提供更好的、满足客户不断变化需求的建议。

4. 为关联信息提供科学解释

会计人员能够为互相有内在联系的会计、财务及非财务信息提供科学的解释。

5. 技术熟练

会计人员能够熟练地利用会计和信息技术，并推动信息技术在会计工作中的应用，制定会计信息化实施的各种规则。

（二）会计人员应具备的知识体系

信息技术用于会计工作中所涉及理论和方法学具有很强的综合性，它涵盖如下多门学科的相关知识。

（1）管理科学：一般管理学和经济管理学，包括会计学、财务管理和审计学等。

（2）信息技术科学：计算机软硬件技术、网络通信技术、数据库技术和多媒体技术等。

（3）信息系统理论和方法科学：老三论，即系统论、控制论和信息论；新三论，即耗散结构论、突变论和协同论，以及行为科学等。

（4）信息系统实施和管理科学：软件工程、项目管理、IT 治理、工程监理和评估等。对于会计人员及从事会计信息化的人员而言，由于角色不同，对于上述各知识点的掌握要求也不同。

（三）会计人员的价值取向

会计人员为保持其自身的价值，必须做到如下几个方面。

（1）建立持续教育和终身学习的信念，会计人员应该得到持续教育，而不仅仅是通过资格认证。

（2）保持自身的竞争力，能够熟练并有效率地完成工作。

（3）应恪守职业道德，坚持会计职业的正直及客观性。

第四节　财务会计的基本前提

财务会计的基本前提，也称财务会计基本假设或会计假设，是财务会计进行确认、计量和报告的前提，是对财务会计核算所处时间、空间环境等所做的合理设定。财务会计的基本前提包括会计主体、持续经营、会计分期和货币计量。

一、会计主体

会计主体是指财务会计为之服务的特定单位，是会计工作特定的空间范围，即企业财务会计确认、计量和报告的空间范围。为了向信息使用者反映企业财务状况、经营成果和现金流量，提供与其决策相关的有用的信息，企业应当对其本身发生的交易或者事项进行会计确认、计量和报告，反映企业本身所从事的各项生产经营活动。明确界定会计主体是进行会计确认、计量和报告工作的重要前提。

在会计实务中，只有对那些影响企业本身经济利益的各项交易或事项才能加以确认、计量和报告。例如，通常所讲的资产、负债的确认，收入的实现，费用的发生等，都是针对特定会计主体而言的。

会计主体不同于法律主体。一般而言，法律主体必然是会计主体，但会计主体不一定是法律主体。例如，一个企业作为一个法律主体，应当建立财务会计系统，独立反映其财务状况、经营成果和现金流量。但企业集团中的母公司拥有若干子公司，母、子公司虽然是不同的法律主体，但是母公司对子公司拥有控制权，为了全面反映企业集团的财务状况、经营成果和现金流量，将企业集团作为一个会计主体，编制合并财务报表，在这种情况下，企业集团虽然不属于法律主体，却是会计主体。

二、持续经营

持续经营是指在可以预见的将来，企业将会按当前的规模和状态继续经营下去，不会停业，也不会大规模削减业务，会计的出发点是预测企业的经营现状不会改变。在持续经营的前提下，会计确认、计量和报告应当以企业持续、正常的生产经营活动为前提。在这个前提下，各项资产必须按正常的实际成本计价，各项负债和企业的所有者权益，也要按正常情况计价处理。

当一个企业不能持续经营时就应当停止使用这个假设，否则就不能客观地反映企业的财务状况、经营成果和现金流量，从而误导会计信息使用者的经济决策。

三、会计分期

会计分期是指将一个企业持续经营的生产经营活动划分为一个个连续的、长短相同的期间。按年划分的称为会计年度，年度以内还可以分为季度、月度。会计分期的目的在于通过会计期间的划分，将持续经营的生产经营活动划分成连续、相等的期间，据以结算盈亏，按期编报财务报告，从而及时向财务报告使用者提供有关企业财务状况、经营成果和现金流量的信息。

根据持续经营假设，一个企业将按当前的规模和状态持续经营下去。进行会计分期有利于提高会计信息的及时性，满足信息使用者决策的需要。我国企业会计准则规定，企业应当划分会计期间，分期结算账目和编制财务会计报告。会计期间分为年度和中期。中期是短于一个完整会计年度的报告期间。

四、货币计量

货币计量是指会计主体在财务会计确认、计量和报告时以货币作为计量尺度，反映会计主体的生产经营活动。

企业的各种财产物资各有其不同的物质表现形态，计量单位各不相同，如汽车以辆计、船舶以艘计等。在会计工作中，用具有一般等价物性质的货币来统一计量，可以使各类不同质的财产物资相加减，可以使收入、费用相配比，这样才能全面反映企业的生产经营情况。所以，会计基本准则规定，会计确认、计量和报告应选择货币作为计量单位。

货币计量也有其缺陷，就是它把那些不能用货币度量的因素排除在了会计系统之外，如企业管理水平、人力资源、研发能力、市场竞争力等。

货币作为一种特殊商品，它本身的价值应当稳定不变，或者即使有所变动，其变动幅度也被认为是微不足道的。如果币值不稳定，以货币计量的会计信息的可信度就会下降。尽管中外会计学者对此问题已经加以重视，但至今尚无好的解决办法。

第五节　财务会计信息的质量要求

由于财务会计信息是以财务报告的形式对外呈报的，其目标是向信息使用者提供与企业有关的会计信息，以帮助信息使用者做出经济决策。因此，保证财务会计信息的有用性，是编制财务报告最直接的目的。为了更好地达成财务会计的目的，会计人员必须提高会计信息质量，并了解高质量会计信息应具备的品质。

我国会计基本准则规定了财务会计信息质量要求的基本规范，其内容包括可靠性、相关性、可理解性、可比性、实质重于形式、重要性、谨慎性和及时性等。其中可靠性、相关性、可理解性和可比性是财务会计信息的主要质量要求，是企业财务报告中所提供的会计信息应具备的基本质量特征；实质重于形式、重要性、谨慎性和及时性是财务会计信息的次要质量要求，是对可靠性、相关性、可理解性和可比性等主要质量要求的补充和完善。

一、财务会计信息的主要质量要求

（一）可靠性

可靠性是指确保财务会计信息免于偏差和错误，能忠实反映现状的质量。可靠性要求企业应当以实际发生的交易或者事项为依据进行确认、计量和报告，如实反映符合确认和计量要求的各项会计要素的信息，保证财务会计信息真实可靠、内容完整。为了达到财务会计信息质量可靠的要求，不得根据虚构的、没有发生的或者尚未发生的交易或者事项进行确认、计量和报告；不能随意遗漏或者减少应予以披露的信息，应当充分披露与使用者决策相关的有用信息；企业财务报告中的财务会计信息应当是中立的、无偏的。

可靠性是高质量会计信息的重要基础和关键所在，如果企业以虚假的经济业务进行确认、计量、报告，就属于违法行为，不仅会严重损害财务会计信息质量，而且会误导投资者、干扰资本市场，导致会计秩序混乱。

（二）相关性

相关性是指财务会计信息与决策有关，具有改变决策或导致决策差异的能力。相关性要求企业提供的财务会计信息应当与投资者等信息使用者的经济决策需要相关，有助于投资者等信息使用者对企业过去、现在或者未来的情况做出评价或者预测。

相关的财务会计信息应具有反馈价值，即有助于信息使用者评价企业过去的决策，证实或者修正过去的有关预测；相关的财务会计信息还应当具有预测价值，即有助于信息使用者根据所提供的财务会计信息，预测企业未来的财务状况、经营成果和现金流量。

（三）可理解性

财务会计信息能否为信息使用者所理解，取决于信息本身是否易懂和决策者的能力。可理解性要求企业提供的财务会计信息清晰明了，便于投资者等信息使用者理解和使用。

企业提供财务会计信息的目的在于使用，企业提供的财务会计信息只有清晰明了、易于理解，才能提高财务会计信息的有用性，满足信息使用者决策的需求。信息使用者通过阅读、分析、使用财务会计信息，了解了企业过去、现在及未来的发展趋势，才能做出科学决策。

可理解性不仅是财务会计信息的一项质量要求，同时也是与信息使用者有关的质量要求。会计人员应尽可能使财务会计信息易于理解，而信息使用者也应设法提高理解信息的能力，这样财务会计信息才能发挥最大的作用。

（四）可比性

可比性是指能使信息使用者从两组经济情况中区别出异同的财务会计信息的质量特征。即当经济情况相同时，财务会计信息能反映相同的情况；当经济情况不同时，财务会计信息能反映出差异。可比性包括横向可比和纵向可比两个方面。

横向可比是指不同企业相同会计期间的可比。即要求不同企业同一会计期间发生的相同或者相似的交易或者事项，应当采用相同的会计政策，确保财务会计信息口径一致、相互可比，以使不同企业按照一致的确认、计量和报告要求提供有关会计信息。

纵向可比是指同一企业不同时期的可比。即要求同一企业不同时期发生的相同或者相似的交易或者事项，应当采用相同的会计政策，并且不得随意变更。但是，满足会计信息可比性要求，并非表明企业不得变更会计政策，如果按照规定或者在会计政策变更后可以提供更可靠、更相关的会计信息，企业也可以变更会计政策。

二、财务会计信息的次要质量要求

（一）实质重于形式

实质重于形式是指企业按照交易或者事项的经济实质进行会计处理的质量特征，即要求企业应当按照交易或者事项的经济实质进行会计确认、计量和报告，不应仅以交易或者事项的法律形式为依据进行会计处理。

在多数情况下，企业发生的交易或事项的经济实质和法律形式是一致的，但在有些情况下二者也会出现不一致。例如，企业按照销售合同销售商品同时又签订了售后回购协议，虽然从法律形式上看实现了收入，但如果企业没有将商品所有权上的主要风险和报酬转移给购货方，没有满足收入确认的各项条件，即使签订了商品销售合同或者已将商品交付给购货方，也不应当确认销售收入。

又如，企业融资租入固定资产，固定资产在租赁期内的款项并未付清，从法律形式上来看，设备的所有权并没有完全转移给租入方；但从经济实质上来看，租入方已经控制并已实际使用该项固定资产，并为企业带来了相应的经济利益，符合资产要素的本质特征，企业就可以将其确认为资产。

（二）重要性

重要性是指当某项财务会计信息出现不正确的表达或遗漏时，可能会影响信息使用者做出判断。重要性要求企业提供的会计信息应当反映与企业财务状况、经营成果和现金流量有关的所有重要交易或者事项。

如果企业提供的财务会计信息的错报或省略会影响信息使用者据此做出决策，那么该信息就具有重要性。重要性的应用需要依赖职业判断，企业应当根据其所处环境和实际情况加以判断。例如， 5 万元的损失在小公司可能很重要，但在大公司则可能不重要。

（三）谨慎性

谨慎性是指企业对不确定的结果，应确认可能的损失，而不确认可能的收益。谨慎性要求企业在对交易或者事项进行会计确认、计量和报告时保持应有的谨慎，不应高估资产或者收益，也不应低估负债或者费用。

企业的生产经营活动面临着许多风险和不确定性。例如，应收款项能否如数收回、固定资产和无形资产的使用寿命、售出商品可能发生的退货或者返修等。谨慎性要求会计人员在做出职业判断时保持应有的谨慎，充分估计到各种风险和损失，既不高估资产或者收益，也不低估负债或者费用。例如，对于企业发生的或有事项，通常不能确认或有资产，只有当相关经济利益基本确定能够流入企业时，才能作为资产予以确认。相反，当相关的经济利益很可能流出企业而且构成现时义务时，应当及时确认为预计负债，这就体现了会计信息质量的谨慎性要求。

（四）及时性

及时性要求企业对已经发生的交易或者事项，应当及时确认、计量和报告，不得提前或者延后。财务会计信息如果不及时提供，即使质量再好，也已失去时效性，对使用者的效用就会大大降低，甚至不再具有实际意义。

财务会计信息的价值在于帮助信息使用者做出经济决策，具有时效性。及时性要求企业在经济交易或者事项发生后，及时收集整理各种原始单据或者凭证；及时对经济交易或者事项进行确认、计量，并编制财务报告；及时将编制的财务报告传递给信息使用者，便于其及时使用和决策。

第六节　财务会计的基本要素

一、财务会计要素的内容

财务会计要素是对财务会计对象的基本分类，分类的基础应服从于财务报告的目标。我国企业会计准则将财务会计要素分为资产、负债、所有者权益、收入、费用和利润。

（一）反映企业财务状况的要素

财务会计以下列公式反映企业在一定日期内财务状况：

资产＝负债＋所有者权益

（1）资产。资产是指企业过去的交易或者事项形成的、由企业拥有或者控制的、预期会给企业带来经济利益的资源。资产具有以下特征：

1）资产是由企业过去的交易或者事项形成的。过去的交易或者事项是指企业已经发生的交易或者事项（如购买材料、生产产品等），也就是说，只有过去的交易或者事项才可能形成资产，企业预期在未来发生的交易或者事项不会形成资产。例如，企业有购买某类存货的意愿，但是购买行为尚未发生，预期可能增加的存货不符合资产的这一特征，也就不能确认为企业的资产。

2）资产是由企业拥有或者控制的资源。由企业拥有或者控制的资源，是指企业享有某项资源的所有权，或者虽然不享有某项资源的所有权，但该资源能被企业所控制。

企业享有资产的所有权，通常会从该项资产中获取经济利益。有些情况下，虽然企业并不享有其所有权，但企业控制了这些资产，同样表明企业能够从该资产中获取经济利益，符合资产的定义。例如，融资租入的固定资产，尽管企业在租赁期内并不拥有其所有权，但企业控制了该资产的使用及其所能带来的经济利益，应当将其作为企业资产予以确认、计量和报告。

3）资产预期会给企业带来经济利益。资产预期会给企业带来经济利益，是指资产直接或者间接导致现金流入企业的潜力。例如，企业采购的原材料用于生产经营过程中，生产出商品并对外出售后收回货款，即为企业所获得的经济利益。

（2）负债。负债是指企业过去的交易或者事项形成的，预期会导致经济利益流出企业的现时义务。负债具有以下特征：

1）负债是由企业过去的交易或者事项形成的。负债应当由企业过去的交易或者事项形成，也就是说，只有过去的交易或者事项才可能形成负债，企业在未来将发生的承诺、签订的合同等交易或者事项，不会形成负债。

2）负债预期会导致经济利益流出企业。预期会导致经济利益流出企业，是指只有企业在履行义务时导致经济利益流出企业的，才符合负债的定义，如果不会导致企业经济利益流出，就不符合负债的定义。

3）负债是企业承担的现时义务。企业承担的现时义务是指企业在现有条件下已承担的义务。未来发生的交易或者事项形成的义务不属于现时义务，不应当确认为负债。

（3）所有者权益。所有者权益是指企业资产扣除负债后应由所有者享有的剩余权益。它是从企业资产中扣除债权人权益后应由所有者享有的部分。

所有者权益的来源包括所有者投入的资本、直接计入所有者权益的利得和损失、留存收益等，通常由实收资本（或股本）、资本公积、盈余公积和未分配利润构成。其中，所有者投入的资本是指所有者投入企业的资本部分，它既包括构成企业注册资本或者股本部分的金额，也包括投入资本超过注册资本或者股本部分的金额，即资本溢价或者股本溢价。

直接计入所有者权益的利得和损失，是指不应计入当期损益、会导致所有者权益发生增减变动的、与所有者投入资本或者向所有者分配利润无关的利得或者损失。

其中，利得或损失是指由企业非日常活动所形成的、会导致所有者权益增加或减少的、与所有者投入资本无关的经济利益的流入或流出。利得或损失包括直接计入所有者权益的利得或损失，以及直接计入当期利润的利得或损失。例如，可供出售金融资产的公允价值变动额就是直接计入所有者权益的利得或损失。

留存收益是企业历年实现的净利润留存于企业的部分，主要包括累计计提的盈余公积和未分配利润。

（二）反映经营成果的要素

（1）收入。收入是指企业在日常活动中形成的、会导致所有者权益增加的、与所有者投入资本无关的经济利益的总流入。收入具有以下特征：

1）收入是企业在日常活动中形成的。日常活动是指企业为完成其经营目标所从事的经常性活动以及与之相关的活动。例如，制造企业制造并销售产品、商业企业销售商品、咨询公司提供咨询服务、安装公司提供安装服务、商业银行对外贷款等，均属于企业的日常活动。只有日常活动所形成的经济利益的流入才可以确认为收入，反之，非日常活动所形成的经济利益的流入不能确认为收入，而应当计入利得。

2）收入会导致所有者权益的增加。由于收入最终会导致所有者权益的增加，因此不会导致所有者权益增加的经济利益的流入不符合收入的定义，不应确认为收入。

3）收入是与所有者投入资本无关的经济利益的总流入。一般而言，收入只有在经济利益很可能流入企业时才导致企业资产增加或者负债减少，但是，经济利益的流入有时是所有者投入资本的增加所致，所有者投入资本的增加不应当确认为收入，应当将其直接确认为所有者权益。

（2）费用。费用是指企业在日常活动中发生的、会导致所有者权益减少的、与向所有者分配利润无关的经济利益的总流出。费用具有以下特征：

1）费用是企业在日常活动中形成的。因日常活动所产生的费用通常包括销售成本、期间费用等。企业非日常活动所形成的经济利益的流出不能确认为费用，而应当计入损失。

2）费用会导致所有者权益的减少。与费用相关的经济利益的流出应当会导致所有者权益的减少，不会导致所有者权益减少的经济利益的流出不符合费用的定义，不应确认为费用。例如，企业偿还银行借款，尽管也导致了企业经济利益的流出，但该经济利益的流出不会导致企业所有者权益的减少，因此不应确认为企业的费用。

3）费用是与向所有者分配利润无关的经济利益的总流出。费用的发生应当会导致经济利益的流出，从而导致资产的减少或者负债的增加。但企业向所有者分配利润也会导致经济利益的流出，而该经济利益的流出属于对投资者投资回报的分配，不应确认为费用。

（3）利润。利润是指企业在一定会计期间的经营成果。利润包括收入减去费用后的净额、直接计入当期利润的利得和损失等。其中收入减去费用后的净额反映企业日常活动的经营业绩，直接计入当期利润的利得和损失反映企业非日常活动的业绩。企业应当严格区分收入和利得、费用和损失，以便更加全面地反映企业的经营成果。

二、财务会计要素的确认与计量

（一）财务会计要素的确认

财务会计要素的确认，是指将某一事项作为资产、负债、收入或费用等正式加以记录并列入财务报表的过程，也是广义的确认。确认主要解决两方面的问题：一是何时、以何种金额、通过何种账户记录；二是何时、以何种金额并通过何种要素列入财务报告。

我国企业会计准则规定了财务会计要素确认的基本条件，如资产的确认要同时具备以下两个条件：①与该资产有关的经济利益很可能流入企业；②该资产的成本或者价值能够可靠地计量。

负债的确认也要同时满足以下两个条件：①与该义务有关的经济利益很可能流出企业；②未来流出的经济利益的金额能够可靠地计量。

至于所有者权益的确认，主要取决于资产、负债、收入、费用等要素的确认。对收入的确认，应视不同收入来源的特征而有所不同。如企业销售商品收入的确认，应同时具备五个条件，即企业已将商品所有权上的主要风险和报酬转移给购货方；企业既没有保留通常与所有权相联系的继续管理权，也没有对已售出的商品实施有效控制；收入的金额能够可靠地计量；与交易相关的经济利益很可能流入企业；相关的已发生或将发生的成本能够可靠地计量。

对费用的确认，也应当满足严格的条件：一是与费用相关的经济利益应当很可能流出企业；二是经济利益流出企业的结果会导致资产的减少或者负债的增加；三是经济利益的流出额能够可靠地计量。

对利润的确认，主要依赖于收入和费用以及利得和损失的确认，其金额的确定也主要取决于收入、费用、利得、损失金额的确定。

（二）财务会计要素的计量

财务会计要素的计量，是指将符合确认条件的财务会计要素列报于财务报告中并确定其货币金额的过程。这一计量过程由计量单位和计量属性两个要素构成。通常以各国法定的名义货币作为计量单位，而不考虑其购买力的变化对企业财务会计信息的影响。

计量属性是指予以计量的某一要素的特性，如房屋的面积、桌子的长度、铁矿石的重量等。从会计角度来讲，计量属性反映的是财务会计要素金额的确定基础，按我国会计准则的规定，主要包括历史成本、重置成本、可变现净值、现值和公允价值等。

（1）历史成本。历史成本又称实际成本，即取得或制造某项财产物资时所实际支付的现金或现金等价物的金额。在历史成本计量下，资产按照其购置时支付的现金或者现金等价物的金额，或者按照购置资产时所付出的对价的公允价值计量。负债按照其因承担现时义务而实际收到的款项或者资产的金额，或者承担现时义务的合同金额，或者按照日常活动中为偿还负债预期需要支付的现金或者现金等价物的金额计量。

（2）重置成本。重置成本又称现行成本，是指按照当前市场条件，重新取得同样的资产所需支付的现金或现金等价物的金额。在重置成本计量下，资产按照现在购买相同或者相似资产所需支付的现金或者现金等价物的金额计量。负债按照现在该项债务所需支付的现金或者现金等价物的金额计量。

（3）可变现净值。可变现净值是指在正常生产经营过程中，以资产预计售价减去进一步加工成本和预计销售费用以及相关税费后的净值。在可变现净值计量下，资产按照其正常对外销售所能收到现金或者现金等价物的金额扣减该资产至完工时估计将要发生的成本、估计的销售费用以及相关税费后的金额计量。可变现净值通常应用于存货资产减值情况下的后续计量。

（4）现值。现值是指对未来现金流量以恰当的折现率进行折现后的价值，是考虑货币时间价值的一种计量属性。在现值计量下，资产按照预计从其持续使用和最终处置中所取得的未来净现金流入量的折现金额计量。负债按照预计期限内需要偿还的未来净现金流出量的折现金额计量。

（5）公允价值。公允价值，是指市场参与者在计量日发生的有序交易中，出售一项资产所能收到或者转移一项负债所需支付的价格。

市场参与者，是指在相关资产或负债的主要市场（或最有利市场）中，同时具备下列特征的买方和卖方：①市场参与者应当相互独立，不存在《企业会计准则第 36 号——关联方披露》所述的关联方关系；②市场参与者应当熟悉情况，能够根据可取得的信息对相关资产或负债以及交易具备合理认知；③市场参与者应当有能力并自愿进行相关资产或负债的交易。

有序交易，是指在计量日前一段时期内相关资产或负债具有惯常市场活动的交易。清算等被迫交易不属于有序交易。

企业以公允价值计量相关资产或负债，应当考虑该资产或负债的特征。相关资产或负债的特征，是指市场参与者在计量日对该资产或负债进行定价时考虑的特征，包括资产状况及所在位置、对资产出售或者使用的限制等。

企业以公允价值计量相关资产或负债，应当假定出售资产或者转移负债的有序交易在相关资产或负债的主要市场进行。不存在主要市场的，企业应当假定该交易在相关资产或负债的最有利市场进行。

主要市场，是指相关资产或负债交易量最大和交易活跃程度最高的市场。最有利市场，是指在考虑交易费用和运输费用后，能够以最高金额出售相关资产或者以最低金额转移相关负债的市场。

交易费用，是指在相关资产或负债的主要市场（或最有利市场）中，发生的可直接归属于资产出售或者负债转移的费用。交易费用是直接由交易引起的、交易所必需的，而且不出售资产或者不转移负债就不会发生的费用。

第五章　财务会计管理概述

第一节　财务会计管理工作中存在的问题

财务会计管理工作是企业风险控制和成本管理的重要手段，同时也是核心管理部分，在很大程度上象征了企业的竞争力。本节对财务会计管理工作中存在的问题和对策进行阐述，对目前工作中存在的不足之处给予一定的建议，用来参考、解决问题。

一、财务会计管理中存在的问题

（一）财务会计监管没有很好地落实

在企业的财务监督中，政府部门的工作精力和时间全都是非常有限的，所以不可避免，商业租赁等不良现象肯定是会发生的，它将大大地降低监督工作的效率和质量。单一的企业财务和会计监督系统，它们也会导致经营者监管之间的混乱和法人财产权利、监督和责任不明确等不好的方面出现，导致企业资本管理等各个方面容易出现许多问题，异常消费等情况会是经常出现的，在这些工作中，因为财务会计没有很好地实施监督工作所以出现一些无法控制的事情。财务会计管理是日常管理工作中很小的一部分，但是它会随着工作量的增加而增加，传统的财务会计模式工作通常是以人工为主的，它显然难以满足当前财务会计工作的需要，会时不时地暴露出许多问题。近年来，信息技术在不同领域得到了广泛持久的应用，如果能够将信息技术引入正常良好的财务和会计管理中，不仅可以很大程度上降低工作压力，而且可以大幅度提高工作效率。

（二）财务会计管理工作缺少长远考虑

以前的财务管理理念不能与时俱进，缺乏新意，不可避免地就成为金融管理理念和管理的障碍，许多企业因为还没有明确地认识到它的存在和危害，对未来的财务管理工作没有清楚的认识，不知道它的重要性，通过长期规划和建设规划来完成是不可能发生的。缺乏长期而且合适的投资和融资模式是很难发展的，如果目标不明确，就会在很大程度上影响企业的未来发展和规划未来发展的蓝图，成为一个发展中的很大的障碍。

（三）企业管理者对财务管理工作不够重视

放眼现在的企业，大部分没有什么管理理念，从可持续发展的角度和科学发展的角度来说，企业所关注的东西通常以盈利为主，通过日常的综合管理，从外部引入资金、技术、设备等等，并不清楚认识这些对企业会有什么好处、对发展有什么好处，而这些又会给企业带来什么样的问题，没有考虑到长远发展，没有可持续发展的概念，发展不起来。此外，企业如果没有清楚地认识到监督都有哪些约束性，本身有哪些局限，是不是拥有完善的发展体系，就会导致许多管理工作不足的情况发生。此外，一些企业通过非法融资和逃税等手段，寻求财务人员来进行虚假账户等欺诈行为，这降低了监管的效果，造成了不好的影响。

（四）财务会计管理人员的职业道德薄弱

在现在的社会中，虚假会计屡见不鲜，可以说随处可见，这一现象已经严重影响了整个会计行业未来的发展进程和进度。有许多会计相关人员，他们对自己没有很好的要求，没有什么很清楚的框架来明确自己可以做什么不可以做什么，才会比较容易发生各种各样违反规定和道德的事情。至于假账，目前的情况是没有什么人特别注意这块，自然它就不是被人讨论的对象了。通常企业都会有自己独特的监督体系，在此基础之上，就可以进行教育员工等方面的操作了，其实还是不知道界限在哪，他们才会不清楚法律的一些事情，很容易触犯法律，所以需要我们提起注意，多关注和预防。改革开放以来，中国的经济实力得到了特别大的提高，带动了整个会计行业的发展。在这种情况下，会计行业的财务会计管理的各种功能也发挥了极其重要的作用。所以，全面推进财务会计管理功能的发展和完善，能够为经济发展做出很大的贡献。

二、解决财务会计管理中存在问题的对策

落实财务会计监管工作。一个企业，如果想要避免尽可能多的金融和会计工作出现各种各样的问题，就应该从监督的角度出发来工作，首先要让金融会计实现监督，这是一个很有效的手段和层次。财务会计的重要作用是联系，然后是有效的监督。其次，需要我们进行企业内部的监督，审计对于一个企业来说肯定是有一定的作用的，所以要发挥它的作用，为我所用，很好地规划出各个部门和每个人员具体负责什么工作。最后，就是要发挥监事会的职能了，了解企业的资金周转情况和财务方面的事情，要做到不仅可以存在于形式中，还要付出实际行动，动手。

制订明确的财务会计管理计划。在一个企业中，财务会计管理是很重要的。它可以在以前的基础上，进行下一话题，但是它需要我们先明确一个方案，通过这个方案让企业可以更好地发展，然后再建立一些计划、措施、秩序等，让企业可以可持续发展、科学发展。另外，和企业之中的其他部门进行商量，根据企业现状，做出适合企业现阶段发展的计划，然后一起为其奋斗加油。

加强企业管理者对财务会计管理工作的重视。企业管理在财务会计管理中起着很重要的作用，财务会计的综合管理会对企业的管理水平产生重大影响，所以一定要好好地管理，加以注意。尤其是对企业的高层管理人员，必须加强监督和管理，在企业的资本运营转型时期，必须遵守市场发展的规律和阶段，不能对其进行破坏，要知道管理的核心价值是什么，懂得怎样才能维护企业的正常发展，明白资金流是什么意思、有什么样的用处，总之懂得越多，对企业发展越有利，这是肯定的，清楚怎样可以降低企业风险也是很重要的事情。

提升会计人员的专业素质。一个好的企业应该具备良好的工作秩序、完善的机制、完整的措施、优秀的专业水平。相关的会计人员也应该具备良好的专业素质。这是一个正常的企业都应该具备的条件，也只有这样才能长久发展下去，才能吸引人才加入。如果相关的会计人员不具备良好的素质，会很容易出现各种各样的问题，所以企业要让他们会计人员知道都应该做些什么、不能做什么，有一个明确的认识，打下预防针，这样能降低失误发生的概率。企业也要定时培训员工，让他们都能有很好的情绪学习，加强工作意识，有相应的技术和技能，这是非常重要的，只有这样，他们才能坚持使命，企业也能健康发展。

第二节 知识经济下财务会计管理

当今中国社会已经逐渐步入了知识经济时代，各行各业都受到了不同程度的冲击，首当其冲的便是会计行业中的财务会计管理。知识经济时代，传统的财务会计管理的管理模式以及理论体系都不再适用，整个财务会计管理领域都将迎来一场疾风骤雨式的革新。

我们在不知不觉间已经步入了知识经济时代，其内核为知识掌控经济，经济的发展和效益与知识的应用将结合得越来越紧密。现在企业的财务会计管理只有做好知识以及信息的收集、整理、录入、分析方能够在知识经济时代拥有一席之地，对于财务会计管理来说，企业内部资金的流动情况就是其所需要管理的对象。

一、知识经济概述

知识经济是指一种由传统以农业为基础的经济和以工业为基础的经济演化而来的以知识为基础的经济模式。农业经济时代，政府就会大力发展农业生产，加大对农业的投入从而达到获取更多经济效益的目的。而工业经济时代，政府自然就会将经济重心都放到工业发展上来，通过对工业发展的大力推进继而获得经济的快速增长。现在我们社会经济发展的主要生产力已经变为知识，紧跟知识经济发展步伐的企业都已经在各行各业崭露头角，知识产业发展迅速，知识产业为人类生活带来了许多收益，所以就说我们已经处于知识经济时代了。

二、知识经济下会计管理受到的冲击

（一）会计历史成本原则受到的冲击

传统的财务会计管理通常采用历史成本原则对企业内部财物的实际入账金额的确定及计价的准则，企业高层通常使用历史成本原则在有形市场运转和市价浮动时对资金流动情况进行捕获分析。然而，随着我国经济的发展，人均受教育水平大幅度提升，知识转化为生产力已经有了数不清的成功案例，有形市场受到冲击，整个人力管理和知识产业评估都开始了改革。因而，企业在知识经济时代下不得不将知识等无形资产纳入评估之中，而传统的会计历史成本原则并不能对此进行评估，所以使得其在会计管理中的实用性大大降低。

（二）会计环境受到的冲击

包括科技、教育、政治、文化、经济等环境因素都在会计环境的范畴之内，会计环境会影响到企业的管理模式以及相关信息需求，所以知识经济的到来会对会计环境造成极大的冲击。由此可见，此后企业的财务会计管理的重心会大幅度向各类知识方面的信息进行倾斜，相对应的工农业生产方面的信息会日趋减少。对于一个企业来说，其会计管理环境受到冲击后，将会体现在整个公司各部门之间的资源配置变动以及组织形式的改变，生产出更多知识类无形资产的部分将能得到更多的资源和人力。

（三）现行会计核算方法受到的冲击

原始凭证受到的冲击。经济时代的全面到来使得人们的日常金融交易方式发生了巨大的变革，第三方支付平台和网上贷款平台等网络金融的兴起推动着电子货币的普及，致使电子发票和表格逐步取代了纸和发票、账簿，原始凭证的填写方式的发送形式都受到了冲击。与此同时，随着互联网技术的普及，整个企业的日常采购、运作包括资金流动都不再依赖于纸质原始凭证，电子原始凭证大行其道。

复式记账受到的冲击。所有业务均以同样的金额对一个以上的互联的账户进行登记的记账方式即为复式记账（Double Entry Book Keeping），复式记账在知识经济的冲击之下面临着任务量更大和任务内容更复杂的双重考验。企业在知识经济下如何调整复式记账进行应对关系到将来会计管理的效率和准确率是否能跟随着企业规模的扩张而维持较好的数值，对此笔者认为可以对复式记账进行一定限度的革新：复式记账中的记账凭证不再只局限于常规的二元分类信息数据项，而是可以试着直接将分类信息数据项也纳入记账凭证中进行管理，此举便可以令一个经济业务拥有一张以上的凭证，更加适用于知识经济时代下企业内部的财务会计管理。

三、知识经济下财务会计管理的发展方向

财务会计手段向信息化、现代化方向发展。知识经济下，计算机的普及与发展、全球

卫星通信的实现、互联网络的飞快运转，对传统的会计方法将进行一次全面洗礼，会计手段将在会计电算化全面普及运用的基础上实现会计信息化。全面使用现代信息技术，包括计算机、网络与通信技术，使得会计信息处理高度自动化、会计手段实现现代化。

财务会计中介机构向多元化、诚信化方向发展。中介机构是企业信息质量保证的最后一道防线，是保证信息有效性和各类投资者合法利益的主要力量。一直以来，中介机构都因其独立性、客观性、公正性的特点而享有“经济警察”的美誉。

财务会计人才向高素质、高技能方向发展。财务会计系统的运行过程必须与经济运行主体的全过程相适应，只有如此，才能提供准确的财务会计信息。因此，知识经济时代的会计人员将是兼容科技与管理知识的、具有多元知识结构和创新思维的高智能复合型会计人才。会计人员在根本上要具备扎实深厚的业务知识，如必须懂得财务会计、管理会计、财务管理和审计知识，同时还应掌握相关专业的知识，如一般商业知识、财政、金融、国际贸易、货币银行学和人力资源管理学等，熟悉企业业务流程、产品生产工艺等。

随着我国经济的发展和政府对教育的大力投入，我国人均文化水平相比于改革开放初期，已经有了质的飞跃，为我国进入知识经济时代打下了非常好的基础。知识经济时代的全面来临使得财务会计管理受到了非常大的冲击，此时，不光是会计管理行业，各行各业都应该紧跟知识经济的步伐，加紧对自身理论体系以及方法准则的革新，重视知识的经济价值，实现成功转型，继而在知识经济时代下立于不败之地。

第三节 财务会计与管理会计的融合

进入 21 世纪以来，我国的社会科学技术水平不断进步，我国各行各业都发生了很大的变化。在现在市场竞争日益激烈的背景下，企业要想取得自己的一席之地，得到长远可持续发展，就必须在这样激烈的市场环境中做好企业的经营管理活动。新形势下，企业经营管理活动的复杂性也越来越高，这就需要不断提升对财务管理工作的要求，现阶段下传统的会计工作职能已经不能适应现在企业的发展需求，当前，企业的发展更需要有效地从财务信息中为相关管理者决策并找出科学的决策依据，这样才能更加有效地将管理与财务充分地深入融合，为企业运转提供全面的决策信息，以让企业在现在激烈的市场竞争环境中立于不败之地。本节将就财务会计与管理会计的融合路径进行探析，希望可以给大家带来一些参考。

在完善经济市场体制、快速发展经济这两个工作相继取得进展的当下，会计作为现代企业经营管理过程中掌控财务大权的重要组成部分，如果继续以传统的工作模式、观念以及方法服务企业的发展，将难以有效推进企业适应新常态下的社会市场挑战，无法提升企业的市场竞争力。因而，管理会计与财务会计的融合已俨然成为当下企业会计发展的重要趋势与核心内容。现代企业唯有在实际管理工作中融合二者的职能、职责与工作内容，促使其在机体上紧密相连，才能呈现出有效的财务工作效能。

一、财务会计和管理会计融合的意义

财务会计与管理会计的融合有助于企业内部长久稳定发展。企业单纯依靠财务会计所反馈的情况无法准确反馈出真实的运营情况，如果不能利用管理会计来正确科学地分析公司的财务会计，那么企业将无法获得持续良好高效发展。尽管管理会计与财务会计比较，无须对大量的数据进行处理，也并未有财务会计严谨，可是二者融合，不但可以清晰地反馈出企业的发展方向，而且能够开阔财务会计与管理会计人员的眼界，进而给公司财务工作营造出良好的氛围，培养出会计人员全面发展的理念，给企业制定出准确的发展方向，进一步提高企业内部管理效率。财务会计与管理会计的融合还可以有效地分析公司产品的具体盈利情况，经过分析盈利情况，对公司产品市场分布结构进行优化，全面推进公司财务可持续发展，提高企业的核心竞争力。

二、财务会计和管理会计在企业中的融合

信息的融合。管理会计和财务会计都是对企业发生的经济交易和事项进行信息管理，二者的核算对象都是一致的，核算的原始信息的来源也是一致的，只是二者对研究的侧重点不同，采用的研究方法和角度也不同。目前，企业的会计管理形式有三种：第一种是财务会计和管理会计的融合管理，管理会计的报告、业绩评价等以财务会议记录作为主要的数据来源；第二种是二者分离，管理会计和财务会计系统相互独立，分别有独立的账簿；第三种是介于上面两种模式之间，管理和财务会计之间有部分的融合。调查研究发现，管理会计与财务会计的有机融合可以提高企业活动的效率，有助于管理者更好地对财务状况和经营状况进行分析，做出科学的决策。

加强会计人才的培养。财务会计与管理会计对人才的需求方面存在一定的差异，例如财务会计更加重视工作人员的业务水平，管理会计更加重视工作人员的管理才能。因此，将财务会计以及管理会计进行融合之后，会计人员也同样面临着较大的挑战，企业需要加强对会计人员的培养，重视下面几个方面的内容：第一，培养复合型人才，让其可以符合财务会计与管理会计人才标准，不仅要具备非常娴熟的业务能力，还需要具有较强的管理能力。第二，加强与高等院校之间的联系，从市场以及企业的需要来优化会计专业的教学内容，并且为企业输送更多应用型人才。第三，企业内部培训当中，一定要充分掌握工作人员的知识与技能水平，有利于有针对性地展开培训，让其更好地完成工作。第四，不仅要重视对会计人员的专业培训，还要重视提高会计人员的综合素质，提高会计人员的职业道德素养，避免出现泄露信息等现象。

努力研发会计工具。管理会计在核算机制与运行模式层面，要优于传统的财务会计，

公司应将最前沿的理论方法与工具投入管理会计与财务会计当中，以此促进二者的有机融合。现阶段，伴随产业结构的转型以及产业与产品的紧密结合，市面上出现诸多的管理会计工具，并以此满足企业转型的需求。然而要寻找到符合企业发展特征与特点的工具，相对困难，对此企业应优先选择自主研发的形式，利用“互联网 +”与大数据技术，提升管理会计与财务会计的整合力度，使二者在企业财务管理中发挥最大的效用。

设置独立管理会计部门。管理会计的主要目的是保证企业决策的正确性，确保企业可以最低成本获取最高效益，管理会计是企业会计的分支。管理会计主要涉及成本与管理控制两方面的内容。以前，企业未设置独立管理会计部门，由财务部门负责财务会计与管理会计工作，导致员工职责不够明确，这对企业发展不利。为避免这一问题，推动企业稳定发展，企业需设置独立的管理会计部门。企业为降低经营成本，需积极融合财务会计与管理会计，以提高企业会计的工作质量。企业需注意的是：在融合财务会计和管理会计时，需将财务管理与预算工作区分开，由不同的、独立的部门负责不同工作，这对保证财务管理工作效率具有重要意义。

随着知识经济时代的到来，财务会计和管理会计的融合是必然的，企业必须遵循国家的法律法规，建立健全会计制度，改变传统的意识，促进二者的融合，同时要充分利用网络技术平台，做好二者之间的数据共享，为企业的发展提高竞争力，使企业在激烈的市场竞争下稳定可持续发展。

第四节　网络经济时代下的财务会计管理

网络经济时代的到来为多个领域的发展均带来了较大的影响，财务会计管理工作作为企业发展中的重要管理内容，也会受到一定影响。借助网络技术与计算机技术开展财务会计管理工作已经成为提升财会管理效率和质量的重要手段，而同时也表现出一定的弊端，在网络环境中存在的安全风险问题也会直接影响财务信息的安全性，这是我们需要解决的重点难题。本节就针对网络经济时代下，财务会计管理的管理问题进行分析，并且探讨提升财务会计管理的措施，希望可以有效降低网络经济对财务管理的影响。

科技水平的不断提升衍生了多种新技术，这些新技术在社会生产中表现出较好的应用成果，有效推动了我国社会经济的发展。其中不乏影响较为深远的技术，计算机技术的应用标志着我国在科技方面的良好发展。计算机技术与网络技术的同期发展在一定程度上改变了人们的生活方式，为人们的工作与生活提供了诸多便利。对企业管理的影响也是不可忽视的，尤其是财务会计管理工作要想适应当前的发展环境，就必须引入新的技术，从而提升财务信息的准确性与真实性，为企业的发展提供准确的信息支持。

一、现阶段财务会计管理工作的重点

在网络技术快速普及的基础上，计算机技术也已经逐渐融入人们的生活与工作。企业发展的过程中，多种管理工作均会借助计算机技术来开展，利用相应的软件进行信息处理与核算，有效提升了管理的效率。同时，还可以保证对各类管理信息的及时同步，企业部门在进行信息汇报时也可以直接通过网络的形式实现。财务会计管理中涉及很多重要的数据与信息，在进行信息汇总与核算时如果能够借助计算机技术来完成，便可节省大量的核算时间，同时也可保障核算信息的准确性。但从现阶段的财务会计管理状况来看，还存在财会人员技术水平不到位的情况，无法保证对计算机技术和网络技术的灵活运用，这也会对财会管理工作的顺利开展造成较大影响，此类问题已经成为当前财务会计管理工作中所面临的重点问题。

二、网络经济时代下财务会计管理中面临的问题

网络技术的大范围应用，使得各类生产活动以及管理工作效率都有了显著的提升，已经成为推动社会经济发展的重要力量。网络技术的推动性作用主要表现在为企业发展以及管理工作提供了多种便利，可以有效促进企业的经济发展，从而直接反映到社会经济发展方面。但同时对企业财务管理工作所形成的影响也较大，会严重制约财会管理水平。下面就针对新的经济时代，财务会计管理中存在的几点问题进行分析：

法规制度有待完善。我国在步入市场经济时期之后，虽然取得了良好的发展成果，但发展至今还处于发展中的阶段，一些相关的法规制度还存在内容上的缺陷，并不能为相应的管理工作提供全面参考，这也会对管理水平形成一定的限制影响。尤其是受网络经济时代的影响，企业在发展的过程中面临着较大的变革，在管理工作中的不足也会越发明显。由于法规制度的约束力度不够，不能规范财务会计管理工作的正确开展，这也是法律监督职能受限的重要表现。在此种发展形势下，有关网络经济活动的开展也会受到较大影响，从而威胁企业的健康发展。新的发展时期，企业的财务会计管理工作如果无法打破原有的限制，创新管理模式，必定会造成管理效率不佳的问题，限制企业的经济发展水平。另外，由于管理工作的开展，没有完善的制度和规范作为支持，也会导致管理混乱的问题发生。

财务会计信息受到安全威胁。企业的财务会计信息是反映企业最真实财务状况的数据信息，因此这对于企业来说是极其重要的保密性内容。一旦信息被窃取或者泄露，就会使得企业的信息处于透明化状态，如果被竞争者所获得，或者被不法分子所利用，就会对企业造成绝对严重的后果，持续经营状态将难以保持。因此企业的这部分不对外界公开的信息实际上就是企业的内部机密，特别是在以网络为主体的经济时代下，信息传播的范围及速度是不可小觑的，因此这就需要对企业的保密信息进行安全性保障。在企业的日常运行过程中，信息泄露的危险性源头主要来自以下几点：

首先，是计算机本身的基础设备，这一方面的安全性是最难以掌握的，并且要想绝对

避免几乎是做不到的，这是由于计算机组成中的部分程序本身就是不安全的，并存在一定的高运行风险，或者是计算机受不明问题的影响，导致硬件设备成为主要风险源，但是这一问题并不是经常发生的。

其次，网络中有目的性的黑客入侵，或者是病毒传播，这种安全隐患的发生频率是比较高的，这主要是这部分问题的发生是具有授意性质的，不仅攻击目标确定，攻击主体更是具有界限范围，主要就是为了窃取商业机密。

最后，是企业内部所致，工作人员在利益驱使下，严重违反职业操守，将财务信息在违反规定的情况下进行盗取泄露。

企业信息系统的建立脱离实际。企业信息系统的发展存在滞后性，这是以财务会计的实际操作系统为基础进行论述的。在社会不断发展的时代背景下，财务会计在日常工作中频繁应用的软件功能也更加趋于多样化，并不是仅仅局限于核算等根本内容上，涉及范畴中逐渐加入了会计管理方面，这就使得以往的会计工作的流程及内容更加具有全面性的特点。除此之外，相关的部分系统也更加符合应用标准，并显现出了细分化优势，但是目前财务会计日常使用的处理系统大多是通用型软件，并不具有针对性，这就使得软件的整体应用上具有一定的限制性，不仅不能够满足实际应用需求，更使得会计工作的工作量有所增加。

三、网络经济时代下提升财务会计管理水平的相关措施

注重立法。在当今社会，网络信息化已经深入各个领域中，在为人们的生活及工作带来便利的同时，部分以网络为主体的犯罪形式也逐渐增加，而政府对这一问题的重视度也逐渐上升，这主要是因为网络在进行信息传播时可以不受范围限制，并且速度相当快，造成的影响也相对较大，因此这种违法犯罪形式将会直接影响到社会的安定程度。为了防止企业信息的泄漏，或者保障网络市场经济的正常运行，国家对相关法律法规进行强化及完善是极其必要的，这不仅需要对网络环境进行维护，还需要将以网络为平台进行的交易流程进行规范化管理。与此同时，我国已经存在的相关会计法律也需要在原有基础上进行补充，这主要是针对网络经济时代下的财务会计管理工作进行的。

增强网络安全，消除信息风险。计算机技术和网络技术已经成为人们工作与生活不可缺少的技术内容，在实际应用的过程中给工作与生活带来了极大的便利，还为人们提供了更多的信息获取渠道，但同时也存在一定的安全问题。其主要表现为，受网络环境影响，很容易造成个人信息泄露，对于企业而言，信息泄露的危害无疑是巨大的，尤其是财务管理方面的信息内容，产生泄露或者被恶意篡改均会为企业带来较大经济损失。这就要求相关人员加大对网络安全的关注力度，通过设立防火墙和加设安全防护软件来提升系统安全，这也是现阶段进行网络安全防护的重要手段。就财务会计管理方面的网络安全防护工作来说，需要从以下几个方面着手：首先要求相关的人员能够具备较强的网络安全意识，拒绝使用一切盗版软件，特别是对于一些储存机密文件的计算机设备来说，严禁在设备中安装

盗版软件，这主要是由于盗版软件中会含有大量的病毒，一旦入侵电脑就会对文件和信息的安全造成极大的威胁；其次，在电脑设置多个具有病毒查杀功能的软件，并且帮助财会人员养成定期进行病毒查杀的习惯，同时做好网上下载文件的病毒查杀工作；最后，及时更新计算机系统和软件，确保对病毒查杀功能实时更新，从而提升计算机设备运行的安全性，降低财会管理的风险问题。

加大对应用软件开发的投入力度。现代财务会计管理工作的开展离不开计算机技术和相应软件的大力支持，要想进一步提升财会管理工作的水平，就必须对应用类软件进行不断研发，使其更加适应企业的财会管理工作。具体开发的过程中，也需要综合考虑软件的实用性能和适用性。具体而言，需要根据不同领域的管理特点，设计针对性较强的财会管理软件，从而为财会管理工作的有序开展提供支持。

注重人才培养。在企业之间的网络竞争日趋激烈的同时，会计工作从业人员的专业水平及综合素质对企业高效运行及长远发展来说具有一定的影响，因此提高会计人员的整体水平对企业本身是大有裨益的，这样企业的综合实力才会有所增强，并迅速抢占市场份额。以当前的现实情况为出发点，对企业中的会计人员的专业培养及能力提升应从以下几个方面入手：首先，应将会计人员的专业培养方向向计算机方面延伸，使这部分工作人员能够将专业知识与计算机操作紧密结合，并在实际工作中能够高效地完成操作。其次，增强对会计人员的安全性保障意识，使其能够从根本上认识到自身工作中所存在的风险，并以此为基础，提高个人职业道德及操守，避免安全风险的发生。最后，对会计人员进行不断的专业更新教育及培训，使其能够符合网络经济时代下的人才需求。

因传统财会工作发生了巨大的变化，财会人员的工作状况也发生了巨大变化。随着互联网经济的发展，我们的生活环境发生了变化，公司的交易速度有了大幅度的提升。互联网给我们的生活带来改变，但同时也给我们的生活带来了一些问题，我们要利用好互联网给我们的高效与便捷，也要使财会工作得到良好循环，从而提升工作质量。

第六章　财务会计管理模式

第一节　新会计制度下企业财务管理模式

企业单位和事业单位的发展，离不开财务管理。财务管理的优化对企事业单位意义重大。随着新会计制度的正式施行，因为原有会计制度的诸多不足，组织的发展已经受到了原有会计制度的影响。特别是对于企业发展来讲，基于新会计制度的财务管理具有明显的决策性作用。当前，中国经济进入了快速发展的新常态，会计制度变革势在必行。在当前已经革新的会计制度面前，企业财务管理人员要对财务管理做出相应的变革。这是企业可持续健康发展的基础。

一、新会计制度在企业财务管理实施中的重要作用

第一，促进企业财务管理理念的积极转变。毋庸置疑，获取利润是企业发展的主要目标，提升业务能力是企业孜孜不倦的追求。这种情况下，企业财务管理就无形中变成了辅助企业发展的重要部门，在很多企业领导看来，情况就应该是这样。随着企业管理理念变革力度的不断加大，企业只有不断适应新会计制度的相关规定，才能让企业顺风顺水，获得可持续发展。第二，提升财务管理人员的工作效率。原有的财务管理制度，财务管理人员的工作惰性、工作惯性对工作的影响很大，相对应的工作效率也很低，工作积极性受到很大影响。新会计制度的推出，对财务人员的业务能力提出了新要求，也更注重财务人员的工作效率及工作积极性，让他们更多地注重单位的长远发展目标并为之服务。在新会计制度下，财务部门会科学有效地设置财会岗位，在尽可能降低成本的情况下，提升工作效率，进而让企业效益最大化。第三，提升企业财务核算流程的完善程度。新会计制度的实施，一部分关注度在企业的财务核算流程的完善上。很多情况下，组织要想尽可能提升组织能力，就要实现财务核算流程的完善再造。在原有流程不再适应企业发展的需要时，就要尽可能推进流程再造。举例来讲，在财务报销中，原有的报销制度下，财务人员要在粘贴好发票后，到相应窗口实施报销，很多时候，因企业人员众多，会出现排队报销的情况，效率低下不说，还很容易出现差错，影响了企业的快速发展。新会计制度下，企业实施网上报销，在不需要排队的情况下，财务报销就会得到高效率的完成，提升了效率，节省了人工，降低了人员成本。

二、企业财务管理模式优化策略

（一）增强对新型财务工作的重视

随着时代的快速变化，国家实施了新企业会计准则体系，企业开展财务会计核算工作因此面临着更为严格的要求，企业必须因此形成更全面、准确的数据资料库，这是企业发展所面临的挑战。但与之对应的，新会计准则已经缩短了其与国际会计报告准则的差距，这就为企业财务工作的进行创造了良好的外在条件，也使得企业纷纷加深了对财务工作价值的认识，从而自发地参与到现代化财务工作体系中。传统财务工作模式下许多企业对财务数据分析的认识不足，导致其对财务工作者素质、专业程度的把关不严格，许多资质和经验不足的员工流入岗位。基于此，企业需要在新会计准则的指导下，主动转变思想观念，将财务工作提升到重要日程，并且加大资金、技术投入力度，为财务工作的开展奠定坚实基础。

（二）强化财务人员信息化技术分析工具的使用

在新会计准则的指导下，企业需要促进财务工作与信息技术的高度融合，传统的主要依靠人力完成财务分析等系列工作任务的习惯必须得到改变，按照有关经济法的要求，可以将与资金相关的诸多数据作为对象加以考查，确保信息的实时性和准确性，并且有效降低人力、物力资源的消耗。具体来说，企业要注重考查财务人员的资历及从业经验，适当提高员工准入门槛，将不符合工作能力要求的员工排除在财务工作范围之外，确保员工具有一定的综合知识广度和深度。再者，企业要注意加强对财务工作者信息技术掌握能力的培养，使其可以对数据做有效整理。

（三）强化企业自身财务管理与控制

为确保新会计准则能够在企业财务管理过程中更好地落实，企业必须从内部出发，强化自身财务管理与控制的力度，并以此为基础建立科学合理且高效的财务监控管理制度体系。想要提升企业内部人员的财务管理意识，就必须提升资金管理工作的地位，并以细化的形式让其体现在各个部门的实际工作之中；对资金应用效率也加以关注，并将实现企业资金利用效率最大化作为提升管理的主要目标，以此来实现资金和使用实现高度配合；企业物资管理也需加强控制，让物资的采购工作、使用工作、销售管理制度能够更加规范；可采用现存货物管理的方式对现存货物和应收账款的管理工作加以辅助，解决企业流动资金匮乏或资金流转性较弱的问题。

（四）注重反映企业盈利结构合理化

企业财务分析在企业结构上要注重企业资金结构的反映，即对企业结构进行分析时要了解不同资金所在不同位置的流向，对企业在项目中所使用的人力、物力成本做初步的分析和精准性的把握，对以往的资金流向起到历史性的参考作用，对当前及日后的资金流向动态做实时动态监测，实现企业的财务资金明朗化；通过对企业不同时期数据的对比，增强财务分析决策的科学性和有效性。新型的会计制度，对企业的纪律条例有了新的规范，要求企业法人以及相关的财务部门对内部资金结构具有与时俱进、实时更新的财务理念，保证在企业内部财务数据上的严谨性。

综上所述，加强对新企业会计准则下企业财务工作的发展与转变的探讨，具有重要的现实意义。相关工作人员需要在明确企业财务工作开展现状——如忽视财务分析的重要性、财务报表数据存在滞后性、财务工作人员综合知识广度和深度不足的基础上，提出新会计准则下企业财务工作发展的建议，增强对新型财务工作的重视，充分认识传统分析方法的局限性，注重反映企业盈利结构合理化，强化财务人员信息化技术分析工具的使用。

第二节　财务会计管理中的内控模式

在企业现代管理中，财务会计内部管理控制是一项非常重要的内容。随着我国社会经济市场的迅速发展，企业之间的竞争越来越激烈，这就凸显了财务会计内部控制的重要性。目前财务会计内部控制方面存在一系列的问题，那么就要提高财务会计内部控制效率，找出其中的问题，从根本解决财务会计内部控制中存在的问题。加强财务会计内部控制管理制度、完善财务会计内部控制制度等，都是提高财务会计内部控制的策略，能够有效促进企业的可持续发展。

财务会计内部控制指的是企业内部为了提高财务会计信息的质量及效率，使企业中的资产具有安全性、完整性，保证企业能够履行相关的法律规定，从而制定的控制方式、措施及过程。财务会计内部控制是企业内部的维护系统及预防警报系统，也是企业可持续发展的重要内容。创建健全的企业内部控制体系，完善企业内部控制监督和控制系统，加强财务会计内部控制，能够有效地促进企业管理朝着现代化的方向发展，从而使企业可持续发展。

一、财务会计内部控制现状及问题

自改革开放以来，我国社会经济呈直线上升趋势，尤其近几年发展飞快，在其基础上我国出现了各种企业。由于众多企业的开创和兴起，企业之间的竞争激烈，企业日日忙于外部竞争，提高自身的外部竞争能力，而忽视内部的管理，使财务会计内部控制失调，导致其出现了一系列的管理问题。

首先，财务会计内部管理人员没有明确的现代管理意识，企业内部没有规范的管理制度，人员控制意识较为薄弱，对管理体制没有进行全面的创新和改革。财务会计工作方面没有明确的分工，导致财务会计没有规范的工作标准，影响企业的可持续发展。

另外，部分企业内部没有严格的资金财产清查制度，或者财产清查制度不完善，这就导致企业并不了解自身有多少资金。还有部分企业中的内部审计没有发挥出自身的作用，其工作人员没有合理分配，弱化管理效应。财务会计内部管理工作制度混乱，导致企业中的会计信息及财产信息严重失真，出现虚假、捏造事实的现象，从而使企业在市场中的竞争能力下滑，影响企业的经济效益及可持续发展。

其次，部分企业为了使自身利益达到最大化，就要求部门经理掌握企业中的开销费用，但是并没有规定和制定具体的制度，这就导致部分人员浪费资源，在购买企业所需材料中导致资产的大量浪费，使企业造成巨大的亏损。

最后，部分企业内部人员并没有根据规章制度履行义务，甚至还有部分人员利用规章制度中的漏洞占用企业中的资金、开设虚假发票。还有人员做出贪污、违法等行为，这都影响着企业今后的发展。

二、财务会计内部控制的基本策略

（一）完善财务会计内部控制机制

财务会计内部控制机制与企业的组成有着一定的联系，并且与企业运行中的变化也有着一定的关系，完善财务会计内部控制机制，是将财务会计内部系统组成相互关联、作用的形式，并且使这些形式相互衔接，从而实现企业内部控制的目的，使企业内部整体的运行更加顺畅。具体来说，财务会计内部控制机制包括财务会计中的所有因素，比如工作人员、资金、设备、发展计划、实施过程等等，企业要将企业内部控制看成一个整体的系统进行运作，使其内部的每个因素都可发挥出自身的作用，并且使内部的各个因素都可相互合作，这样才能规范财务会计内部控制，使其能够在企业运行中发挥出自身的作用。

企业的具体做法：首先要将财务会计内部中的人员创建主管机构，使会计内部控制可正常运行。其次企业还要创建相关的法律规定，使企业中的各部门依法办事及工作。

（二）使财务会计内部控制机制可以正常运行

企业在完善会计内部控制机制之后，要以其为基础，对会计工作进行有效的控制，并且对会计工作的制度和核算进行有效的监督，使财务会计内部控制机制能够落实到位，正常运行。要求财务会计工作人员可以进行自我监督，还要有专业的人员对其进行监督，并且对外部的审计工作进行监督。监督内容具体主要包括财务会计信息是否准确、合法及完整；财务会计账簿是否被伪造、销毁、造假等；企业实物及款项是否正确、符合实物，是否按照相关规定进行处理；企业资金收入支出是否全面，如果发现有问题应该及时制止并且予以纠正。

（三）提高内部审计中的事前、事中、事后监管

在企业内部经济监督管理中，内部审计是一项重要的内容，它在运行过程中可以发挥

自身的审计职能，有效地监督企业中的经济活动，提高对企业内部的管理，从而提高企业中的经济效益，使企业可持续发展。在进行内部审计时，值得注意的是，如果发现企业中会计核算、资料、财产收入与支出、经济活动中存在一系列虚假、缺失、违法、失效等行为或者问题的时候，首先就要保障企业内部的核算资料是真实且完整的，保障企业中的财产是安全的。事前监管主要是对财务会计内部控制中的制度、措施和制度措施实施的情况进行有效的监督及查看，使会计内部控制可正常有效地进行。

总而言之，财务会计内部控制在各企业中都有着至关重要的作用，其也是一项系统化的工程，提高企业内部的管理，将现代化的管理落实到位，创建并完善财务会计内部控制，与企业外部监管相融合，并且在实践中发现全新的控制策略，使财务会计内部控制发挥出自身的作用，促进企业的健康可持续发展。

第三节 财务会计成本精细化管理模式

经济增长的大格局下，财务在企业发展中起着核心作用，实施财务成本精细化管理将有助于企业财务的稳定，维持资金安全及企业稳健运营。只有建立完善的财务成本管理体系，才可以更好地为企业实施精细化管理工作保驾护航。本节将深入分析企业进行财务成本精细化管理的重要性、精细化管理实施中存在的问题，并提出相应的改善措施，以期推动企业财务成本精细化管理的有效实施。

在现代经济发展的进程中，寻求经济效益的最大化一直是众多企业的追求。在这个过程中，财务成本精细化管理的模式，也在我国企业的不断摸索尝试中逐步运用，虽在推进过程中仍有许多问题有待解决，但其带来的效益也是显而易见的。企业也逐渐意识到精细化管理的实施已是时不待己，要更好地发展，企业要做的就是克服眼前的困难，解决推进过程中出现的问题，大力推进成本精细化管理的进程，从而增加企业经济效益和提高经营管理效率，促进企业健康发展。

一、企业财务成本精细化管理的重要性

（一）有助于提升企业的经济效益

企业实行财务成本精细化管理，可以提升企业整体管理效率，从而促进企业经济效益的增长。企业财务成本精细化管理涉及部门广、人员多、流程细，除有利于各部门之间更好地协同合作外，还能提升企业的整体工作能力及效率，优化整体的内部生产流程。由此，既可以避免产生不必要的重复劳动和造成资源浪费，也能使得相关人员的综合能力得以提升，有助于企业培养出综合型人才，从而可以在企业管理的过程中提出各方面的意见建议，为企业经济效益的增长助力。精细化管理模式的运用能将企业的管理职责和管理成果精细

明确地反映出来，职责精细化是企业上传下达的有力保障，成果明确化是企业调整改进管理模式的参考标准，拥有上传下达的执行速度和明确的管理模式改进标准才能提升管理的效率，让企业在精细中谋效益。

（二）有助于降低企业财务管理风险

财务成本精细化管理能使成本支出更有计划性且得到更好的控制。随着经济的发展，员工最低工资标准不断上调，导致人工劳动力成本上升；原材料价格的提升、销售渠道拓展成本的增长等因素，也使得企业的各项成本支出不断抬升。在成本上升的大环境中，企业一旦出现成本上升的幅度长期大于利润上升的幅度，就会导致企业出现亏损，致使企业陷入发展困境，甚至使企业面临破产倒闭的风险。然而，企业进行成本精细化管理，可以使其对各种给予利润造成不利影响的成本事项进行实时掌控，及时通过实施成本精细化控制方案，来对成本不利差异进行弥补。与此同时，企业的成本支出计划也能得到相应调整，使成本支出更加细化以得到更好的控制；这让企业更加清楚成本资金流向的同时，又能降低企业财务风险的概率，规避企业破产风险。

（三）有助于提升企业的市场竞争力

企业推进实施财务成本精细化管理理念，并将其发展成一种企业文化，在一定程度上可以提升企业的市场竞争力。一方面，精细化管理某种程度上提升了企业的经济效益，使得其在激烈的市场竞争下仍可以拥有效益上的优势，而在市场经济发展的大背景下，相同成本产出更高效益的企业无疑拥有更强劲的竞争力；另一方面，财务成本精细化管理，能助力企业由单一财务成本精细化管理向全面精细化管理模式迈进，促使企业整体的管理模式由粗放化向精细化转型。然而，这种在管理水平上的提升，是同行业的竞争者在短时间内无法效仿实施的。这就使得企业能在行业内保持住自己现有的优势，为其在经营效益上取得新的突破争取到更多的时间，去寻找机遇和锻造新的竞争优势。

二、企业实施财务成本精细化管理中存在的问题

（一）缺乏成本精细化管理意识

在管理会计趋势下，企业管理层缺乏财务成本精细化管理意识，缺乏支持企业财务成本精细化管理的运行机制，从而无法推进精细化管理模式。然而，新模式的运用如果得不到领导层的足够重视，也会致使其形同虚设，那么企业在追求经济效益最大化目标的路上就少了一个重要的途径。员工缺乏精细化管理意识，则会出现员工缺少主动探索学习的动力和提升自身精细化管理知识能力的热情，这不利于企业培养综合型人才，导致员工工作配合度不够，指令的上传下达效率低下，致使精细化管理制度的推进进程缓慢。政府缺乏精细化管理意识，则会使得精细化管理模式在企业的推进运用中，得不到相关政策的支撑和保障，新模式的认可度低下。政府没有相关成本精细化人才的培养政策出台，会导致高

校没有定向培养出一批具有综合性管理素质的财务人员的意识，成本精细化管理模式相关人员知识技能的培养，只靠企业来推进，那么这又是成本精细化管理模式在企业推行路上的一块巨石。

（二）缺乏完善的成本精细化管理制度体系

由于成本管理制度的不完善，原材料、低值易耗品等存货在采购过程中并没有采取货比三家择最优的方式进行，在未能给企业带来采购质量和价格优势的同时，还可能由于过度采购而增加企业的仓储费用和保管费用，增加企业的成本支出。机械设备等固定资产的采购缺少相关制度的约束，将使得企业的折旧费用和维修费用增加，这会降低企业的经营效益。成本精细化管理实施制度的不完善，导致成本精细化管理模式未能引起足够的重视。对于员工，他们不能形成成本控制从自身做起的自觉性，导致其参与积极性低下，精细化管理推进缺乏落实度；对于管理层，实施制度的不完善引起的重视度不够，在进行重大决策时不会将成本管理纳入战略层面，无法让成本管理理念真正深入企业。显然，成本精细化管理实施制度的完善度不够，会阻碍成本精细化管理的进程，影响其成效。而成本核算制度的不完善，导致企业经营周期内产生的实际成本无法与事前预算的成本值做比较、找差异，不能明确问题产生的原因所在，也就没办法将责任落实到个人以及无法进行成本控制管理方案的改进调整。那么企业的管理模式就得不到优化，一直原地踏步就会被市场所淘汰。成本绩效评价制度的不完善，造成在实施成本精细化管理新模式时，企业不能很好地对实行这项制度的员工进行绩效考核和评价，将制度落实好的员工得不到相应的奖励、没有认真落实的员工得不到相应的追责，这在极大程度上抑制了员工的工作热情和积极性。考评体系样式丰富度不足，会让企业面临在不同的成本中心出现运营状况时束手无策的情况，让考评缺乏依据无从进行，导致精细化管理难以推进。

（三）缺乏健全的信息化管理系统

目前，很多企业财务管理已经开始实现自动化，着手运用一些财务信息化系统（ERP等）来完成企业的成本核算工作，但大多数信息化系统的运用仅仅局限在核算领域，在预算与分析控制方面涉及过少，那么只实现了自动化而未实现智能化。即使是在只实现自动化而正在努力开创智能化的大格局中，有些企业却还存在购买使用市场上同一化的信息系统，而不是根据自身需求定制适合企业的专属系统，这使得信息化管理系统缺乏专一性和针对性，不利于改善企业的成本管理模式。企业要实施成本精细化管理，信息化系统的助力必不可少，倘若使用对企业精细化管理需求标准来说，不健全的信息化管理系统来进行核算，就会出现企业管理需求的细致数据系统无法提供的现象。虽然与大众信息化管理系统相比，定制系统的耗用相对较高，但如若连精细化管理最基本的需求都得不到满足，这无疑是企业在推行精细化管理道路上的一块拦路巨石。

三、优化企业改善财务成本精细化管理的举措

（一）增强财务成本精细化管理意识

在企业推行财务成本精细化管理模式，需要各方群体先拥有精细化管理意识。企业管理层人员是企业实施推进精细化管理模式的领军人，他们拥有清晰的精细化管理意识，是企业实施精细化管理的保障。领军人不能也只有通过增收才可以提升企业的效益、达到企业目标利润的固化思维，从而只致力于销售收入的提升，却忽视了成本可降低的发展空间。当前，企业的市场竞争越发激烈，对消费者来说，物美价廉者定是首选对象，而企业在无法通过提升价格来达到增收目的时，通过实施成本精细化管理可使企业避免不必要的开支，这能帮助企业实现利润最大化目标，且更好地在市场上占有一席之地。企业员工是企业实施推进精细化管理模式的主力军，因此，需增强自身的成本管理意识，不要盲目地认为成本控制只是财务部门的工作。然而，要实现财务成本精细化管理，就要要求企业各个部门各个岗位的工作人员都切实参与、切身落实，员工要有成本管理人人有责、成本管理从我做起的意识。此外，政府是企业实施推进精细化管理模式的后备军，只有后背有足够的支持力，企业才能安心冲锋陷阵。这就要政府提升对企业管理模式转变的关注度，与此同时，可以出台和引进一些管理型财务人员的培养政策和方法，以及多支持管理型财会人员资格的认证，并提升对持证人员能力的认可度和支持，高校进行综合性人才的对口培养，从政策上加大对企业精细化管理的支持。

（二）完善企业财务成本精细化管理制度体系

一是优化完善企业成本管理制度体系，实现各业务环节的流程再造。在成本管理制度上，企业进行材料采购时不能一味地追求材料价格的有利差，因为过度的有利价差可能会给企业带来更大的材料用量和人工效率的降低。在采购时要横向对比，在保证质量的前提下尽可能降低采购成本，但也要谨防因批量采购而导致仓储成本大幅增加。在生产管理环节企业要尽可能地优化其内部流程、减少不必要人员的分工、整合雷同的工作环节、降低不必要的耗费。对于期间费用可以采用作业成本法（ABC）来进行分配，确保成本能根据各项成本动因更准确地归集到各类产品中，精细化成本的分配流程，让企业成本得到更准确细致的管理。在成本精细化管理实施制度上，企业对于精细化管理制度的实施要有上传下达之效。各项成本控制项目要精细到个人身上，确保实施过程有迹可循，减少员工因成本精细化管理实施意识不强、责任不清而出现惰性的情况。在各部门也可设置专门的成本控制人员，在监督成本精细化管理更好落实的同时，不断探索寻找成本精细化管理更广阔的途径。而管理层也要框进精细化管理实施制度中，要做到在一个项目投资前对其进行充分的现金流分析，综合判断项目投资的可行性，减少机会成本产生的概率和可能性，让成本精细化管理实施制度管控到企业的各个层面。二是制定精细化财务核算指标，推进成本绩效考核的顺利实施。在成本核算制度上，企业要明确相应的财务指标，促使各部门协同

合作，保证财务数据的真实性、准确性、及时性。在核算前可以借助管理会计思想编制弹性预算，预算编制过程中要谨防预算松弛，使预算数据对于周期内实际的成本数据具有可用可比性，从而在后期的成本核算时，有利于发现各个部分的有利差和不利差，督促企业继续保持有利部分而改善不利部分，而后为企业做预算管理和进一步调整精细化管理方案提供数据支持，让企业的精细化管理模式得到不断优化。在成本绩效考核制度上，企业可实施对不同部门的成本划分——可控成本和不可控成本，且要根据不同时期和不同部分具体划分，对于短期来说是不可控的成本，但对长期来说却成了可控成本；对于一个部门而言是不可控的成本，但对于另一个部门来说可能是可控成本。各部门明确后可利于对其更好地进行成本绩效考核，而对于企业整体而言，可控成本也可得到更好的掌控。再则企业可借助管理会计中的责任中心制度，对不同的部门甚至个人采用不同的考核指标，拓宽考核样式的丰富度，也可以让员工更加明确自己控制成本的方向，有目的地开展工作。在企业对各项成本控制事宜落实都到具体的个人后，要将各项成本控制结果列入年末个人绩效考评内容，对完成结果良好的员工可采取升职加薪等奖励方式激励，对完成不理想的员工究其缘由，若是自身可控因素导致的，则需进行相应的惩戒，以确保成本精细化管理制度在企业的推进有各种制度的保障。

（三）升级改进现有信息化管理系统

企业实施精细化管理也需要借助信息化的技术手段来为其更好地在企业运用保驾护航。这就要求企业在完善自身技术的同时要采用有针对性的、适合本企业的信息化系统，而成本精细化管理模式讲究的就是要将成本进行精确细致的管理，只有专一性强且适合本企业的信息化系统，才能为企业提供所需要的精确细致信息，在技术上满足企业成本精细化管理的需求。对于信息化系统，企业还可以在系统中建立中央数据收集平台，使各部门及时将自己的数据录入，形成数据流水，其优势在于：一方面，表现为相比人工收集数据的时间可大幅降低，让员工可以有更多时间致力于自身的工作和发展；另一方面，可以确保数据的完整性，降低数据丢失风险，更好地支撑企业精细化管理数据需求。如今信息化系统已经得到大范围运用，但多数表现在自动化录入和核算层面，而成本精细化管理模式的需求却不限于此，这促使企业要争取在实现自动化的同时努力创造“智能化”，企业可通过运用人工的前期预算、中期掌控、后期分析及反馈调整，让员工与信息化系统进行有利结合，使信息系统不只是停留在核算阶段，而向预算、分析等多方面拓展，促使信息化管理系统更好地为企业成本精细化管理助力。在当下经济发展的大趋势中，有的企业被迫转型发展，有的企业主动寻求转型发展；而在众多发展途径中，推进财务成本精细化管理模式已然成为企业谋求更好发展的必由之路，这对各企业来说既是机遇又是挑战，而企业也只有主动把握机遇才能勇于战胜挑战，走在前沿才能避免落后挨打的局面。

第四节　中小企业财务管理云会计模式

中小企业的财务管理是中小企业运营管理体系的重要一环，不断地提升财务管理的效能，促进企业财务资源的高度整合是当前中小企业财务管理的一个主要落脚点。云会计模式的出现，在一定层面为中小企业财务管理提供了新的思路。本节尝试探讨在云会计模式下中小企业财务管理所面临的挑战及今后的具体应对策略。

财务管理是一个系统的工程，不仅需要科学的财务理念的指导，也需要借助完善的财务软件及硬件的配合。随着计算机信息技术的不断发展，中小企业财务管理的思路进一步被拓宽，云会计模式更是将计算机与会计信息管理进行高度整合。本节尝试探讨基于云会计模式的中小企业财务管理所受到的影响以及今后的具体应对策略，对于促进中小企业财务管理体系的优化及财务管理水平的提升有着一定的积极意义。

一、云会计模式的内涵

目前，在整个学术领域，围绕云会计模式这一新生事物的概念还没有达成较为广泛的共识。一般来说，云会计模式是大数据、云计算等相关模式与会计模式整合的产物。从整体特点来看，云会计模式具有一定的虚拟性。云会计依托互联网进行系统的应用与升级，在云会计具体的功能实施中，公司无须安装任何软件，也无须进行相关基础设施投资。公司相关的会计程序可以通过互联网浏览器进行访问。公司的财务信息上传到云端，公司只需进行浏览器浏览就可以进行财务数据的访问。

云会计通过网络资源将企业现有的会计管理相关的资源进行整合，在有效降低企业会计管理所需要的资源成本的同时，进一步提高资源管理的便捷性、安全性及高效性。从我们国家的发展来看，一些企业已经开始通过云会计账户来进行云会计管理，在有效地提升自身的管理水平的同时，也进一步契合了整个市场高效化发展的要求。但是，我国的云会计模式应用，刚刚处于初级阶段，无论是在法律界定方面，还是在具体的应用层次都还处于探索期。如何进一步应对云会计模式对我国中小企业财务管理的相关影响，提高中小企业财务管理的综合性能水平已经成为当前会计财务等诸多领域研究的主要方向。

二、云会计模式对中小企业财务管理的影响

从宏观层面来看，云会计模式对中小企业财务管理的影响主要体现在以下几个方面：

（一）对财务管理理念的影响

在之前的中小企业财务管理过程当中，单打独斗成为中小企业财务管理的一个主要特点。这就意味着企业在岗位配置以及相关的财务管理中都是以企业自己为中心。这虽然在

一定层面上符合企业财务安全的需要，但是，在一定角度上也不利于企业财务的优化。随着经济领域之间合作密度和广度的不断加大，如何改变这一单打独斗的局面，进一步地促进资源的整合，尤其是信息资源的整合是今后基于云会计模式下中小企业财务管理需要应对和提升的主要方向。

（二）对财务人员素养的影响

在进行财务工作过程当中，财务人员自身素养水平高低，对于企业运营和发展扮演着极为重要的角色。从目前来看，一些中小企业财务人员自身的基于云会计模式下的相关软件操作水平还存在一些不足，很难胜任新时期会计管理的挑战。当面对企业发展以及面对企业发展的诸多阶段，还需要不断地立足于新时期云会计模式的影响，提升自身的媒体素养、信息素养及信息检索和筛选能力。

（三）对企业会计运行环境的影响

在进行云会计模式应用下，企业不仅需要在必要的思维方面进行转变，还需要在当前的会计运行环境，尤其是会计的软件环境方面进行优化。云会计模式需要企业进行必要的资金投入来完善企业现有的会计管理软件以及预警体系。这就意味着，企业需要加大硬件建设。虽然在云会计模式下，企业无须进行相关财务软件的添加，相关的财务管理和数据通过上传终端来实现财务数据的管理，但是，目前，云平台建设在我国尚处于初级阶段，基于云会计所需要的相关云计算硬件及云计算软件并不是很成熟。这就会影响中小企业尝试的信心，当然，也对云会计今后的科学应用，改善中小企业财务管理效能提出了新的挑战。从目前来看，中小企业现有的会计信息化管理等相关的硬件储备并不是很足，这就在一定层面影响了中小企业更好地迎接云会计模式所带来的挑战，也需要在今后的发展中进行系统的改进。

总之，从目前来看，云会计模式对中小企业财务管理理念、中小企业财务管理人员综合素养以及企业自身的财务运行环境提出了一些挑战。这些挑战也为今后的中小企业更好地运用于会计模式优化自身的财务管理提出了更高的要求。

三、会计模式下中小企业财务管理存在问题的原因

在上文中，简要探讨了基于云会计中小企业财务管理所面临的诸多问题与挑战，导致这些问题产生的原因是多方面的。本节尝试从主观以及客观这两个维度来进行分析：

一方面，从主观来看。中小企业自身对云会计模式缺乏客观的认识是影响其云会计应用的一个主要原因。很多中小企业在自身的运营和发展过程当中，对于新生事物存在着一定的戒备心理。这就导致了云会计模式很难在中小企业进行推广和应用，尤其是在中小企业的发展过程当中，云会计模式自身的一些风险系数也让很多中小企业产生了畏难和胆怯的心理。所以，在今后的中小企业运营和发展过程当中如何解除其后顾之忧，更好地提高云会计模式的应用效果，应该是今后该领域提高的主要方向。

另一方面，从客观层面来看，相比较而言，我国的云会计模式还处于初级和探索阶段，相关公司虽然出台了云会计模式的软件，但是在具体的落地实施方面还有着一定的差距。再加上我国围绕云会计模式相关的法律体系还存在一定不足。一旦云会计信息数据丢失，相关的法律追诉问题也有待进一步完善。因此，在今后的云会计模式具体应用中，还需要在客观环境尤其是制度体系方面进行系统的完善。

总之，无论是客观体系方面的原因，还是主观观念方面的原因，都在一定层面上制约了云会计模式在中小企业财务管理中的应用。这些也成为今后中小企业优化发展的主要方向。

四、云会计模式在中小企业财务管理中的发展分析

为了更好地提高云会计模式在中小企业财务管理中的应用水平，本节在借鉴相关研究成果基础上，尝试从以下几个方面来提出今后的发展建议。

（一）革新财务管理理念

妇幼保健机构往往对专业医疗队伍的培养充分重视，但在档案管理人员培养与管理方面重视度不足。很多档案管理人员专业素养较为落后，没有相关培训进修机制，在当前档案管理工作中无法满足现实需求。另外，当前很多档案管理人员理论技术、管理经验较为缺乏，非常容易影响到档案收集管理工作的完整性。

（二）切实提升财务人员信息素养

在今后的中小企业科学运用云会计模式过程当中，其财务人员应该与时俱进。一方面，对自身的专业技能，特别是云会计模式下相关技能等方面进行强化。企业可以通过岗位培训等来进行夯实基础。另一方面，还应该在必要的岗位设置方面，加大对云会计相关监管体系的完善，避免在财务人员自身工作过程当中存在的监守自盗以及信息造假等舞弊现象。只有这样，才能更好地保障云会计模式的科学效果的发挥。

（三）积极健全制度体系

为了更好地满足云会计模式的科学发展需要，在今后我国云会计模式的落地应用过程当中，企业及相关的组织部门应该围绕云会计模式发展特点以及中小企业财务管理的需要不断地在制度体系方面进行完善。尤其是完善司法保障体系。通过法律的保障来更好地促进云会计模式的科学应用，对于违反相关规定的责任人第一时间进行处理将可能产生的损失降到最低。只有这样，才能最大限度优化云会计运行环境。云会计模式对于整个中小企业财务管理以及我国财务管理体系的优化有着极为重要的影响。在今后的发展中，相关部门应该不断地基于云会计的发展趋势，制定具体的云会计管理系统性能评估制度。

总之，在今后的云会计模式运行和发展过程当中，企业和个人应该不断地进行云会计模式发展理念的革新及相关环境的优化。只有这样，云会计模式才能够在中小企业得到更

大化的应用。

本节主要探讨了云会计模式的出现对我国中小企业财务管理所产生的影响，以及在其影响下中小企业财务管理所面临的发展挑战。在借鉴相关研究成果的基础上，探讨了未来中小企业科学运用云会计模式的主要思路。希望本节的研究，有助于我国云会计模式以及企业财务管理等相关理论研究的深入和完善。

第五节　企业会计电子档案管理财务共享模式

在财务共享模式下企业会计电子档案管理发生了变化，与传统会计档案管理相比具有便捷性、实时性和高效性等新特点，但也面临着新问题，包括档案存储存在较大风险、信息系统接口无法对接、档案管理制度不完善、档案管理人员素质不高等。可采取加强档案管理软硬件设施设备建设、实现档案信息系统接口对接、制定完善的会计电子档案管理制度、提高会计电子档案管理人员业务素质等举措。

财务共享模式是一种区别于传统财务管理的全新模式，其实质是企业在信息技术背景下，将各分公司或子公司的大量财务工作交由财务共享中心来处理，因而这一模式能够提供流程化、标准化的财务管理服务。在财务共享模式下企业会计电子档案管理发生了变化，与传统会计档案管理相比出现了新特点、新问题，笔者就此进行分析，并提出在财务共享模式下加强企业会计电子档案管理的若干对策。

一、财务共享模式下企业会计电子档案管理的特点

财务共享模式下企业会计电子档案管理，将会计信息系统、银企直联系统、影像管理系统、资金管理系统等实现串联、集成，并对会计电子档案进行收集、分析、处理、汇总、利用。基于财务共享模式的企业会计电子档案管理呈现出便捷性、实时性和高效性的特点。

一是便捷性。企业通过影像管理系统对收集来的原始会计凭证进行扫描后上传至财务共享云平台，在云平台上企业利用会计信息系统（如用友、金蝶、SAP 等）对原始凭证进行处理生成电子会计凭证，再对电子会计凭证进行处理生成各类账表，如现金日报表、总账、明细账、多栏式明细账等，最后生成资产负债表、利润表、现金流量表等各类报表。此外，在财务共享模式下，企业与银行的连接方式发生变化，企业可直接通过银企直联系统获得完整的银行电子回单，并根据银行电子回单生成会计电子凭证，实现电子对账。

二是实时性。传统的会计档案管理模式不能实现数据的实时更新，而在财务共享模式下原始会计凭证通过扫描上传到云平台，可即时生成会计电子凭证并在系统中生成各类报表，为决策提供服务。以费用报销流程为例，首先，员工在出差时通过信用卡消费产生的费用数据，能够实时传递到企业云平台上。其次，员工在报销费用时根据报销内容选择特

定模块，并根据报销金额以及报销事项进行填写；财务部门只需将云平台上的数据与员工填写的报销事项进行核对，如信息一致即可将这部分数据传递到银行系统中，由银行完成费用支付。最后，企业云平台的会计信息系统根据发生的业务自动生成相应的会计电子凭证，进而生成会计电子档案。

三是高效性。基于财务共享模式的企业会计电子档案管理，能实现企业会计电子档案收集、处理、分析、利用的一体化，档案管理具有高效性。而传统的会计档案管理要耗费大量的时间与精力，如需要打印大量的电子凭证。

此外基于财务共享模式下的会计电子档案管理，能够实现档案信息一体化管理。具体来说，会计电子档案可以在企业不同部门（如采购部门、销售部门、仓储部门、财务部门等）之间传递，如采购部门进行采购时，采购员在采购系统生成采购订单、采购到货单、采购发票等，其中采购发票传递至财务部门的总账系统，采购到货单传递至仓储部门生成采购入库单。不同单据在不同部门之间传递，实现信息的实时共享。

二、财务共享模式下会计电子档案管理存在的问题

其一，会计电子档案存储存在较大风险。首先，计算机系统存在网络安全隐患。传统会计电子档案只需实现企业内部联网，而基于财务共享的会计电子档案则必须实现外网连接，在外部网络中会计电子档案信息存在较高的被窃取、被人为篡改或删除的风险，且不法行为一旦发生还不容易被发现。

其二，信息系统接口无法对接。基于财务共享的会计电子档案信息在不同系统（会计信息系统、银企直联系统、资金管理系统）之间进行传递，若不同系统之间不能实现无缝对接，则系统之间的数据信息无法传递，财务共享很难真正实现。因此在架构会计信息系统时，应充分考虑数据信息在不同部门之间的传递，实现数据信息的无缝传递。

其三，会计电子档案管理制度不完善。很多企业高层管理人员思想观念较为保守，没有充分认识到会计电子档案对企业的重要性，故没有制定工作制度，更没有提供工作所需要的人、财、物支持。

其四，会计档案管理人员素质不高。基于财务共享模式的会计电子档案管理，对企业的会计档案管理人员提出了更高要求。首先，会计电子档案管理人员需要具备会计电子档案管理的意识，但目前他们的工作思维仍停留在传统的会计凭证、会计账簿、会计报表等的管理上，缺乏对财务业务发生过程中形成的会计档案资料进行管理的意识，造成的后果是会计电子档案不能及时归档。其次，会计电子档案管理涉及会计软件应用、管理系统维护、网络安全等方面的专业知识，需要会计电子档案管理人员掌握这些知识，但他们普遍存在专业知识缺乏、知识结构不合理等问题。

三、加强财务共享模式下会计电子档案管理的若干对策

（一）加强档案管理软硬件设施设备建设

配备保存会计电子档案的专用机房，做到防火、防水、防震。加大计算机硬件及存储设备的投入，配备先进的计算机硬件设备，满足会计电子档案管理对硬件设备的要求。加大管理软件的投入，及时与相关的研发企业（如会计信息系统、银企直联系统、资金管理系统等）研发企业保持联系，及时升级系统。加强网络安全管理，及时开展计算机系统病毒防范工作，如安装杀毒软件、安装防火墙等，保证会计电子档案存储安全。

（二）实现档案信息系统接口对接

一直以来，如何将企业自身系统与财务共享中心云平台实现无缝对接、建立统一的信息系统接口，是一个难题。浪潮集团提出了企业信息系统与财务共享中心云平台对接的解决方案，实现企业系统与财务共享中心云平台的对接；而中国联通依托企业资源计划系统（ERP 系统），规范会计电子档案的文件格式、接入频率等，并制定会计电子档案的接入标准，实现 ERP 系统、资金系统、报账系统与云数字档案馆系统之间的无缝对接，使会计电子档案顺利归档。

（三）制定完善的会计电子档案管理制度

2015 年财政部、国家档案局联合发布了新的《会计档案管理办法》，新管理办法与 1999 年施行的《会计档案管理办法》相比有很多新内容，其中第七、八、九条对会计档案管理进行了新的规定，如规定单位内部形成的会计电子档案资料可仅以电子形式保存、附有电子签名的单位外部形成的会计电子档案也可仅以电子形式归档等；第十条至第十九条对会计档案的归档、利用、保管、销毁等进行了明确。企业可根据新《会计档案管理办法》要求，积极建立会计电子档案管理制度，明确会计电子档案保管、借用和归档、备份等工作要求。比如建立会计电子档案查阅制度，规定查阅会计电子档案需得到财务部负责人的同意，并按照会计电子档案查阅流程严格执行，相关人员无特殊理由不得修改、删除会计电子档案；若确实需要修改会计电子档案，修改后需重新进行审核和归档。如中国联通制定了《中国联通数字档案馆档案分类规则、归档范围及保管期限规范》《中国联通会计电子档案归档范围》等规则，确保企业会计电子档案管理有序进行；建立了严格的档案安全权限控制系统，严格控制会计电子档案的查阅权限，敏感的会计电子档案只能通过办理相关手续后查阅；还专门建立了数字档案馆系统，将会计电子档案保存为 SWF 文件格式，确保文件只能浏览不能修改。

（四）提高会计电子档案管理人员的业务素质

在财务共享背景下，财务部门的一部分人员必将实现转型。据调查，一部分企业采取就地安置财务人员的办法，一部分企业选择部分优秀的财务人员进入财务共享中心，部分

员工转岗至企业其他部门，如销售部门等。对于留在财务部门或者进入财务共享中心的人员，他们的一项重要工作任务就是要管理好企业电子会计档案，因此首先要正确地认识到会计电子档案管理的重要意义，树立正确的工作理念，并认真学习《会计档案管理办法》等相关规定，不断提升档案管理业务能力。其次要懂会计工作、会计软件应用、管理系统维护、网络安全等方面的专业知识，只有这样才能胜任财务共享模式下的会计电子档案管理工作。

第六节　企业财务管理会计集中核算模式

会计集中核算是近几年来许多企业为了适应市场环境的变化实行的一项新的会计核算制度。会计集中核算可以起到规范企业财务行为、提高资金使用效率、降低筹融资成本、提高企业会计信息质量的作用，对提高企业会计人员的业务素质也发挥了积极作用。但是在实际工作中该模式确实显露出一些问题和不足。财务会计管理工作是关系企业发展的核心问题，为了进一步发挥会计集中核算模式的作用，解决目前已经出现的问题势在必行。本节将介绍 Y 家居在实施会计集中核算中遇到的问题，并提出相应的解决措施，以期对实践工作有一定的指导意义。

随着我国经济的快速发展，企业规模不断扩大，经营形式也日益多元化。在这种情况下，财务会计管理工作作为企业经营管理工作的关键也随之进行着深化变革。许多企业改变了原有的会计核算模式，开始实行会计集中核算。这种财务管理方式实现了各个下级单位共性财务工作的集中管理，是实现企业价值最大化的一种先进财务管理模式，是对企业尤其是集团企业人、财、物等资源整合配置的一种有效管理机制。Y 家居自 2005 年开设第一家外地分店开始即实行集中核算制度，到目前为止，各个门店的资金管理、账务核算都由总部财务部统一集中管理。这些年在实施过程中，虽然不断地根据实际情况进行完善，但是目前仍存在着一些亟待解决的问题，本节就目前 Y 家居财务会计集中核算管理中存在的一些问题进行探讨和分析。

一、会计集中核算模式对企业财务管理工作的影响

会计集中核算对会计核算口径进行统一规范。会计集中核算的管理模式是在实际工作中对同一或类似的经济事项运用统一的核算方法进行会计处理，使会计基础数据具有同一性，各项报表及数据的收集更加规范、有效、准确，从而提高了会计信息的质量。总部可以通过会计账面的数据了解、分析所属门店的各项财务信息，及时把握经营情况，做出合理的经营战略调整及部署。

会计集中核算有利于实现资金统一管理。实施会计集中核算可以将所属门店的资金集

中统一调配管理，减少企业内部资金冗余沉淀，改善资金结构，切实提高资金使用效益。同时，资金的统一管理有利于降低筹融资成本，减少资金运营风险，提高企业资金安全系数。

会计集中核算可以提高会计人员的工作效率。首先，实施集中核算后，Y家居总部统一设置核算人员，根据目前的工作量及会计电算化水平，一般可以一人管理两家门店。其次，核算人员集中，方便了人员管理及信息共享，有利于各项财务数据及财务报表的及时准确出具、上报，有利于提高会计报表的准确性。

会计集中核算有利于高素质会计队伍建设。Y家居近几年培养财务人员基本是按照一线实习、出纳岗位、资金/税政/核算岗位、门店财务负责人的流程来进行的，集中核算模式的实施为人员培养提供了平台，提高了财务人员的业务素质、管理水平及沟通能力，培养了多位门店财务负责人，为产业的壮大和发展提供了保证。

二、Y家居会计集中核算的现状

Y家居目前集中核算的门店在总部财务部设专门核算人员，专司相关门店的凭证审核、记账，报表出具，相关数据、报表报送，配合年报审计、年度目标考核，门店账务工作业务指导等工作。门店财务部门设置财务负责人、出纳、收银人员、收费人员。相关业务原始单据每月由门店财务人员定时传回总部财务核算人员处理。每年度终了，核算人员将门店相关凭证、账页等原始资料整理装订完毕，交回门店存档。

各店日常资金由总部财务部统一管理，定时对门店进行资金拨付。筹融资事项由总部财务部统一管理。各店财务负责人由总部委派，负责门店财务人员管理及其他财务相关工作，部分财务负责人兼任综合部负责人。

三、采用会计集中核算模式下企业财务管理存在的问题

实施会计集中核算是改变传统企业财务管理模式的一项新举措，是为了更好地适应企业发展做出的变革。实施会计集中核算后，各门店的资金管理、会计核算职能交给了总部财务部门，门店不再掌握这部分财务工作，但各门店仍是会计核算的主体，承担会计法律责任，由此不可避免地会出现责权的错配及不协调。现阶段，Y家居实施会计集中核算出现的问题主要体现在以下三个方面：

（一）管理者对会计集中核算的认识不到位

如何发挥会计集中核算的优势，使其更好地为企业发展服务，需要在逐步实现会计核算集中化的过程中总结和完善，这是一个循序渐进、逐步改革的过程。实施会计集中核算的本意是规范会计基础工作，保证会计信息的真实，提高资金使用效益。但是在实际工作中，很多管理者认为将门店的资金归集起来，对门店账务统一处理就实现了集中核算。同时由于门店不再设置核算人员，门店负责人对财务管理工作也不再重视，认为只要总部收

上去了就是总部的工作了，不再是门店的工作，只要所需资金可以按时拨付就不再管其他，而总部会计核算人员也只是在为门店记账，只能看到原始单据是否合法有效，而对实际经济活动的合规合法性无法保证。认识上的偏差，使会计集中核算的优势并没有得到充分发挥。

（二）财务管理工作和内部监督弱化

实施会计集中核算后，会计核算人员集中到总部办公，脱离了各个门店具体工作环境，很难真实地观察到门店日常发生的经济事项，而且一个核算人员往往要同时负责至少两个门店账务工作或者是其他总部相关工作，无力掌握每个业务细节，看到的只是在业务发生之后的相关发票、收据、说明、报告等，这些成了会计审核监督的对象，但是这些原始凭证是否能够真实客观地反映相关经营业务的实质，不得而知，会计人员难以掌握第一手经营资料，从而使得会计监督难度加大。在实际工作中，总部核算人员往往由于不了解门店经济业务的全貌，会对门店的某些经济业务产生以偏概全的误解，从而影响了业务处理，增加了工作的时间成本。

实施会计集中核算后，所属门店部分财务会计工作转移到总部，门店内部会计与出纳牵制机制消失，门店出纳有时候履行了会计出纳双层职责，加上部分门店的财务负责人还兼任综合办公室的工作，对财务工作的关注被分散，而核算人员又只是坐在办公室里做账，强调会计核算表面上的监督，这就使得会计职能不能充分发挥，大大弱化了会计的预测、分析、管理、监督等职能。加之核算人员业务水平参差不齐，也使得对所属门店的监督流于表面化、形式化。

按照 Y 家居现有的集中核算模式，总部核算人员主要通过门店财务负责人了解门店业务情况。但是，财务部门在门店的组织架构中是在综合部下的一个科室，部分门店财务负责人要兼任综合办公室的工作，与门店负责人有着一定的从属关系，从而使其对财务工作的关注度不够，独立性也不够。因此，实施会计集中核算后，会计工作在监督和服务方面都有所打折。

（三）沟通不畅，考核约束机制不合理

实行会计集中核算后，各门店撤销了会计核算岗位，在总部财务部设立核算人员分管各门店会计核算业务，但是各门店仍是会计主体，承担会计法律责任。由于各门店实际情况不同，在门店新开或是门店财务人员暂时缺岗的情况下，门店财务负责人需要总部核算人员承担更多的财务工作。但是总部对核算人员的定薪及考核都是根据所处岗位来核定的，并未涉及其具体管理的门店及工作量，这就造成了总部核算人员与门店之间会有工作推诿、沟通配合不畅的情况。这种情况在总部核算人员紧张、工作量较大或是门店新开各项业务不成熟的时候比较突出。

四、完善企业会计集中核算模式的对策建议

（一）转变观念，提高认识

会计集中核算有利于提高资金使用效益，提高会计信息质量，降低企业经营风险，是企业财务管理改革的要求和趋势。所以，要提高各级管理人员对会计集中核算的认识，取得其支持和配合，转变会计核算观念。对门店一把手要有针对性地加强管理意识引导，使其明白会计集中核算对企业发展的好处，同时，会计集中核算并没有改变门店的法律主体地位，会计原始资料来源未变，会计核算基础未变，资金使用权和财产所有权未变。各门店仍是会计责任主体，要对会计核算资料的真实性、完整性负责。Y 家居总部财务部门负责会计集中核算工作，需要与各门店形成良好的业务互动关系，做好沟通配合工作，保证会计集中核算工作顺利开展。

（二）加强制度建设，提高核算水平及服务意识

一方面，进一步完善会计集中核算工作规范，以保障资金安全为核心来梳理工作规范，查漏补缺。所有会计人员要严格按照规范来进行操作，统一认识、统一做法，切实做到同一类业务会计处理一致，避免十个会计九种做法。另一方面，具体负责会计集中核算的人员要树立为门店服务的意识，提高服务质量与服务效率。同时正确行使监督权力，使自身真正成为总部与门店之间的桥梁，通过自身的工作为门店管理建言献策、查漏补缺。

（三）转变企业会计职能，由核算型向管理型转变

建立会计集中核算，是将会计核算和资金管理从门店的财务部门分离出来，纳入总部进行统一管理，但是仅仅将其作为记账和归集资金的机构是远远不够的，要加强对门店各项经营活动的事前控制和反馈，在事前就应该明确款项是否该支付、何时支付、单据何时收回、审计结果何时出具等一系列问题，而不是等事情已经发生，款项已经支付后才能明确这些问题，真正从源头上解决问题，防患于未然。只有这样会计集中核算才能获得更大更好的发展，才能为企业经营者提供科学的决策依据和建议，防范经营风险，提高经济效益。

（四）加强会计队伍建设，建立健全激励考核约束机制

会计集中核算的应用和发展，要求会计人员不但要有过硬的专业知识，还要了解企业的经营模式及经营流程，具有一定的沟通协调能力等，这就对会计人员提出了更高的职业要求，必须不断学习、充实自己，以达到企业发展的要求。同时，应该建立健全会计集中核算人员的激励考核约束机制，根据其所管理的门店结合实际业务量进行考核和激励，鼓励其提高服务质量，寓监督于服务之中，做到监督与服务的统一。

（五）明确责权关系，增强责任意识

实施会计集中核算，并没有改变门店的会计主体地位，原始凭证的来源并没有改变，

门店相关人员还是要对会计资料的真实性和完整性负责，要对门店的经营风险负责。总部财务部门在集中核算工作开展的过程中，应该切实地将管理监督工作落实到位，不断地针对企业实际发生的经济业务进行核算，发挥企业内部管理监督工作的实际效益。

综上所述，会计集中核算是现代企事业单位适应企业发展做出的一项财务管理模式的改革，在企业财务管理中起着越来越重要的作用，这种方法虽然在实际应有中具有很好的可操作性，但也存在一定的问题，需要在实践过程中根据企业实际经营情况不断完善，使其向更科学、更合理、更适应企业发展的方向转变，充分发挥其促进企业发展，实现企业价值最大化的作用。

第七节　财务会计目标成本管理模式

财务是企业经营发展中至关重要的一个管理内容，有效的财务管理是企业得以健康发展的基础保障。本节在企业财务管理中的研究中，主要对目标成本管理模式的应用及效果进行了分析。

在企业管理中，其核心管理体现在财务上，企业的经营状况经由价值形式进行展现。而成本管理又是财务管理工作中的重点内容，构建科学的成本管理模式对于企业整体财务管理水平具有重要影响。

一、财务会计成本管理的发展

在财务管理出现的初期阶段，财务管理仅仅是企业中一个附属部分，缺乏独立的管理理念。在工业革命后股份制企业实现快速发展，为获取发行股票的资金，促使分配效益得以提升，财务管理逐渐向规范化方向发展。但是在计划经济的初期，财务管理的目标并非是企业效益，而是实现平均主义。在改革开放的推进下，经济市场发展迅速，也间接地影响到企业财务管理变革的关键因素。在此阶段企业财务管理逐渐形成规模，成本管理也越来越受到各企业的关注，并发挥着至关重要的作用。财务成本管理的覆盖范围极大，具体涉及对产品研发与生产期间的成本控制、对产品宣传环节的成本控制等，为此，对管理人员也提出了较高的要求。

二、目标成本管理

（一）目标成本管理的界定

目标成本管理概念的基础是目标成本，目标成本是在一个周期内为确保目标利润实现而设定的一种预计成本，是成本预测与目标管理相结合的产物。目标成本具有多种表现形式，常见的为计划成本与标准成本。在目标成本设计过程中，需要充分结合企业整体发展战略目标，在设计完成后可辅助管理者进行成本的预测以及成本管理决策。

综上所述，目标成本管理所指向的是结合企业战略目标，将数据采集与分析作为核心，辅助企业决策层实现成本预测与决策。同时对目标成本进行分解，经由控制分析与考核评价等手段执行成本管理的办法。在目标成本管理中，目标成本设计与核算作为前提条件存在，其根本目的是实现企业效益最大化，以及促进可持续发展。在企业中推行目标成本管理有助于进一步强化成本核算能力，企业内部也能够树立起人人关心成本的企业文化，便于落实经济责任制。另外，执行目标成本管理法对于激发员工的工作积极性、促进成本下降等也均具有积极作用。

（二）目标成本管理基础环节

实施目标成本管理法的首要工作是将整个企业形成一个责任中心，再分别设置财务与研发以及生产等多个部门，而其中财务部门属于此责任中心的关键部门。在构建责任中心后，要求中心内部所有工作人员均能够明确自身在企业发展与成本管理上所承担的责任。其次，设计科学合理的目标成本。在此环节，主要内容是明确目标成本管理对象。在确定管理对象之后，依据可行性原则进行目标成本设计。目标成本设计的具体流程：结合企业战略目标或年初设计的收支预算目标确定目标成本的总额；将目标成本总额分解到各个部门，确定产品生产或研发以及行政管理等各个部门具体的目标成本额。最后，结合各部门被分配的目标成本额，设计各部门的目标成本管理方案，确保成本管理责任落实到部门及个人。

三、企业目标成本管理模式的创新

（一）成本管理创新方向

在以往的目标成本管理状态下，常规应用的手段是增加产量，由此促使单个产品的成本得以下降。实际上此种办法仅仅是针对成本管理的初级形态，社会经济的快速发展促使财务管理形式也逐渐向多元化方向发展，决定着企业应该实现财务管理模式的转变，最终实现强化成本控制的效果。在现代经济体制中，消费者在商品选择中除倾向于对质量的关注之外，对产品外形与功能及品牌的要求也在逐步增加，为此，企业方面需要加强关注附属功能服务的设计。以往的管理模式已无法满足成本管理的实际需求。需要结合经济发展形势，消费者针对产品关注点实现财务管理目标成本创新。

（二）树立起全新的成本管理思维

在推行目标成本管理过程中需要结合企业当前成本管理情况，树立起更科学且具有针对性的成本管理观念及思维。①在企业成本绩效评估环节，财务部门不能将经营成本的增减视为唯一评价标准。财务部门需要对成本的消耗与增效做综合分析，只有这样才能够为目标成本管理的推行提供全面参考。②财务部门需要客观地认识到目标成本管理工作需要渗透到企业经营的全过程，为此，应该做好对企业日常经营与管理各个环节的成本控制。形成全过程成本控制的目标成本管理思维，结合各经营环节的特征设计出有针对性的成本控制策略，确保发挥出最大化的成本管理效果。

（三）产品设计与售后成本管理

针对产品数量与总额的成本控制，是企业传统成本管理。成本管理计划的设计所参考的是企业的实际经营情况，由此对产品生产情况实施动态监督。在市场经济的不断变动下，针对成本的管理不能够仅仅依附于生产过程的控制，要求企业结合市场导向作用，在产品设计到售后的全过程中关注成本控制，强化成本作用的发挥。同时还需要强化针对效益与成本的内在关联，明确最为理想的目标成本控制方案。

（四）成本管理渗透全过程

生产部门与会计部门的规划并非涵盖成本管理的所有内容，还应该进一步了解产品成本动因，促使目标成本管理经济效益实现提升。目标成本管理属于企业发展的关键构成部分。生产环节中产品消耗与成本管理等均属于财务管理中目标成本的关键内容。同时，还应该对市场发展规律进行全面调查，由此对企业实现内部调整，强化各部门之间的配合以及与市场的衔接。另外，在信息技术的高速发展中，企业的发展环境也出现了转变，企业需要做到的是迎合经济一体化机遇，合理应用现代经济技术，由此促使成本控制手段实现优化。总而言之，若想要实现目标成本管理的创新，不能够仅仅在生产环节实现成本控制，还应该在提升效益、销售成本等多个方面进行，参考企业发展状况持续优化目标成本制度。

（五）时间成本控制

如何强化企业技术改革，提升企业发展以及生产速度，发挥出经济效益最大化的目标，是现代企业价值链的关键。从这一发展规律来看，若想在竞争日益激烈的市场中不断提升自身优势，于目标成本管理期间还需要加强对时间成本的关注。时间成本控制力度的增加，一方面能够推动企业目标成本的实现，另一方面还可促使企业快速地占领市场、缩短决策时间、争取到更大时间资源优势。另外在迎合用户需求的基础上实现成本控制，为此消费者也并非凭借一个因素实现产品选择，除质量之外还涉及更多附加因素。从这一点来看，还应该加强对售后阶段成本的预测，在市场经济发展规律中，强化实践成本管理，有助于推动企业规范化的管理。

针对企业目标成本的管理，不可将单一视角作为着力点，需要着眼于企业发展需求，提升对成本规范与核算的计划，提高管理水平。在构建成本管理目标后，生产实践期间需要做出可靠的资金规划，优化管理模式，促使企业资金能够实现规范化运行，其整体效益也能够进入最为理想的状态。在目标成本管理中，目标的明确至关重要，可参考各级各部门职责实现分解，促使各级各部门结合分解后的目标成本小项开展各项工作。

第七章　大数据时代财务会计理论研究

第一节　大数据时代财务会计工作面临的机遇

数据，或称巨量资料，指的是需要新处理模式才能具有更强的决策力、洞察力和流程优化能力的海量、高增长率和多样化的信息资产。2009 年，“大数据”成为互联网信息技术行业的流行词汇；2014 年大数据首次被写入《政府工作报告》，在接下来的 3 年中大数据都作为重要角色出现在政府工作报告中；2016 年 10 月财政部制定的《会计改革与发展“十三五”规划纲要（2016—2020）》指出，各界应密切关注大数据、“互联网 +”发展对管理会计工作的影响。大数据成为当今时代发展的大趋势，已经不可阻挡地到来了，财务会计工作作为对经济活动的反映，也将不可避免地卷入大数据的机遇和挑战之中。

一、财务会计工作面临的机遇

（一）提供强大的数据支撑

传统的会计工作主要集中到对经济业务的核算上，最终以财务报告的方式将企业的财务状况和经营成果反映给利益相关者。传统的会计工作具有简单性、可复制性，缺少创新性，提供的数据具有单一性、片面性，缺少关联性、系统性、逻辑性，更多提供的是财务数据，非财务数据少之又少，往往无法满足利益相关者的数据需求，不利于利益相关者的决策需要。大数据是从海量信息库中获取有决策价值的创新技术，在数据的搜集、甄别、整理、深度挖掘、综合分析等方面具有强大的优势，不仅可以提供财务数据，还可以提供非财务数据，提供的数据更加多维度、立体化，可以更好地满足利益相关者的决策需要，有利于企业全面预测和筹划，科学合理地配置企业各项财务资源和非财务资源，从而推动企业实现战略目标。

（二）提高工作效率和效果

绝大多数企业的财务人员大量的时间都是消耗在基础业务中，纸质报销、票据审核、手工录入、人工审核、编制报表等。这些流程和工作不仅耗时耗力，而且极易出错，对企业的决策和管理的作用极其有限。在大数据时代下，企业通过提升公司的信息化水平，搭建互联网+平台，将资源的获取、流程的设置、数据的统计分析进行整合，打通业务链各环节，将外部原始资料获取、交易合法性、凭证的制作到报表的生成自动处理，将财务人员从重复简单的工作中脱离出来，将更多的精力放在对大数据的分析上，从而提高工作效率和效果。建立数字共享中心，一次录入数据所有系统可以共享，减少数据的录入次数，大大提高企业业务和财务的处理效率。

（三）提升企业管理水平

传统会计对于数据的收集不充分、整理不全面、传递不及时等方面存在较大短板，难以发挥会计的动态实时预测分析、决策支撑、绩效管理等功能。在现实工作中，集团会下发通知要求各级企业统计所需的数据，从下发通知到数据统计再到数据上传存在较长时间，而且各级企业财务人员在数据的汇总过程中难免出现差异。而在大数据时代下，集团公司及其各级所属企业可以随时随地调取所需数据，甄别有价值的数据，并根据需要生成各种分析数据及图形图表，充分为企业的投融资战略决策、成本控制、全面预算管理等提供有价值的数据，增加企业经营决策的前瞻性和可预测性，合理预测未来发展趋势，从而实现企业战略目标。

二、财务会计工作面临的挑战

（一）财务人员和公司领导重视不足

面对大数据的到来财务人员可能会产生惶恐情绪，一方面害怕自己的工作将会被信息技术取代，另一方面对什么是大数据、大数据有什么作用、财务工作和大数据有什么关联等了解甚微，这些知识的欠缺都将会给财务会计工作带来挑战。很多企业的公司领导未对财务工作引起足够重视，仅停留在财务工作就是报销、发工资、审核、报表等简单重复性工作，未认识到大数据时代财务工作不只是简单地进行会计核算，还会获取更多有价值的数据，努力为企业创造价值服务。

（二）技术面临严峻挑战

大数据时代下对数据的分析能力不仅仅需要财务人员的专业知识和分析能力，也需要更高的技术支持，帮助企业在最短的时间内搜集尽可能多的信息。企业需要采购或是开发符合企业实际情况的信息技术平台，通过云计算获取企业的大数据，技术的支持也需要人财物的消耗，这就需要公司领导的足够重视，提供资金、人力、技术的有力支持。此外，大数据时代的到来需要存储海量的数据和信息，原来数据的存储方式已无法适应大数据时代下的信息存储，这就需要不断地适应新环境的变化升级信息存储方式，确保数据存储空间。

（三）高素质的会计人才短缺

我国存在大量的会计从业人员，长期以来由于从事会计工作门槛低，很多非财务专业人员也在从事会计工作。会计人员数量多，但是高素质的会计人员却很少，在大数据时代下，财务人员不仅需要有丰富的专业知识储备，而且要懂计算机知识，这样的复合型人才更是凤毛麟角。在大数据时代下，财务人员需要熟练运用大数据技术和分析处理工具从输出的海量信息中获取价值资源提供给决策者，以满足公司的决策需要，然而现实中大多数的财务工作人员从事的是简单重复性工作，对于数据的分析和处理能力严重不足。

三、大数据时代背景下财务工作应对对策

（一）提升对大数据的认识，加快财务转型升级

面对大数据这一新鲜事物，财务会计工作将面临重新洗牌，财务工作不再是审核、记账、报表等简单而又重复性的传统会计，将会更加注重对数据的甄别分析，提取对企业的预测、决策等更有价值的信息数据，将财务人员从低附加值的工作中解脱出来。作为财务人员需充分认识到大数据对财务工作的影响将更加广泛而深入，不断增强自我的主观能动性，主动转型，积极应对大数据给财务工作带来的挑战。财务人员不仅需要掌握传统的会计专业知识，还需具备战略管理、运营管理、信息技术等能力，努力促进业财融合。公司领导者更要认识到大数据对公司的经营决策、战略目标、全面预算、绩效管理、风险把控、成本管理等起到至关重要的作用，努力加强财务人员多面培训，进一步完善大数据的软硬件支持，从而真正发挥大数据的优势。

（二）建立大数据库信息系统，完善信息存储方式

大数据时代是以使用数字化的信息和知识作为关键生产要素，以信息网络作为载体，以信息通信技术的有效使用作为效率提升和经济结构优化的重要推动力的一系列经济活动。大数据时代财务数据的输出、存储、共享离不开大数据信息化的管理平台，企业只有构建以云计算为基础且紧密联系企业实际情况的大数据平台，才能获取到对企业发展所需的有价值的信息数据。企业可以运用计算机集群和分布式存储技术建立大数据库，满足海量数据的存储要求，既能存储结构化数据，又能存储半结构化和非结构化数据。

（三）培养复合型人才，努力提升财务人员素质

人才是企业发展的第一资源，大数据新兴技术的兴起需要涌现更多的高精尖复合型人才，既要具备专业素养，又要懂得信息技术，能够参与到企业的未来规划、战略决策的现代管理理念财务人员。财务人员自身要加强学习，夯实基础工作能力，不断丰富知识结构；企业要注重对财务人员的培养，提供更多的培训机会，注重对财务人员信息技术以及大数据统计及分析能力的培养。

高速发展的信息及通信技术正在推动各行业的传统模式发生变革，大数据渗透到越来越多的领域。作为对经济活动重要反映的财务会计也将在时代的潮流中面临更多的机遇与挑战。在大数据的时代背景下，我们需要抓住机遇、转变思路、寻求方法，积极应对新事

物带来的方方面面的改革，努力为企业的战略目标和价值创造服务。

第二节 大数据对财务会计工作的影响

在信息化时代，人们的工作和学习越来越离不开网络，随之而来的信息量也就呈现倍数的增长。信息来源形式及来源渠道的多样性，对当前的财务会计工作也产生了较大的影响。

大数据是指大小超出常规的数据库工具获取、存储和分析能力的数据集，大数据可能来自社交网络和电子商务网站及客户访问等其他渠道，是一项价值巨大的信息资产。当前，对于大数据的定义各有见解，并没有得出统一的结论，但是普遍认为大数据具有数据规模大、信息处理快的特点。

大数据时代下结构性数据与非结构性数据并存，在一定程度上可以提高数据计算的科学性、精确性和合理性；大数据时代数据的产生和处理是实时的，能够有效地避免数据处理的滞后现象。大数据的发展促进了现代化企业的各项业务流程的开展，大数据这一信息化浪潮引起了新的信息革命，从股票市场的行情检测到医疗健康领域的数据检测、用户使用产品的信息监测等都无一例外地受到了大数据的影响，在企业的管理运行中，大数据数据处理的优势能够让管理者更加全面地分析各项业务流程，提高企业防范风险的能力，为企业的经营发展提供有效的数据信息。

一、财务会计工作的开展现状

财务会计工作主要是对企业已经形成的经济资源进行分类统计和核算，使企业的经营收入和生产成本及利润情况能够在财务报告中得到真实有效的反馈，为经营者及各股东提供合理的信息。在信息化时代，对于数据的要求越来越高，财务会计在某些工作中还存在一系列的不足，难以适应大数据的发展。财务会计在工作中采用的标准是会计模式，强调全面反映企业的经营状况，其财务报告主要是面向外部信息使用者的，但是受固定工作模式的限制，其财务数据只是一个片面的数据总结，不能够给予一个全面的判断依据，不能够有效地帮助企业的全面化管理；除此之外，财务会计的工作主要是面向过去的经济业务进行的核算和统计，无法对企业未来的发展提供预见性的帮助，不能够全面反映企业的发展规划，相关数据信息的缺失会在一定程度上限制企业的长远发展。

对于财务会计的日常工作而言，大数据时代的到来会在认识层面上给财务会计的工作带来挑战，传统看法上会认为大数据就是一种全新的技术和理念，在企业的会计工作中并没有应用的必要性，甚至有一些财务工作人员对大数据的认识较为片面，忽视大数据对促进企业财务会计工作的作用，阻碍了财务会计工作的进一步发展。在传统的会计工作中，会较为重视信息存储的重要性，且一般是使用各类数据库的方式对信息进行存储，在大数据时代，财务会计的日程工作中涉及的信息量较大，对信息的存储提出了更高的要求，提高了企业在相关方面的管理成本。

二、大数据时代对财务会计工作的影响

对于财务会计的日常工作来说，借助互联网技术和大数据的支持可以更好地实现预算、核算及决算工作，促进财务登记工作以及审核工作的信息化开展，提高会计工作的效率。

（一）提高财务会计业务的科学性

大数据时代促进了数据信息的分析和处理工作的开展，促进了当前财务会计工作的开展。

1. 提升数据预测功能

大数据对信息的处理优势可以提高财务会计的预测能力，相比传统的会计工作对于数据预测时的重点关注的是数据、信息以及资料的相关性；大数据下的数据预测更加注重信息的丰富程度，可以有效地弥补传统会计在日常业务中对企业未来经济业务的预测不准的缺陷；可以为财务会计工作提供更为全面和丰富的数据支持，提高其预测的科学性与合理性。

2. 提高控制管理的有效性

财务会计在企业的日常管理中需要加强控制管理，提高数据使用的科学性和合理性，大数据时代为企业在日常的管理活动中的运行提供了更为全面的数据信息和资料。财务会计工作人员在日常工作中可以对丰富的信息数据和资料进行有效的整理，更容易发现和改正其中存在的问题。

3. 优化数据结构

从数据来源上，大数据的财务信息来源更加复杂，其不仅仅包括结构性数据，还包括非结构性数据，给企业的发展带来了良好的基础。大数据时代提高了企业对于非结构性数据的关注，大数据时代也重点关注企业财务数据使用的准确性和科学性，而大数据下的数据处理的优势可以有效地节省相关的人力和物力，提高相关的工作效益。

4. 提高会计计量的合理性

在会计计量上，大数据的数据更新较快，公允价值的计量也逐渐变得透明，会进一步对财务会计的管理工作进行规范，避免出现相关的主观性缺陷，能够提高企业会计信息的质量，为公平交易的平台打下良好的基础。

（二）促进财务会计工作人员的业务能力提升

传统意义上认为财务会计只是一个简单的岗位工作，其日常业务只是涉及账目整理和报表统计，而在大数据环境下，将会有效地改变这种观念意识，提高企业管理活动的科学性。大数据时代推动了企业财务会计活动的转型升级，财务会计人员为了更好地应对企业

的日常活动，需要不断地加强自身业务能力的培养，努力参与到各个培训中去，积极与同事进行经验的交流，不断地提高自身的业务能力。大数据会促使财务工作人员学会进行数据管理工作，重视到大数据环境下的数据信息的处理，使会计职能可以更加丰富和多元化；大数据下企业还应该采取措施来对数据的未来发展趋势进行监测，要根据各个企业的发展特点来优化各个岗位的会计人员的工作流程，保证数据使用的完整性和合理性。

（三）促进财务会计向管理会计的转型

管理会计是从传统会计中分离出来的，是以提升企业的经济效益为目的的，通过对企业经济活动的业务数据的记录和分析总结以及预测企业的发展规划。管理会计能够在庞杂的信息中高效和精准地提炼出与企业经营管理高度相关的数据信息，为企业的经营决策提供有效的数据信息。管理会计注重企业内部的发展和经营，其受到固定会计专责的约束较少，并且在日常的业务活动中，管理会计是以企业为主体的，能够通过对信息的全面分析与核查，对企业的发展提供有力的支持。不同于财务会计只是面向企业过去的经营业务，管理会计所运用的信息所涉及的时间较为全面，能够更好地对企业经营活动中的信息进行预测、分析以及整理，帮助财务会计使用者更好地帮助企业规划未来，能够让企业的经营成本效益最优。在大数据时代，数据的收集和处理的效率得到不断的优化，为财务会计向管理会计的转型提供了有力的支持，促进企业经营管理活动的良好开展。

在经济全球化的趋势下，大数据时代的来临促进了国民经济的各个行业的发展，也推动了财务会计活动的变革。在新的时期下，要将会计的理论实际与时代发展进行创新性结合，有效地利用企业日常活动中的各类信息，不断地提高自身的业务水平能力，为企业管理活动提供更为有利的信息，提高企业各项业务流程的科学性和合理性。大数据的发展像是一把双刃剑，给财务工作带来挑战的同时也带来一定的机遇，促进企业财务会计活动的转型。企业财务工作人员要正视其中的机遇与挑战，不断地提高自身的知识储备，利用大数据来不断优化自身的工作，促进企业的长远发展。

第三节　大数据时代财务会计变革

在大数据不断发展的背景下，大数据技术也被应用到生活工作中的各个方面，比如可以对大量的数据信息进行多种处理、获取有用的信息资源，提高工作效率等。随着大数据技术趋于成熟，越来越多的领域逐步开始使用并推广此技术，财务会计也不例外，虽然大数据的发展确实给财务会计带来了很多积极影响，但同样也带来了一些挑战。因此，应当结合大数据的相关特征，实现大数据技术与财务会计相互融合及协调发展，以促进财务工作更加高效的开展。

大数据通常是指在一定的时间内，无法用常规软件工具对其获取、存储、搜索、分享、分析和可视化的数据集合。目前大数据还没有一个统一的定义，但其却在很多领域在获取使用相关信息、提高工作效率等方面都发挥出很大的作用。随着市场竞争的加剧，很多企业不仅关注外部竞争，慢慢对内部竞争也给予了非常高的重视。在内部信息建设维护方面，比如财务共享、管理信息系统等，这些都会使企业内部储存的数据量越来越多。伴随着大数据技术的不断发展，其原有的结构化数据信息虽然越来越多，但是已经不能满足企业决策的需要，所以需要将相关的半结构或者非结构的信息引入企业的数据系统中。企业内部数据信息的增多，势必会带来信息处理时间的增加与工作效率降低等问题，但是依附于大数据技术，不仅可以有效地解决以上问题，还能为其他工作带来便利，比如在财务管理过程中引入大数据技术，能够及时查找出相关错误信息，减少企业风险，降低决策失误的可能性等。

到目前为止，容量方面的表现是大数据特点的主要内容，大容量指所储存的信息数据量非常多，汇集保存着各种各样的数据信息，而且处理信息的范围也非常广。一般情况下，在对相关数据进行整理保存、分析处理的过程中，会有不同的存储单位可供选择。另外，在企业决策方面，可以利用完整有效的数据信息进行相关处理，而不是由于数据的有限性只局限于采用部分信息，使相关决策变得更加有效。此外，由于数据量及数据范围的庞大可以获得比较详细的数据样本，极大地提高了数据分析的准确性，减少了由于信息不对称所带来的各种问题与风险。

大数据技术与其他数据处理技术相比，表现出数据处理的效率更快，比如在处理同样的数据信息时，所用时间更短、准确性更高，将数据实时性的特点进一步提升。在海量的数据信息中，信息资产也表现出显著的时效性，往往需要在极短的时间内在数据信息库中将其找到。面对如此庞大的数据信息，无疑会耗费大量时间精力，然而在大数据技术的帮助下，可以快速轻松地找到相关信息资产，提高整体工作效率。

在大数据中，由于数据信息的庞大，数据的类型也会变得多种多样，比如文本、图像以及视频等比较常见的类型。因为每种类型下都会包含很多信息数据，这也提高了数据的长度和宽度，也使数据的储存更加有条理，这不仅节约了相关人员获取信息的时间，还能有效降低数据处理的难度，满足更多人群对不同数据信息的需求。

一、大数据给财务会计带来的积极影响与挑战

（一）大数据给财务会计带来的积极影响

1. 改善财务信息收集方式

一般而言，财务会计在搜寻相关信息时，都会采用比较单一的方式，收集的数据也大多为结构性数据，比较缺少多样化的信息。基于此，使用大数据不仅可以从多个方式获取相关信息，还能极大地丰富数据信息的类型。采用大数据技术，分析数据之间的相同与不同之处，找出数据之间的联系，实现对数据的整理、处理。此外，在大数据时代，扩大了

信息的来源，可以高效准确地找到相关信息，提供企业决策所需的各种信息，保证财务信息更加充分，为管理人员科学地制定各项目标提供合理的基础。

2. 促使信息挖掘更加深入

在企业建立相关数据系统后，财务人员可以通过对数据的合理分析，选择出合适的数据信息并运用到工作中，以上可以看作是数据挖掘的过程。在大数据时代，大数据技术可以对财务信息进行相关分析处理，比如在对数据进行深度挖掘的过程中，可能需要借助一些分析工具，比如数据回归分析、数据趋势分析等。然而当遇到比较复杂的问题，需要运用相对复杂的分析工具时，一定要尽量采取新型数据处理技术，以对分析工具起到一些协助作用，使企业能够获取更深层次的信息，帮助相关管理人员做出合理的决策。

3. 保证财务人员角色及时转变

大数据时代下，财务人员的角色也发生了一些变化。随着时代的进步，以及各种技术的不断发展，一些基本的财务工作会慢慢被取代。在这种情况下，财务人员不仅需要做一些日常的账目记录处理工作，还需要朝管理方向转变。财务人员可以从不同的角度和层面对企业数据信息实施分析，并且预测企业在未来发展过程中可能遇到的挑战和发展机遇等，提出对管理者有用的财务分析报告，以便于管理人员能从财务的角度更加全面地了解公司的经营情况，做出正确的决策。

4. 提供精准预测及合理决策

大数据时代，信息来源的渠道越来越多，利用数据挖掘等技术可以获得更深层次的数据信息，信息的总量也会不断增加。在对企业未来发展进行相关预测时，可以根据数据、信息资料之间的关联来展开，信息量的增多，也会使预测变得更加精准。此外通过分析利用这些信息，提取出对决策有用的相关信息，可以极大地提高决策的合理性，制订出更适用于企业发展特点的决策方案。

（二）大数据给财务会计带来的挑战

1. 信息存储的压力增大

为了使相关管理人员能够获取有关信息，财务人员往往需要从大量的信息库中搜集选择出各种有效信息，使其对企业的实际经营状况进行相关的了解，以为企业决策的制定提供合理的保证。大数据的快速发展使得各类信息更新变化的速度越来越快，面对海量的信息，由于数据储存空间有限，给财务相关数据的搜寻和保存等都带来了巨大压力。然而为了满足企业管理人员做出相关决策所需要的各种信息，企业必须加大对数据库的建设，同时也为财务工作更好地开展打下坚实的基础。

2. 会计信息结构变得复杂

目前所使用的会计信息中，大多是以结构化信息为基础，在大数据库中包含着各种各样的信息，但是其中大部分却是非结构化的信息。在大数据不断发展的趋势下，会计信息需要与大数据信息进行一定程度的融合，这会促使会计相关的信息向非结构化进行转变，进而使会计信息结构变得非常复杂。在这种情况下，财务人员在实际工作中，必须对数据信息进行分析和筛选，以保证信息的可利用性，为科学准确地使用信息提供保障。

3. 财务会计信息质量相对较差

大数据时代下，财务信息量不断增加，但相关信息的准确与可靠性却不高，信息质量相对较差。在财务实际工作中，能使用到的信息只占财务信息中的一部分，并且由于会计信息质量相对较差，所以就难以体现出企业真实的发展状态，继而不能为企业相关管理者提供可靠准确的财务信息。由于大数据对企业各方面的经营发展都产生了很大的影响，所以在财务会计信息质量方面，企业需要投入更多的精力，完善各项信息制度，保证财务信息的准确性，以提高财务信息质量。

4. 财务会计工作控制能力不佳

受市场经济及时代发展的影响，企业在实际经营过程中往往会忽略内部控制的重要性，对财务会计工作造成了很大的影响。由于缺少对财务会计工作的相关控制，有的财务人员并没有根据会计准则等要求切实执行财务工作，也没有恰当地应用大数据技术，造成财务信息的混乱，给企业的发展带来威胁。对财务会计工作控制能力不佳，是导致大数据无法发挥相关优势的重要原因。

5. 信息安全性问题

在企业的财务会计工作中，信息安全问题越来越引起企业相关管理人员的重视。财务信息关乎企业的命脉，一些非公开的数据一旦遭到泄露，必然会对企业产生很大的影响。在大数据时代下，更需要维护好企业的相关信息，以免被一些有心之人盗取利用，给企业带来损失，因此保障财务会计信息的安全是重中之重。

二、大数据时代财务会计变革策略

（一）加强财务信息化建设

在企业财务会计工作过程中，信息化技术的应用是非常重要的，并且可以促进企业会计模式的转变。此外在大数据的时代下，企业中的财务会计工作需要依靠一定的操作系统完成，因此，企业必须拥有适合自身发展特点的会计信息系统，并且要不断更新优化此系统，使企业人员能够更加方便及时地获取各种信息，不但提高了实际工作效率，还可以对相关的财务活动进行有效的监管，促使企业更好的发展。企业在发展过程中要加强财务信息化建设，投入一定的人力、财力保障财务信息系统的使用，并且要根据企业实际需求进行相关的改进，使之更好地为相关工作服务。此外，企业需要持续加强对财务人员的培训学习工作，深入了解并熟悉财务信息系统的相关内容，以便财务工作能够更高效顺利地开展。财务信息化建设，不仅给财务人员工作带来了便利，也给企业管理者提供了更加系统可靠的财务信息，为其做出有效的决策提供合理的保障。

（二）健全财务会计信息安全防范制度

在企业发展过程中，会遇到各种各样的风险，不仅要从企业层面持续加强风险防范意识，相关的财务人员也要极大地避免各种风险的发生。对于财务会计信息风险来说，其信息风险的防范更为重要，相关管理人员必须健全财务会计信息安全防护制度，落实财务信息监督机制。另外在信息技术安全维护方面，必须加大资金投入、人才投入，切实保护企业财务会计等相关信息的安全稳定。企业要根据自身财务会计信息系统的特点，积极制定各项安全防护制度。在其他方面，企业要随着市场信息的变化，不断调整相关防范制度以促使财务工作更高效地开展。

（三）完善会计基本假设

传统的会计基本假设一般分为会计主体、持续经营、会计分期与货币计量。随着企业经营规模与范围的不断变化，相关的会计处理流程适应工作的需要也会发生很多的变化，同样会计基本假设也会随着商业模式的改变发生相应的变化，因此要根据企业发展的需要完善会计基本假设。随着大数据的不断发展，事务的复杂性越来越高，对于会计主体来说，其含义越来越不明确，增加了判断的难度，因此要及时对会计主体进行相关的完善，以便财务工作合理地进行。另外，大数据时代会带来各种不确定性，企业的持续经营也会受到各方面的影响，所以要根据企业实际发展的特点和规律进行相关的调整。企业处于不断变化的信息化时代，在对财务活动进行确认与报告时，如果依然采用传统的会计分期假设，那么所报告的信息很可能是失效的，所以也需要对此进行一定的变革。

（四）加快财务会计工作职能转型升级

在大数据时代下，企业的财务工作职能不断升级，在财务工作中需要与企业实际发生业务相互融合，并且要加大与其他部门的交流合作，朝管理会计方向转变。随着大数据技术的不断发展，特别在业财融合的趋势下，如果财务工作只牵扯到会计核算职能，那么已经完全不能满足企业实际发展的需要，因此要加快财务会计工作职能的转化升级。将来财务工作可能会向智能财务方向发展，一些基本的财务工作或将被替代，所以财务人员要为企业带来更深层次的帮助。财务人员要从企业整体运营角度进行相关研究，全面分析企业的财务及经营状况，为相关人员做出合理决策提供可靠的信息来源。

（五）构建面向未来的决策视角

财务会计工作内容一般是面向企业的过去，对企业已经发生的一些事项进行记录与报告等，然而随着企业内外部竞争的不断加剧，企业需要对未来市场经济的发展进行持续的探索，所以在财务工作中可以引入管理会计，用于增加企业的竞争优势。管理会计可以在一定程度上预测未来市场的发展方向，以相关信息数据为基础减少各种风险，提出有效可行的风险解决措施。此外在大数据时代背景下，企业管理人员还可以根据未来发展目标提出一些适合本企业的财务改革方案。财务人员可以选取一些有利于企业管理人员做出决策的各种有用信息，保存到企业信息数据库中。另外还要采取合理的方式编制财务报表，为企业未来的发展提供相关的数据基础，降低企业决策失误的可能性。

（六）建立全面有效的监督管理部门

在企业的日常经营过程中，对各项事务及相关人员的监督管理尤为重要，可以及时预防或发现不正当的行为，对员工起到约束警示等作用，因此建立全面有效的监督管理部门对企业的正常运行十分重要。对各项财务信息进行监管，以保证其真实可靠，避免信息泄露及失真等问题，监督相关人员是否切实履行工作职责，严防徇私舞弊等情况的出现。监督管理部门人员要切实履行相关的工作职责，严禁互相隐藏勾结等不良行为。另外，监督管理机制应当根据企业内外部的变化及时进行调整，不断优化各项制度，并且要加强对相关监督管理人员的培训与学习，提高其整体工作效能，促进财务机构的稳定发展。

（七）实现多元化的货币计量

会计的计量属性一般以历史成本为基础，然而在大数据时代，信息的使用者在了解财务会计相关信息时，现实成本往往更能反映出企业的实际状况，因此会更加看重各项现实成本，于是将公允价值带到了财务会计的计量属性中。大数据时代，能够比较便捷地获取各种有效的财务信息，这极大地提高了公允价值的可靠性。传统财务会计的货币计量单位一般是“元”，然而在大数据时代，由于各项信息及数据的增加，会出现更大的会计计量单位，将极大地提高相关信息处理能力及工作效率。所以，财务会计变革的一个重要内容就是实现更加多元化的货币计量。

（八）提升财务会计人员综合素养

大数据时代企业财务会计变革发展过程中，必须提高财务会计人员的各种素质，引导财务会计人员不断转变思想，培养自己的各项职业能力，并将这些运用到企业实际的财务管理工作中，从而实现财务会计的转型发展。此外，企业必须定期对财务人员进行相关的专业技能及素质培训，不断提高其综合素养，使之更好地为企业及其自身的发展服务。财务人员也要树立忧患意识，持续学习各项技能，不断了解国家相关法律法规政策，提高自己的综合能力。

大数据时代财务会计工作发生了一些变化，大数据技术的发展也促使财务会计进行相关的变革转型。在这些情况下，财务会计要积极适应大数据发展的特点，使其为各项工作的高效开展所服务。此外要积极转变财务会计发展理念与方向，准确发现并利用大数据时代下各种技术的真正价值，抓住大数据时代给财务会计带来的机遇，迎接大数据时代引起的各种挑战，使企业财务会计拥有更好的发展空间。

第四节 大数据时代的财务会计发展方向

在大数据时代，通过有效地应用大数据技术，能够实现对海量信息的快速分析和处理，对于提升财务会计工作质量、工作效率等方面，都有着非常积极的作用。但是大数据技术不断扩大应用范围的背景，也给财务会计带来了一些前所未有的挑战。因此，为了保证财务会计工作能够适应大数据时代的特点，积极应对大数据时代给财务会计工作带来的挑战，当前需要针对在实际发展中存在的具体问题进行分析，制定出针对性的解决策略，促使财务会计能够实现与大数据的有效融合，保证财务会计更加高效地开展。

互联网技术将人们带入了一个全新的时代，在处理海量信息的过程中，大数据技术发挥出了较大的作用，有着非常大的实际应用价值。大数据也叫巨量数据，主要体现在数据量比较大，能够收集、获取以及处理大量的信息，为各行各业应用数据信息提供一定的便利。当前各个企业在实际的发展过程中，为了提升自身的市场竞争力，很多企业开始对内部数据的共享建设工作给予高度重视，开始逐渐在企业内部形成大量的数据信息。而在大数据技术的不断发展中，其原有的结构化数据范围开始不断扩大，一些半结构化、非结构化的信息开始出现。在这种情况下，企业就可以有效地应用大数据，实现对数据信息的快速、实时处理，在节约大量数据信息处理时间的基础上提升数据的利用率。大数据不仅给一些企业的信息处理工作带来了便利，同时在其他工作中也有着比较广泛的应用，如将大数据应用在财务管理中，可以实现及时发现数据漏洞，促使传统财务会计管理朝着管理会计转变。

大数据时代特点主要可以体现在以下四个方面。一是数据量非常大。主要是指企业在大数据时代能够通过多种不同的途径，获取大量、种类不同的数据信息，但是由此出现的问题就是需要对大量数据实施收集和筛选，工作量相对较大。二是数据结构比较复杂。在大部分企业中存在的结构性数据以及非结构性数据信息会同时出现，这也成为大数据时代为财务会计工作造成的一个困扰，即企业在制定各种决策的过程中，在考虑结构性数据的基础上，也要从非结构数据中将对应的信息提取出来。三是数据产生、处理的实时性。如果企业能够及时利用大数据获得大量的数据信息，并且有效地对数据进行处理，那么就可以为企业决策者提供更多更加准确的数据信息，更加有效地促进企业财务会计工作水平实现提升。四是信息密度相对比较低。即使企业在利用大数据技术时能够获得大量、及时的数据信息，从与企业会计信息的实际需求相对比来看，其中包含的有效信息也比较少。

一、大数据时代对财务会计产生的积极作用

（一）保证财务信息更加充分

在传统财务会计工作模式下的会计信息使用者，一般会通过会计报表对企业的实际发展情况进行了解，可以参考的信息比较片面，无法满足企业中的实际决策要求。而决策者更加需要多样化、充分的会计信息，这就要求积极利用大数据技术给予一定支持，通过大量的数据结合处理技术，为决策者提供更加真实有效的信息。同时，传统会计信息主要是来自结构性数据，这些数据有着易分析、好利用等优势，但是在大数据时代下出现的数据信息主要是非结构性数据，不仅包括企业内部和外部数据、财务数据与非财务数据，也包括宏观经济形势与微观个体经济行为的相关数据等。而大数据能够实现对所有数据的有效整合，将数据之间存在的关联准确找到，排除噪点、准确印证，高效率、低成本地提供丰富信息，促使企业能够不断提升管理，更加客观科学地制定企业决策，实现更好的发展。

（二）保证会计信息更加准确

在以往的实际会计工作中，财务会计信息一般是通过账簿、凭证以及报表的记录和核算获得，这种形式不仅容易在数据信息的整理与传递过程中出现错误，造成输出信息存在一定偏差；同时会受到信息源的限制，造成会计要素在确认以及计量中，需要实施大量的会计预测工作，如公允价值计量、计提准备等，容易出现财务漏洞，为一些不法分子提供可乘之机，影响会计信息质量。而在大数据技术发展水平不断提高的时代，企业利用大数据技术能够实现有效地获取、分析、处理大量会计信息，通过实现数据之间的互相关联和印证，保证会计信息更加准确。

（三）保证信息挖掘更加深入

通过准确利用大数据技术，对现有的财务会计信息实施分析与处理，能够保证更加直观地对企业经营状态进行了解，保证企业做出更加合理的决策。在传统财务会计工作中，由于受到了信息技术的实际约束，很多工作只能是简单完成，造成大量会计信息价值没有及时发挥出来，无法实现充分、深入的挖掘。而利用大数据技术，企业在经济市场中可以对所需的信息实施准确收集，并且与企业实际发展状况相结合，对企业今后的发展方向实施及时、准确的调整。这样不仅能够保证财务会计的工作质量，同时也可以提升企业在市场中的地位。同时，实施财务管理工作的部门，在大量数据中发现、提炼存在较高交织的资料，并且客观地将企业发展状况反映出来，就能够有效推动企业的可持续发展。

（四）保证人员角色及时转变

在传统财务会计工作中，会计人员日常只是对财务报表中的各项数据信息实施简单分析，并且为管理者提供一些基础的数据信息。而在大数据将时代，传统会计人员在职能上出现了非常大的变化，不只是简单地记录账目，还需要朝着更高层次的管理会计方向积极

转变。而在这种情况下，企业中的财务会计为了保证跟随市场的实际发展情况，促使企业实现更好的发展，就需要会计人员通过不同的角度和层面对企业中数据信息实施分析，并且利用大数据技术发现企业在发展中可能遇到的各种问题、未来可能出现的发展机遇等。在此基础上再与企业的实际情况结合，为企业今后的发展做出有效的决策。

在大数据时代，数据信息主要分为结构与非结构两种，其中一些非结构数据信息无法实现充分利用，无法体现出其具备的真正价值，影响了财务会计工作的高效开展。同时在大数据时代，所提供的大量信息不仅不完全是相关信息，同时也存在着一些无意义的信息。这些信息不仅在准确性方面需要进行充分验证，并且在一些情况下还需要实施抽样检测。这就造成存在大量的信息需要进行鉴别和处理，提升了信息的复杂程度，直接影响了财务会计工作的效率。

尽管大数据时代下企业中财务信息量不断增加，在内容上也越来越全面，但是并不是所有的信息都能够被应用在财务工作中，信息量的增加和信息运用量不成正比，无法准确、客观地反映企业财务状态，进而不能够为经营管理工作提供有利的依据。大数据时代对于企业技术发展、数据高效的收集和整理等工作，都有着非常积极的影响，但是在保证会计信息质量的方面，还需要不断地进行完善，以此保证企业能够探索出更加有价值的数据，促使企业实现全方位发展，进而保证企业的财务信息准确性，使其能够朝着标准化、科学化方向不断发展。

在市场经济不断发展的全新背景下，当前各个企业为了适应时代的变化，开始对企业规模进行调整，将销售放在企业运行的重要地位上，而忽视了内部监控和管理的同步，造成财务管理工作无法体现出应有的效果。同时，一些企业并没有在实践中遵循现有的财务会计制度、标准，准确地应用大数据技术，促使企业财务会计工作更加有效地开展。这种在企业财务会计工作方面的控制力不足的情况，是影响我国各个企业财务管理无法有效开展的重要因素，同时也是导致大数据无法发挥出积极作用的原因之一。

财务工作主要是为企业管理者制定决策、战略提供有效信息的一项工作。在市场经济不断发展的情况下，大量的企业开始专注于市场竞争，因此也会更加注重经营决策的有效性。这就造成财务会计工作的实际目标出现了变化，逐渐开始由经济管理方面的责任，转向了需要承担对应的决策责任。而随着大数据技术的出现、数据信息容量的增加，使用者的要求也出现了变化，变得更加个性化、多元和复杂化，但是实际上这些要求是财务会计工作无法真正满足的。企业中的这种形势不仅造成传统会计工作在职能上出现了比较大的变化，同时也造成财务会计工作需要面对大量的不确定性，严重影响了财务会计工作的顺利开展。

二、大数据时代财务会计工作发展的方向

（一）适应大数据时代特征，建立会计信息系统

在大数据时代，企业中的财务会计工作需要依靠一定的操作系统完成，因此，企业需要准确适应大数据时代的特征，建立对应的会计信息系统，并且加强与其他办公系统的沟通和交流，有效实现企业内部的信息资源共享。这样不仅能够有效提升企业的实际工作效率，同时也可以实现对财务活动的有效监管。首先，由于企业中建立对应的财务信息系统，不仅能够保证企业可以从大量的信息中提取有用信息，提高内部控制和管理水平，减少财务风险出现的概率，同时企业管理者也可以从大量信息中更快地获取有用信息，保证决策的合理性。因此，企业中的管理人员需要重视财务信息化建设工作，深入学习财务信息化建设的方式、具体内容，将一些比较成功的管理经验融入实际工作中，保证财务信息系统能够发挥出更好的作用。此外，企业需要提升对内部财务会计人员的培训以及再教育工作，保证其能够准确掌握对应的操作技巧，积极利用信息系统开展财务会计工作，保证工作效果。其次，在积极开展信息建设的基础上，企业需要引导财务人员及时完善和充实自身的理论知识，扩大知识储存容量，在信息化办公中不断提升计算机能力，保证自身的能力和水平能够真正满足企业运行与发展实际需要。最后，大数据时代为企业提供了更加丰富的内涵，同时也为企业带来了更多的数据信息，从多个不同的角度对企业价值产生影响。因此，企业中的财务会计人员也需要及时地更新自身知识，对多样化的数据信息进行分析，进而为企业管理层提供更加多样化的信息，使其能够做出更加准确、合理的企业发展决策。

（二）明确大数据实际价值，实现深度信息挖掘

在大数据的全新时代背景下，提高对财务信息的挖掘程度，不仅要求财务会计人员能够熟练、准确地掌握对应信息技术，同时需要更加准确、快速地对大量数据资料进行分析，并从中发现具备一定价值的资料，以此保证能够全面地将企业现有的经营和发展情况反映出来，避免由于信息不对称给企业发展带来一定不好影响。首先，在大数据技术快速发展的全新背景下，当前企业在实际的生产和经营过程中，免不了会出现大量结构化数据信息，并且还可能在全新数据类型、网络技术的支持下，出现各种非结构化的数据、其他特殊类型的数据。这类数据信息对于财务会计工作，也具有一定的作用和价值。因此，为了保证能够发挥出非结构化数据信息的真正价值，当前会计人员需要熟悉相关的软件，拥有良好的非结构化数据操作能力。这样才能够真正将数据信息有效应用在企业发展中，进而通过有效地挖掘数据价值，真正满足使用者对数据信息的实际要求。其次，在计算机技术与信息技术不断发展过程中，财务会计工作中数据的处理也更加便利，尤其是对于一些结构化数据信息的汇总、计算和统计工作，当前已经提升到了比较成熟的水平上，即使面对的数据量再大，依旧可以利用对应的软件对数据进行有效的处理。但是在信息技术不断发展中，一些半结构化或者是非结构化数据开始成为数据界主流，因此，想要保证从海量数据中真

正发现存在实际应用价值的数据信息，财务会计人员就需要充分、及时、准确地对每个数据价值进行分析和了解，实现对非结构数据的深度挖掘。只有这样，才能够保证企业通过挖掘出更多的数据价值，在市场经济中拥有更好的竞争优势。

（三）了解大数据具体特征，加大财务控制力度

针对财务会计工作来说，加大企业中财务控制力度，会产生较大的影响，而其中非常重要的一个环节就是财务会计工作的监督与管理。因此，想要保证大数据时代下财务会计工作能够更加有效开展，避免财务信息失真、财务数据不全等问题出现，就需要及时地对监督管理机制进行健全和完善，发挥出财务会计管理工作的作用，促使企业能够实现可持续发展。首先，在大数据时代，企业需要重点关注并设立对应的监督管理机构，并且对机构的具体职责进行有效明确，为后续工作更加高效开展提供一定支持。同时，企业需要结合实际的发展情况和发展目标，科学合理地制定财务数据分析监管制度，以此保证能够及时发现问题、上报问题、解决问题，进而保证企业财务会计工作更加有效开展。其次，在企业构建对应信息平台的过程中，需要基于数据分析的角度，提升会计信息质量，合理地建设和完善信息平台。这就要求在实践过程中，一方面要重视正确地选择财务软件，保证数据生成能够真正与企业的经济发展要求相符合，体现出数据分析工作的实际价值；另外也需要重视信息、网络安全管理工作，建立对应的信息安全管理系统，定期地开展安全维护工作，并且通过聘请专业人员建立与软件适应的防火墙、系统加密等方面以保证系统的安全性，避免信息泄露。这样不仅能够保证对应信息系统和平台更加高效运行，同时也可以保证信息在企业内部实现安全、有效的传递。

（四）发挥大数据技术优势，提供准确决策依据

财务报告主要体现的是企业经营活动具体情况和成果总结性信息，报告中信息的完整性和准确性能够为企业管理者制定更加准确的决策提供支持，真正满足企业决策者对于会计信息在质量上的实际要求。因此，在实际的财务会计工作中，需要积极发挥数据技术的优势，为决策者提供更加有价值的决策信息。首先，保证对数据信息负责，就意味着需要强化财务会计工作的实际责任，提升财务会计工作信息质量，实现及时发布、及时整理对应的信息，这样才能够满足企业的实际发展要求，以及社会发展对企业财务管理工作的需要。因此，企业需要从切身利益的角度出发，充分结合企业的支出情况、经营状态以及一些可能出现的额外盈利等，准确地对企业经营能力、发展能力进行分析，在此基础上再与财务报告结合，制定出更加准确的企业发展决策。其次，在大数据时代，投资者不仅会关注财务报表中的数据信息，还有一些其他的表外事项。因此，在实际的财务会计工作中，需要及时地将一些非结构性数据信息加入表外事项中，通过微观数据将企业的经营情况反映出来，并且从宏观角度将企业的发展趋势、行业地位等展现在投资者面前，进而为投资者提供更加真实、准确的参考，保证企业获得更多的资金支持，实现更好的发展。

大数据技术给财务会计工作带来了一定的积极影响，同时也对财务会计提出了全新的要求。在这种情况下，想要保证财务会计工作更加有效地开展，不仅需要积极转变原本的财务会计发展理念和方向，同时也需要准确发现和利用大数据时代下各种全新技术的真正价值，准确抓住大数据时代带来的机遇，促使企业财务会计工作获得更好的发展。

第五节 大数据时代财务会计转型策略

财务会计对企业运行的重要保障，是促进企业稳定运营的重要根本。传统的财务会计以人工方式进行统计计算分析，随着信息技术的发展，很多财务会计开始应用计算机技术，对数据进行分析，而基于大数据背景的财务会计工作，将大数据技术、云计算技术融合在工作之中，其计算能力、分析能力、工作效率均得到了很大程度的提高，工作模式也在逐渐转型。

相比传统财务会计工作而言，现代财务会计工作技术性更强，财务报告数据提取基于数据库技术，在进行准确的核实、记录基础上，以可视化形式对数据进行分析。有效避免了人工计算的失误、造假情况，提高了财务会计信息数据计算的准确性。

财务会计信息具有复杂性特点，数据种类比较多，包括成本、利润、销售、人工、设备等资金的投入与回报，传统的财务会计信息整理周期比较长，数据分析无法全面深入。大数据时代下，企业财务会计通过大数据技术，利用程序对其进行归类总结，可深入挖掘市场信息，减少资源浪费，使分析结果更具准确性。

企业财务会计信息处理效率更加便捷，主要依靠计算机技术，可实现企业内部信息的共享，保障各部门财务信息的透明度。大数据技术以云端储存的方式，将各部门的财务数据进行统一协调，财务会计获取信息的渠道得到了优化，信息处理效率也得到了极大的提升。

一、转变工作理念，树立大数据思维

在大数据时代背景下，财务会计工作要摒弃传统的工作理念，“取其精华，弃其糟粕”。在财务会计转型中，计算机技术、网络通信技术、数据库技术、大数据技术、云计算技术等，成为财务会计工作的主要形式，工作人员需树立大数据思维，坚持企业财务数据信息的开放性、共享性。财务会计需尽快适应新的工作方式，接受新的工作理念，对工作理念进行变革以及创新，切实满足财务会计工作的需求，应用新方法、新技术。工作人员需主动学习数据库技术的操作方法，了解大数据技术的工作内容，树立现代化的工作思维，建立动态化的信息财务工作理念，能够熟练地应用大数据技术对市场的变化进行分析，为企业决策提供更加准确的指导性意见。在工作理念转变过程中，会计人员需重视各部门财务工作与业务工作的对接，充分发挥财务会计的工作职能。转变工作理念要求员工自觉遵守转型需要，快速接受新的工作模式，探寻新的工作方法，树立先进的工作理念，充分发挥大数据时代下财务会计工作的优势，实现财务会计工作深入转型，切实提高大数据技术功能在财务会计工作中的优势。

二、应用信息技术，深化科技进程

在大数据时代下，企业若想深入财务会计的转型，需重视信息技术在财务会计工作中的优化以及应用。信息技术作为大数据技术的基础，在转型工作中，企业需落实财务会计工作职责，完善工作内容，利用信息技术生成财务报表，审核财务信息，并利用信息技术进行财务归档。在大数据时代下，以大数据技术为依托，企业需加快财务会计工作智能化进程，提高财务信息应用的准确性、及时性、自动化。在转型中，企业首先要完善企业内部基础设施建设，在财务管理系统中，应用数据库技术，完善财务信息系统，强化财务信息系统运行效率，优化系统防护功能，将最新、最完善的信息系统应用到财务工作中。其次，企业在财务会计转型中应优化计算机设备，提高计算机硬件设施，保障计算机的运行效率，减少计算机故障情况。最后，企业应重视信息技术的开发，构建财务信息管理平台，以完善的信息系统管理体系，实现财务信息的共享，推动财务会计信息工作的转型升级。在转型过程中，企业应深入研究信息技术应用，强化信息技术的应用优势，使其在技术上、系统平台上优化企业结构，促进财务会计转型升级。

三、优化工作程序，明确工作流程

以大数据背景为依托，财务会计在工作转型过程中，企业需对工作程序以及工作流程进行明确，优化财务会计工作结构。财务会计转型需要一个过程，有关部门需坚持优化性原则，坚持财务会计工作的层次性。在转型中，企业应坚持一体化的财务会计管理，对各部门之间的职能进行整合，优化企业财务工作，最大限度减少会计计算、分析的误差，通过各部门之间的监督、协调，促进各部门工作的效率提升。在工作流程优化过程中，企业应坚持经济效益与工作效率的导向作用，在原始工作模式的基础上，对大数据时代下的财务会计工作进行重构。与传统工作模式进行对比，要将传统数据提取工作向数据库数据提取转化，财务结构管理模式向信息化管理方式转化，对财务会计组织结构、职能、工作方法、工作流程等进行调整，以扁平式的管理模式，优化员工岗位结构，赋予管理层更多的权力，并在大型决策会议中，提高财务会计的参与度。工作流程、程序优化财务会计转型的重要阶段，也是提高转型效率的重要方法，企业应给予高度重视，并以文件的形式，对工作流程进行明确，建立财务会计工作细则。

四、重视人才培养，提高专业能力

在企业财务会计转型过程中，企业应重视现代化会计人才的培养，招纳具有现代化知识的专业性人才，强化企业大数据财务会计队伍建设。会计人员的专业能力、管理能力、技术能力等对财务会计转型具有直接影响，以复合型专业人才培养为目标，是企业财务会计工作转型的客观需求。现代化专业人才获取途径有两个，一是以高薪挖掘市场人才，二是企业内部对人才进行培养。首先，企业应重视高素质人才的聘用，在企业转型中发挥模范作用，要求企业内部员工向其学习，创建良好的工作氛围。其次，企业可通过企业文化构建，工作作风宣传，举起企业转型旗帜，增强员工对大数据时代的认知以及理解，树立企业员工的大数据意识，并以激励的方式，促进员工自主学习大数据技术及大数据知识。企业可通过培训方式，提升财务工作人员的信息技术应用能力，云计算系统应用能力，为企业财务会计转型工作提供保障。在转型过程中，企业要重视人力资源在企业发展中的作用，重视人员技术的开发，规范财务会计的工作行为，以高职业技能与专业能力，促进财务会计转型的不断深入。

五、完善工作体系，重视制度建设

在大数据时代进行财务会计转型，需建立科学的工作制度，给予财务会计转型工作制度保障，促进财务会计转型的不断深入。企业需根据自身的实际情况，树立科学的转型目标，并对财务会计工作制度进行优化，对财务会计工作人员的行为进行科学引导，明确各员工的职位、职责、避免出现重复工作等问题。另外，企业应建立科学的激励制度，以战略性人力资源管理为核心，将财务人员绩效目标与企业绩效目标相整合，切实保障企业员工的利益，保障财务会计转型工作的热情。另外，在转型过程中，要尽可能完善反馈制度，树立科学评价指标，并以完善的管理制度及监督制度，保障财务会计转型的协调性。企业需重视新制度的建设，以信息管理制度为核心，重视对财务会计人员的绩效考核，若员工出现失误，需给予员工相应的处罚，落实个人责任制度。所以，若想推进财务会计转型的深入，企业需采取科学的激励制度，以薪酬、绩效为激励方式，保障激励制度的科学性。企业还需建立完善的管理制度、监督制度，对转型中工作人员的态度、理念等进行规范，促进转型的不断深入。

总而言之，大数据技术发展为财务会计转型提供了动力，相关企业应紧跟时代的脚步，采取相关措施，实现企业财务会计向大数据时代过渡及转型。本节从工作理念、工作内容、工作制度、人才培养等角度，对财务会计的转型策略进行了探讨，为企业构建科学的财务体系提供经验借鉴，旨在提高企业的财务工作效率，促进企业稳定运行。

第八章　大数据时代财务会计的发展研究

第一节　大数据时代会计与财务信息的相关性

随着时代的发展以及社会经济水平的不断进步，大数据时代已经悄然来临，各个企业所面临的市场竞争也越来越激烈，此时想要在越来越白热化的市场竞争中获得一席之地，就必须就现有的企业经营信息，尤其是财务管理方面的信息管理工作质量及水平加以提升，充分利用大数据技术的优势，为企业财务管理中的会计信息相关内容逻辑优化发挥促进效果。鉴于此，针对大数据会计与财务信息相关性这一内容进行深入分析具有重要现实意义。

在专业领域中，大数据属于一类行业术语，主要是指无法在特定时间、范围内使用常规软件工具完成捕捉、管理及处理的集合，只有不断更新传统模式，方可使大数据更具决策力和洞察力，进而形成海量、高效和多样的信息资产。在进行大数据技术分析时可以发现，其具备海量、高速、多样、低价值密度和真实性等特征，同时该项技术在多个行业以及领域中发挥着重要的价值，充分对社会生产以及国民生活产生重大影响。

一、大数据会计的数据选择与结构探究

（一）思维性的转换有利于针对传统的定性类信息数据加以补充

在人类发展的历史中，传统的因果导向思维模式已经沿用千年，但随着时代的发展与进步、大数据时代的来临，传统的因果导向思维模式面临着即将更改的现实处境。大数据带有的非系统、非结构、碎片形式的数据呈现于每一个人眼前，导致传统的因果思维陷入英雄无用武之地的境况中，而该项技术应用所持有的高速、多样及大量性特征，也在极大程度上为人们传递了超多的信息内容，促使人们在新式信息的传递下，形成一种新的思维模式。

在大数据时代，对于企业的财务管理工作开展而言，大数据应用所呈现的数据信息内容，无法满足企业经营期间更为完整性的经营过程，如果企业财务经营中过分依赖大数据信息的使用，将会导致企业在经营期间的财务完整性价值丧失。相反，企业在经营中将大数据所涉及的相关碎片化信息加以处理和适当性补充，作为完整信息的辅助添加信息，将能够进一步将企业的经营价值展现和凸显出来。在以往传统的会计实务处理工作流程推进过程中，通常以货币作为财务主要计量单位，出现此结果主要受到两方面因素影响：①货

币计量通常用于针对定性描述的数据信息加以反馈；②在定性描述的数据信息呈现上，均与相关性关系推衍具有关联性，其形成的结果所带有的随机性较高，且在结果的精准性定位方面，并不如因果导向思维精准。对于上述两种情况的出现进行更具深入性的考量可以发现，传统会计之所以会将定量数据内容应用于财务核算，并借此核算结果作为企业相关信息的总结方法，主要原因在于其受到了时代发展的局限性影响。但与此不同，在大数据时代，非结构化、碎片形式的会计信息数据，将不会再受到来自因果分析框架的束缚，而是可以直接借助于整体或是大样本量针对企业会计数据内容进行各个内容之间的相关性分析，从而提升传统因果性思维分析下的成效和精准性。换言之，传统的会计数据信息所囊括的货币计量定量描述在数据的采集和利用方面并不充分，而大数据会计的运用，能够进一步针对传统会计的数据不足问题加以补充和弥补。

（二）利用碎片式或非结构化数据补充传统会计构成中的逻辑分析内容

通常情况下，碎片式或是非结构化的数据内容，很难利用传统的二维数据库加以统计和呈现，如视频信息或是图片信息等，而大数据时代之下，充分将二维数据库信息管理方面存在的不足加以补充完善，但此间仍需注意，并不代表所有碎片式或非结构化数据均能够纳入传统会计数据体系中用于企业财务管理。在具体的可纳入数据分析时发现，当数据本身具备一定的数据密度且带有一定价值类数据方可囊括于传统会计数据体系中，且此类数据融入大数据分析时，能够进一步针对信息的干扰性加以降低，从而更好、更真实地将事件影射的现象反映出来，最终提升会计信息的处理质量。此外，碎片式或非结构化的大数据信息还具备一定的中立性特征，其能够居于客观层面针对企业的财务信息所反馈出的真实事件或是现象加以呈现和表达，有效避免由于人为主观表达所产生的主观思维误解情况出现，避免影响企业财务信息管理的偏差类问题产生。由此可见，在传统会计数据体系中，将碎片式或非结构化数据纳入其中提升大数据会计管理水平、优化财务信息质量，必须确保该类数据在本质上的客观性和中立性。

（三）大数据时代下会计数据体系结构探究

在进行大数据时代下会计数据体系结构的分析时，可以从以下几方面着手展开：①在传统会计财务信息管理期间，能够真实且可靠地将经济业务的本质加以反映，而碎片式或非结构化的间接数据并不具备此功能，此结果的出现，在很大程度上与传统结构化的数据计量、确认和报告环节中严格依据会计准则类相关法律规定内容执行具有一定关联性，以某一经济业务的相关单据处理期间，需要经历稽核、复核、审核及经手人员签字等流程，而此类流程的按序推进，能够更具真实性地将经济业务事项加以揭露和呈现。②与传统的会计数据信息处理中的直接结构数据信息法相比，全新的大数据会计法应用后，能够利用碎片式或非结构化的间接式数据内容，充分实现提升与企业价值关联的高度，并且在信息的独立性上相对更高，促使企业经济业务本质可靠性的反映在现代会计体系的构建下更加真实，同时对于会计信息在质量层面的提升也起到助推效果。

通过对上述两种分析内容的展开可以发现，传统的会计数据以及大数据会计体系对于信息的真实可靠性要求均较高，在此认知基础上，充分在现代会计数据信息体系中将碎片式或非结构化的财务信息数据纳入其中，对于企业财务管控以及会计实务处理方面的质量提升具有重要的促进作用。但是，此种管理方法在成本投入方面的支出较高，此种因素会在一定程度限制大数据会计数据信息体系的全面推广速度，有待后续的不间断发展和执行方能得以实现。

二、大数据会计下企业价值与财务信息相关性构建

在传统会计数据体系构成中，企业价值在很大程度上会受到该体系中的不同种类以货币计量可量化的结构化数据影响，借此实现对当前企业经营中的各项经济业务活动加以核算和价值反馈。但是，其中的非结构化或是碎片化的数据属性均为间接性数据，即便其与企业价值相关度较高，也无法直接利用其作为企业价值呈现的直接性条件。此时，部分企业在进行未来现金净流量的现值和企业价值的评估时，却忽视企业所开展的会计核算，仅针对以往账面价值所呈现的历史现金流量的呈现，造成评估的结果与企业目前的账面价值并不等同。在这一基础上，利用大数据会计进行企业财务信息相关性构建时，一定要将企业经营过程中直接、间接或潜在的现金流量充分与企业历史现金流之间构建起关联性，期间重点针对企业未来直接、间接、潜在的现金流进行计算。具体而言，可借助以下公式进行计算：

企业现实账面价值 t= 投资活动现金流 t+ 经营活动（生产销售）现金流 t+ 筹资活动活动现金流 t(①)

企业价值 t= 企业现时账面价值 t+ 企业潜在价值（企业未来现金流）t(②)

通过对公式①和②进行分析得出，企业未来经营发展期间直接、间接、潜在所带来的现金流价值，从而得出公式③：

账面价值 t= 企业价值 t - 1= 账面价值 t - 1+ 企业潜在价值（未来现金流）t - 1× 转化效率（③）

在该效率的有效转化下，能够进一步针对自变量 x_n 的函数 $U(x_1, x_2, \cdots, x_n)$ 加以表示。但是，在现实的企业财务会计信息管理中，能够针对企业数据信息函数加以转换的结果呈现产生影响的因素非常多，所以企业在进行大数据会计与财务信息相关性构建时，还需将诸如企业客户、消费者群众等因素对于企业当前经营活动执行的效果评价同样作为重点考察因素，借此强化大数据会计与财务信息之间的相关性，最终提升企业财务管理质量和水平。

通过对全文内容进行综合分析能够得出，虽然目前企业财务管理工作在水平及技术运用方面均较传统的管理效果有所提升，但是在企业价值与非结构化或碎片化的数据相关联系构建仍旧存在不足，导致企业的财务管理过于单一化，影响企业财务管理工作开展的全

面性。此外，将企业财务信息与大数据会计有效结合，也能够进一步促进企业财务管理人员加强对于财务信息相关性的了解和掌握，从而更好地帮助企业财务管理水平提升起到促进效果，最终为企业提升市场竞争实力奠定基础。

第二节　大数据时代下“实时会计+智能财务”

随着数字化时代的到来，各行各业纷纷加入大数据化的浪潮，运用技术变革不断优化工作流程，提高经营效率。对于财务工作而言，传统的财务会计模式不复适用。大数据时代不仅要求传统的手工记账模式向云计算、物联网模式转变，更要求由财务会计逐渐向管理会计过渡，通过智能财务加速业财融合，最终达到财务转型目的。

一、大数据时代下的财务变革

从 20 世纪 90 年代最基本的财务会计，升级至 2013 年财务共享服务和企业司库，再发展到 2017 年的全面管理会计，以及至今不断研发的人工智能，企业财务管理发展路径持续优化。这一切都离不开数字化时代的技术变革——大智移云物链。“大智移云物链”分别指大数据、人工智能、移动互联网、云计算、物联网及区块链。该技术旨在以小数据集为基础，通过利益相关者的在线互联，运用信息技术加工各类原始数据，使其成为一个有机的大数据库。借助此项技术，财务部门能够更有效地进行成本分析、预算控制及财务管理，从而帮助企业管理、分析、决策和创新。

二、财务转型路径

财务转型主要由实时会计和智能财务完成。具体来看，实时会计主要指财务共享服务，从事项库到凭证、账簿、财务报表、数据分析再到报送，所有流程一气呵成并实时更新。智能财务主要指财务机器人。财务机器人、财务共享和财务转型三者构成“点—线—面”的关系。其中，财务转型是“面”，指企业财务部在财务战略、组织结构、职能定位、操作流程、人力资源和信息技术等方面的全方位转变，成为企业在提高自身竞争力的过程中不可或缺的组成部分。

（一）实时会计之财务服务共享——“线”的组建

财务共享指以信息技术为依托，在财务业务流程处理的基础之上，对组织结构、工作流程及管理效率进行优化，以降低运营成本和创造服务价值为目的，将不同地域和法人、在同一时间范围内的会计业务通通拿到同一平台统一报账、核算和报告，进而保证会计记录和报告具有规范的标准和统一的结构。

财务共享服务的具体做法是以电子会计档案为基础，将数据采集、处理和应用的责任清晰区分并归属到三类不同组织。首先，发生业务部门经过业财系统间建立的接口直接报账，源数据的质量责任则直接归属该部门。其次，待数据采集与录入成功后，结算收入、核算与复算、过账及生成凭证等交易处理可直接在财务共享服务中心执行，财务共享服务中心记账、审核后形成定制财务报告，并对其财务数据的质量负责。最后，高附加值的财务活动（如决策分析和绩效管理等）保留给各机构，财务管理人员可调动财务共享服务中心提供的数据，并对其分析结论负责。

（二）实时会计之业财一体化——“线”的优化

为了实现物流、信息流、资金流一体化，保证财务更新速度赶上业务发生速度，由核算会计向业务会计转变势在必行。在传统的核算会计下，业务和财务被割离，业务人员专注于采购、销售、库存管理等日常业务，而财务人员工作局限于数据汇总、凭证录入、报表编制，二者之间少有联系。但是在业财融合的大环境下，业务活动反映财务信息、财务管理体现业务工作的有效性，二者相辅相成。财务人员在充分了解业务活动的条件下不仅能帮助企业做好事后核算监督，且能进行事前预测、事中控制，从而使预算合理、成本降低，最终使企业整体运营效率得到质的飞跃。

（三）智能财务之智能财务机器人——“点”的构建

要实现财务共享服务和业财一体化必须实现机器人流程自动化（RPA）。由于二者都拥有大量明确规则的标准化流程，财务机器人可以大展身手，并帮助财务人员从重复、烦琐的工作中解脱出来，从事更具价值的指导性工作。如此不仅能保证业务和财务的顺利融合，还能大幅度提高财务共享服务中心工作的效率和质量，从而有力推动企业财务转型。

这里所说的财务机器人并不是实体机器人，它不以语言理解和交互为主要目的。RPA是一个工作桌面，是以计算机操作系统为基础，能自动识别用户界面和高效完成重复性工作的机器人。RPA既能独立工作，又能和人交互工作，使人能在关键环节集中注意力，简称智能辅助。RPA的关键点无须系统改造融合，而直接用人机界面进行业务和数据处理，属于低成本高回报的自动化技术。在可预见的未来，RPA将同人类携手，串联业务流程，并通过模拟、学习人类行为，实现智能认知和智能决策。

如今，四大会计师事务所均推出了财务机器人。德勤的财务机器人具有以下明显优势，分别是代替财务流程中的手工工作部分、进行各自动化财务流程管控、信息录入、数据合并、统计汇总及根据既定业务逻辑判断并识别财务路径的优缺点；普华永道的财务机器人在现有的RPA技术的基础上更注重规则的自动化；安永的智能财务机器人继续探索并落实了新一代RPA，旨在帮助企业避免“空壳效应”，向全面流程自动化前进；毕马威作为四大会计师事务所最后提供RPA服务的企业，更加注重运用数字化劳动力降低企业成本。

三、财务转型的典范——德勤

2016 年 3 月，德勤宣布与 Kira Systems 达成合作协议。2017 年 10 月，随着德勤财务机器人"小勤人"的问世，德勤成为四大首个拥有财务机器人的会计师事务所。德勤财务机器人可进行如下系列操作：费用报销、发票开具、采购付款、订单收款、固定资产管理、存货成本计量、纳税申报、预算管理、档案管理、银企对账以及报表出具等。

以发票开具为例，传统工作流程需 15 分钟，而运用"小勤人"后每张发票的开具减少至 3 分钟。再如收入确认、成本结转和月末结账，"小勤人"在 5 分钟内可完成一名熟练成本会计师 40 分钟才能完成的工作。在税务计算方面，财务机器人发挥的作用更为明显：由于纳税主体繁多，税收申报数据来源不同，财务人员难以在短时间内准确识别增值税发票真伪，并进行税收计算、纳税申报。财务工作者仅需将发票放入"小勤人"扫描仪中，剩余工作 OCR 技术和 Insight Tax Cloud 发票查验助手在 1 分钟之内即可完成。

"小勤人"的问世犹如一场革命，许多悲观主义者认为财务机器人是会计人的终结者。然而随着财务机器人的广泛运用，我们发现财务机器人确实替代了部分基础工作，却极大地提高了组织运行效率，也敦促会计人员逐渐向高价值的决策型人员转变。简言之，财务机器人实际是新会计人的帮扶者和开拓者。

四、财务转型的影响

（一）对组织的影响

由于 RPA 广泛应用，对企业组织有如下影响：首先企业的组织结构将进行大的变革，财务组织中会出现两个新团队，分别是机器人流程处理团队和例外事项处理团队。前者主要负责财务机器人日常的运营和维护，包括把控数据源质量、调度相关信息、稳定运行环境、定期测试内控等。由于财务机器人只能承担程序确定的标准化工作，一些较为复杂，需人为判断的例外事项则仍需后者处理。此外，例外事项处理团队还需对财务机器人生成的报告进行定性分析，使报告直接服务于治理层的决策。

其次，企业的人员构成也将有大转变。在 RPA 被广泛应用前，企业需大量核算型财务人员进行数据收集、凭证填制、单据审核及报表录入等基础、重复性的工作，且一环出错，环环出错。整个财务人员的构成就好比金字塔，底端的基础核算型工作人员过于饱和，而顶端的具有全局观的决策型人员极为稀缺，这就直接导致企业难以集中力量发展具有高附加值的业务。RPA 的出现缓解了这一尴尬局面，因为财务机器人可以根据编制好的程序和脚本运行，所有基于规则的标准化工作都可以由其代为操作，这样不仅可以极大地降低人工错误、提高工作效率，也可以将大部分财务人员从重复、枯燥的工作中解放出来。如此，企业可以将重心投入到流程优化、风险管理、数据分析等有利于企业持续发展的高附加值活动中。

（二）对个人的影响

1. 对财务人员的会计素养提出更高要求

如今企业对核算型财务人员的需求逐渐减少，对业务型财务人员需求与日俱增，这意味着“金字塔型”的人员结构将逐渐朝“橄榄型”转变。财会人员若想不被时代淘汰，则必须不断学习新知识，了解新政策，提高业务能力，从而通过运用所学专业来判断和分析数据、做出正确决策。

2. 要求财务人员知信息、懂技术

随着大数据时代的来临及 RPA 的广泛应用，企业越来越青睐于擅长信息技术的财务人员。在计算机与信息系统如此重要的今天，一旦系统出错、瘫痪，整个企业都有可能陷入混乱，因此企业需要这类人才保证信息系统的运营、维护及持续更新。

3. 要求财务人员具有深刻的洞察力和卓越的战略远见

机器人使得一部分财务人员腾出时间和精力。为使这部分人员实现从价值守护者到价值创造者的转变，企业希望该类群体能具备全局观，不断推陈出新，将目光锁定在新客户、新产品、新模式、新方向及新应用上。如此不断深入价值链，方能为企业创造价值的同时也实现财务人员的自我价值。

随着科技日新月异的进步，会计信息系统将朝着实时化、及时化、简洁化、开放化、智能化的方向不断发展。企业若想在竞争日益激烈的今天站稳脚跟，必定需要跟上时代不断前进的步伐，拥抱新技术革命，加快财务转型的速度。与此同时，企业还需具备创新意识与危机意识，不断研发新技术、新系统，进一步简化基础财务工作，将重心放在发展与革新上。于财务人员而言，局限于基础的财务核算工作迟早被时代淘汰。财务工作者需不断学习新知识、新技术，培养大局意识，做到能基于财务数据为企业提供有价值的决策意见。不论是企业还是个人，唯有不断探索转型路径，求新求变，方能紧紧拥抱时代，立于不败之地，并不断发展壮大。

第三节　互联网大数据对财务会计的影响

当前大数据正在转变着传统财务会计管理方式，财务会计管理工作必须有效应对财务登记、财务审核、财务档案的信息化，这样才能满足企业的发展需要。

一、互联网大数据时代对财务会计的影响

（一）对财务数据来源的影响

互联网大数据时代意味着海量的数据信息，意味着财务会计工作对各种类型的数据信息都给予有效全面的关注。由于财务数据信息来源更加复杂，财务会计关注的信息也更加

多样。首先，要求财务会计数据来源要有高度的相关性，要保证提供大量有效财务信息，支撑财务会计工作的顺利开展。其次，要加强会计数据信息的精准性，更强调提高数据信息的使用效果，着力围绕丰富的数据信息加工出有价值的财务管理意见。最后，随着财务数据量的增加，意味着财务数据处理难度与工作量的加大，只有反复检查财务数据信息，才能有效地减少数据的系统偏差，因此也意味着财务会计人员要花费大量的精力在数据信息审查上。

（二）对财务计量准确性的影响

财务会计工作是保证公允计量的重要手段，只有财务信息能够客观地反映企业财务经营工作的状况，才能为相关的经营管理工作提供必要的依据。在大数据时代数据的发布与更新变得异常迅速，大量数据一方面提高了公允财务管理的准确性与透明性，从而提高了财务会计工作总体上的可靠性和科学性，另一方面也要求企业财务会计以更规范的手段进行财务管理工作，实现对财务数据信息负责，意味着强化财务会计工作的责任，要求财务会计提高信息质量，及时发布相关数据信息，这样才能满足上下游企业与客户需求，切实满足社会对企业的现实财务管理需要。

（三）对会计目标定位的影响

随着大数据时代的来临，财务会计工作也不仅仅局限在保证财务工作记账准确方面，而且要求会计人员充分挖掘会计信息价值，要注重使用多样化、个性化的方式来满足会计工作的现实需求，要根据不同使用者的需求提供有效的财务会计信息支持，注重及时筛选相关的数据信息，保证满足企业各种经营工作需求，全面挖掘使用财务数据信息。

二、互联网大数据时代对财务会计的要求

（一）关注各类数据信息

大数据对财务管理工作的影响是无法估量的，大数据不仅为反映企业经营情况提供了条件，而且大数据还会成为企业发展的重要优势条件。企业会计部门作为直接产生与收集数据信息的部门，应当发挥一手数据资料的重要价值。首先，企业财务人员应当熟悉各种类型的数据信息，能够快捷地从众多数据信息中筛选出有价值的信息，注重理清各类数据信息的价值，通过信息来反映出企业经营管理的实际状况。其次，要求财务管理人员不仅要有财务管理知识，而且还要求财务管理人员能够掌握企业基本情况，能够充分挖掘企业经营过程中的各种信息，实现对各种数据的合理分配归纳，从控制成本的角度来发挥出各类数据信息的价值。

（二）提高处理特殊数据能力

随着数据信息技术的快速发展，不仅在企业生产经营过程中产生大量结构化的数据信息，而且还会在新的数据类型与网络技术的支撑下产生大量非结构化数据和特殊类型数据，

这些数据信息在财务会计工作中也能产生价值，因此会计人员只有熟悉相关操作软件，掌握非结构化数据的操作能力，才能有效地应对大数据时代特征，切实把各种数据信息应用到企业发展中去。财务会计人员只有具备从海量数据信息中挖掘数据的能力，才能更好地适应大数据时代特征，切实满足数据挖掘使用的需求。

（三）满足使用者个性化需求

会计工作主要是为企业发展经营提供服务。会计工作是为企业经营提供决策信息的重要辅助载体。特别是在面临日益激烈竞争的市场环境下，为了提高企业经营管理的科学性与适用性，财务管理者就必须关注企业经营决策方面的变化，能够根据财务管理工作目标的变化科学地使用大数据手段，逐步促进财务管理手段方式的转变，以多元化和复杂化的方式来处理数据信息，这样才能根据企业发展的多样化需求发挥数据信息的实际价值。

（四）转变传统财务会计工作模式

在大数据时代要求财务会计重新审视财务会计工作，要求有效应对传统财务会计工作中的问题。首先，要提高信息披露质量，提高会计信息披露的针对性，不仅要反映各种显性指标，而且要反映各种隐性数据指标。要改变以往财务会计工作缺乏预见性问题。其次，借助会计信息提高预算管理准确性，要树立时间价值理念，注重加强事前与事中管理，强化提高会计预算的弹性空间，有效减少以往财务会计工作误差较大的问题。最后，针对大数据时代背景健全相关的会计管理工作制度，要实现会计职责权限的有效分离，实现对各会计部门职能的全面引导。

三、互联网大数据时代财务会计改进策略

（一）完善财务会计工作制度

当前针对大数据时代出现的一系列的新变化，应当完善财务会计管理工作制度，着力根据新时代的要求，在财务会计工作制度方面进行全面的更新，不断适应内外部环境的变化，解决解决财务会计工作的实际问题。首先，会计工作必须应对时代背景，着力按照新时代的要求更新传统财务会计工作制度，其次，提高财务会计工作操作标准的规范性与简便性，注重运用信息化的方式加强财会会计管理，通过信息化途径来简化各种操作，达到财务会计管理规范化基础上的全面创新发展。

（二）树立以人为本的理念

大数据技术正在转变传统的财务管理工作方式，不仅财务会计工作的方式日益创新，而且大数据技术要求财务会计的职业能力水平与信息技术水平。因此，只有根据财务会计人员的实际情况全面发挥财务会计人员的主观能动性，才能创新性地提高会计工作生产力，发挥出财务会计人员的价值。首先，财务会计人员应当向企业生产经营一线倾斜，使财务人员参与到企业经营活动当中，不断积累财务人员的企业经营知识。其次，财务人员必须

打破部门界限，注重财务人员深入到各业务部门和中间环节，切实将业务信息转变为有价值的财务数据信息。最后，实现财务管理信息技术的升级，着力提高财务人员收集处理信息的能力。

大数据实现了企业财务会计工作的全面创新，财务会计管理工作正在朝着专业化、系统化、科学化的方向发展，只有不断提高会计人员会计信息处理能力，才能满足大数据时代对财务会计工作的新要求。

第四节　大数据时代财务会计与管理会计

“大数据”是IT行业近年来进行数据分析的新模式，各个行业对大数据分析的依赖与日俱增。大数据（big data），是指通过收集大规模的数据，在合理时间内通过管理、分析并最终整理成对数据使用者有用的资讯，从而帮助相关企业做出更有利于自己的发展规划。在财务管理工作中，人们可以通过大数据进行分析和比对，使财务管理发挥应有的作用。在传统的财务管理下工作效率比较低下，而云数据的发展使数据的共享更加便捷。在全球化日益发展的今天，财务工作要想与时俱进，会计转型显得尤为迫切。

一、财务会计与管理会计的概念

作为会计概念的两个分支，二者有很多共同的观点和紧密的联系，同时又各具特点、各有侧重。第一，财务会计一直被当作单位一项重要的基础性工作，通过对运行完成的经济活动及资金往来进行核算，为企业信息的外部使用者提供相关资讯，以便他们更好地了解企业的整体财务状况和经济运行情况。这些信息的外部使用者包括投资者、债权人以及政府监督部门等。在企业开展涉及资金往来的业务时，有必要通过财务会计的核算及监督功能，通过计算各项指标表，反映资金的使用情况及使用效率。财务会计可以使企业利益相关人对整个单位的经济状况及发展前景了然于胸。财务报表作为财务会计的一部分，可以反映单位的运行状况及未来发展方向，同时揭示单位运行存在的一些问题。通过挖掘隐形问题，从而制定出适合单位发展的方针及策略，加快单位前进的步伐。第二，管理会计也叫“分析报告会计”，是从传统的会计系统中独立出来并逐步发展成为一个会计分支，更加注重为企业制订未来发展规划，改良管理模式，展望发展前景。管理会计需要为管理部门制订计划、反馈业务活动情况、分析经营成果，并将管理信息以报告的形式呈报给相关人，直接参与单位决策。管理会计主要是服务于企业内部管理，目的是通过加强单位内部的财务管理，使管理者更好地对未来发展制订规划。在单位的发展过程中，提高效率是保持竞争力的保证，强化内部管理可以使单位不断适应技术进步带来的社会变革，在发展过程中保持竞争力。

二、财务会计向管理会计转型的必然性

在单位发展的过程中，财务工作直接影响到单位的整体运行情况。传统的财务会计工作仅包括最基础的核算内容，即将账务中的多项数据进行收集、汇总等，形成资产负债表、利润表、现金流量表等各种报表及各项指标数值；在管理会计中，会计工作是将汇总好的财务数据进行分析，在财务会计所完成工作的基础上对数据进一步分析处理，最终形成分析报告。财务会计关注的重点在于数据的精准性；管理会计关注的重点在于通过加强单位内控管理，进一步控制成本。在大数据时代下，财务会计的局限性逐渐凸显出来，首先会计中数据收集的方式方法有了革命性的改变，财务会计需要改变自身处理会计数据的形式，将有价值的信息挖掘出来，以此适应大数据的潮流。对单位发展具有重要作用的数据需要进一步整合，以此提高单位的运行效率。对传统财务会计而言这些是无法进行实现的，但在大数据时代下这些都可能成为现实。

客观上来说，大数据时代下的大数据分析为财务会计向管理会计转型奠定了技术基础。大数据包含有大量的财务管理方面的信息，同时具备运行质量高、速度快、定位准确等特点，相较于传统的运算方式，大数据分析的处理方法更加精确、有效，运行速度更快，提高了财务管理工作的效率。大数据特有的优势暴露了传统财务会计的短缺，放大了传统会计自身的局限性，这在客观上要求财务会计向管理会计转型。

从主观层面上来讲，为了使单位保持长久的竞争力，财务会计需要向管理会计转型以适应大数据时代的发展。财务会计主要是通过收集单位运行数据，反映单位的经营状况和收益水平等。相对而言管理会计关注的层面在于单位管理层及决策层，重点强调对单位运行的控制，找出运行中存在的问题，为单位战略发展及长远发展提供数据支持。通过对比财务会计和管理会计不难发现，管理会计关注的层面更为高级，能够给单位决策层面带来影响。随着经济生活中大数据应用越来越广泛，财务会计向管理会计转型也是必然趋势。

三、财务会计向管理会计转型的措施

（一）转变财务管理观念

单位在进行财务会计过程中，往往忽略财务人员所起到的作用，认为财务会计工作仅仅是简单的报销、录凭证、汇总数据，致使现行财务工作难以达到管理会计“管理型”“战略型”“决策型”的要求。在这种重业务轻管理理念的影响下，财务人员的创造价值不能得到充分的发掘，可见在大数据时代，单位管理人员尤其是领导阶层必须在日常工作中逐步转变财务管理理念：首先要转变财务管理观念，重视财务管理工作，提高财务管理在整体工作中所起的作用，建立健全相关制度，明确内控机制；其次要更加突出财务战略在企业中的地位，把绩效考核与财务战略的推进结合起来，通过财务战略的实施推动战略目标的实现；最后还要加大对财务人员的培训力度，提高整体财务人员的水平，尤其是数据的

分析能力及风险意识，这样才能在大数据时代更好地开展财务工作。

（二）提升财务管理人员的职业素养

在大数据时代的影响下，财务会计的变化日益明显，日常工作有了很大改变，因此需要以适应大数据为目的，不断提高财务工作者的基本素质和专业水平，只有这样才能做好单位的优化管理工作。但在目前的工作中，很多单位的财务会计仍然将自己的工作定位于传统的工作模式中，将大部分精力放在报销、对账、记账等内容上，难以满足现实发展中对于财务管理人员的职业素养的要求。为了改变这种现状，就要求管理者认识到提高财务人员职业素质和专业水平的重要性，切实做好会计培训与教育工作，组织财务专业技术人员积极参加相关培训及业务考核，实现提升财务人员职业素养的目标。第一，要做好财务人员思想上的教育工作。借助思想观念的教育与培训，使其认识到应该根据单位的整体战略安排部署财务工作，不但要考虑财务方面的问题，还应注意非财务方面的影响。第二，要以提高财务人员整体素质和专业水平为目的展开培训工作。根据日常工作中的分工与考核，分析财务相关人员的优势与劣势、特长及不足，有针对性地开展培训工作，结合财务专业知识、计算机操作、网络知识等涉及大数据的内容，确保财务人员能够胜任财务会计向管理会计转型后的工作。第三，完善考核机制。通过将培训成果与职工切身利益结合起来，从而提高培训的效果。每次培训结束都要对培训结果进行考核，结合单位的激励机制，将考核的结果作为绩效考核的重要内容。

（三）重视大数据的处理

在单位各方面都已做好财务会计向管理会计过渡的准备以后，应进一步注重和利用大数据的处理。在财务工作中合理地应用大数据技术对收集的财务数据及非财务数据进行统一对比分析后，可以使单位得到更多信息，更准确地把握经济发展动向，从而提前制定发展战略，在经济浪潮中占据有利地位。

综上所述，大数据时代已经来临，企业财务管理水平也得到大幅提升，财务会计正逐步向管理会计过渡。在此背景下，财务工作对财务人员的要求也越来越高，财务人员应不断提高自身业务素质及管理水平，顺应时代发展，更好地完成自我转型。

第五节　大数据时代财务会计信息化发展风险

大数据的发展在推动财务会计发展的同时，也为该行业工作的进展带来了诸多的风险。例如，某些企业面临严重的财务数据泄露问题，由于服务器的脱机可能导致数据缺失；也有某些传统会计人员并不能很好地适应大数据环境下的工作模式，工作效率较低。然而，也有许多企业灵活运用大数据技术改进现有的会计工作。例如，华为、步步高等大型民营企业先后引进了大数据财务信息软件，利用 VBA、数据库进行财务会计数据的处理；中信、中粮等大型国企也利用大数据技术对传统的会计工作流程进行改革，提升了财务工作效率。

一、大数据时代财务会计信息化发展风险

（一）在职工作人员技能缺失

一方面，许多企业的财务部门员工年龄偏大，而50岁以上的会计员工不愿意学习新的计算机知识，习惯于采用人工核算的方式进行会计工作，因此，许多企业的会计部门无法跟上企业发展的节奏与步伐，不能高效地处理财务数据。另一方面，也有部分公司不能为在职员工提供可靠的培训计划，导致员工逐渐与新的技术以及理论脱节，企业数据量增长、处理财务数据的流程优化，年长的财务会计工作人员不能熟练地使用软件协助日常工作，给企业的会计工作的正常开展带来了诸多的不便，最终也会影响到企业的经营活动。

（二）财务数据失真风险增加

随着互联网技术的不断发展，数据泄露、数据失真的风险一直困扰着诸多的企业，财务数据关系到企业的发展命脉，如何降低财务数据泄露的风险值得企业进行深入的分析与思考。会计数据泄露以及失真的具体危害如下：对于个人而言，我们的隐私信息被曝光在网页上，不法分子利用个人身份、手机号信息作为登录手段，产生黑色交易，可能造成资金账户的损失；对于企业财务人员而言，财务会计信息的安全性也受到了巨大的创伤与考验，虚假的交易也会减少报告的精准性；对于企业自身而言，由于财务数据的失真，管理层对于企业的真实发展情况不能有精确的衡量，影响了决策的正确性。

（三）财务会计风险管理制度不够完善

大数据时代的到来推动了财务会计工作模式的更新，在此背景下，许多企业意识到传统的会计制度存在分工不明确、风险点不可控等问题，不利于后期的管理与优化。在传统的制度下，会面临计算错误结果、财务数据造假、难以兼顾到不同业务的细节等问题，制度的漏洞甚至可能为腐败问题提供可乘之机。一方面，某些企业的层级过于僵硬，集权式的管理模式导致企业业务、财务、技术的沟通效率较低，不利于财务会计工作的数据化与信息化；另一方面，由于缺少全面的会计工作风险管理制度，对许多存在风险的环节并没有做好事前的控制与事中的管理，可能产生窃取涉密数据、弄虚作假、伪造财务报告的行为，进而损害股东的权益。

（四）会计信息化标准和相关法规法律不完善

在没有大数据和互联网的社会，人们就已经依据相关的法律法规进行生活，如今的世界是一个信息化世界，更要依赖于统一的技术标准和法律法规的约束，所以财务会计管理的信息化需要在相关的技术标准和法律法规下进行发展。如果技术标准和法律法规不够完善，不能应用在财务会计管理上，那么相关的财务会计管理部门会出现混乱，相关的技术推广会受到极大的约束。但是就目前来看，关于财务会计管理的技术标准还完善，所以一

些企业一旦出现关于财务会计管理方面的漏洞和问题，将会面临找不到合法手段来维护的境地，所以很多企业不愿意使用新型的会计技术。在以后的发展中，各大企业更需要完善自身的会计信息透明化技术，能够在发生问题的时候准确和及时地维护自身利益。

二、大数据时代财务会计信息化对策分析

（一）强化会计在职人员的工作技能培训

一方面，企业应该为在职的会计人员提供针对性的计算机培训，包括 Excel、SPSS、Word 等常见的软件，讲解内容包括但不限于软件的安装与升级、数据库的数据操作、财务指标体系的建立与自动监控、成功的会计信息化运营管理案例等，帮助传统岗位上的员工树立大数据的会计工作思维，提高自己的职业能力。另一方面，企业也要重视现有的财务会计信息平台的更新以及维护，根据财务工作实际流程，设计财务工作系统，为工作人员提供良好的硬件设施支持。对于中小型的企业而言，可以积极寻求市场软件商的合作，采用外包开发或者半外包开发的形式更新财务系统，再聘用专业的技术人员负责后期的升级优化。

（二）强化财务数据安全性管理

第一，对于企业而言，需要重视财务信息泄露问题，有针对性地建立网络安全管理信息系统，对全公司的会计数据进行加密保护，尤其限制员工的取数、看数权限。第二，对现有的网络数据的漏洞进行安全管理与修复，并设定相关岗位，以便及时发现数据系统中隐藏的风险与问题，如随时删除木马病毒。第三，政府及行业协会应该发挥领导作用，积极与云服务商合作，推出一整套具有高权限的数据安全信息系统，对网络犯罪、数据泄露等问题进行严格的打击与惩罚，为企业正常开展会计工作提供良好的环境保证。

（三）完善企业财务会计风险管理制度

第一，中小型的企业都可以学习中兴、步步高等大型企业，积极对现有的业务流程进行优化，删减不必要的环节，重组部门，提高企业资金的利用率，促进业务方与资金方的信息共享，实现财务系统的高效运作。第二，根据在职员工的专业特色进行职位的重新规划，明确不同员工权利与责任，避免集权问题，同时通过惩罚与监督的条例，提高会计人员操作的规范性。第三，积极借鉴高科技公司的财务会计管理模式，建立基于大数据特征的会计工作管理框架，全面评估日常工作中可能面临的财务风险点，再根据具体的工作场景与职责进行精细化的划分。

（四）完善会计信息化系统标准和法律法规

企业在明确知道自身的缺点以后要及时地完善会计信息化系统的标准和法律法规，这样能够借助技术标准和法律法规来约束财务信息化的建设工作，保证会计信息化建设得到发展。目前我国对于财务信息化的技术标准和法律法规的建设没有任何经验，所以政府在

建设这些法规的同时也要求相关的部门注重对信息化法律体系的建设，除此之外，不能够对会计信息化的监管力度松懈，要加强对其监管，一旦出现问题就会及时解决，能够保证资本和时间。

三、大数据时代对会计信息化的影响

大数据时代衍生出了互联网和物联网，全民都在进行线上活动，数据信息充斥着这个世界，人们要用自己的价值观来判断海量信息当中的正确的资源。随着时间的流逝，人们逐渐接受了信息化的生活方式，所以将被信息所充斥的世界称为信息化时代。信息化时代给人们提供了便利的资源和生活条件，使人们在日常生活中变得非常便捷，能够足不出户就可以与他人联系，网上购物也变得非常便利，同时在工作方面也取得了巨大的进步。企业财务会计的信息化效率由于大数据的发展也在不断提高，企业的一些方面的发展能够利用大数据的帮助得到提升。会计的信息化是每一个企业非常重要的部分，能够控制企业的成本发展，也能够提高会计工作效率，在互联网和云端技术融合的会计企业当中，形成一个虚拟的会计网络，在工作方面或者是出现问题能够及时和企业进行在线联系，确保客户的自身利益和企业的效益，提高了客户的便利性，也提高了财务会计的管理水平。

信息时代，企业在日常运营中产生了大量的数据，只有不断完善财务会计风险管理制度，提高在职员工专业水平，才能高效运用信息技术，推动财务工作的开展，降低经营管理风险。

第九章　大数据时代下财务管理的理论研究

第一节　大数据时代财务管理的挑战

作为具有革命意义的最新科学技术，大数据正在从各个角度影响着我们的生活，也包括企业财务领域。财务管理是企业管理的核心内容，对企业经营规划有着深刻的影响，能否执行优秀的财务管理关乎着企业的生存发展。如何积极应对大数据时代下企业财务管理的环境变化和发展趋势，以敢于创新的姿态占领时代的先机，是当前我国企业必须认真对待的问题。

一、大数据对企业财务管理的影响

传统的企业财务管理所依据的数据是非常有限的，这使得财务数据分析具有明显的局限性，导致财务管理缺乏全面的、精确的数据基础。建立在数据不完全可靠基础上的企业财务管理如同管中窥豹，很容易以偏概全，与市场的客观性存在较大差距，极易发生判断失误，最终导致企业利益的损失。而大数据技术能够为企业呈上全面的、实时的、精确的市场数据和系统的、多层次的、个性化的数据分析，使企业拥有更可靠的财务分析工具、更先进的财务管理和更有效的财务决策依据。具体而言，大数据对企业财务管理的影响主要包括以下四个方面：

（一）企业财务处理方式的变化

首先，大数据改变了财务处理的范围。传统财务管理概念中，企业仅处理与本企业直接相关的财务数据。但是在大数据时代下，凡是与本企业相关的数据都在收集和处理范围之内，如行业信息、金融市场波动、上下游企业财务状况变化等信息都逃不过大数据的关注和数据挖掘。其次，与传统财务管理方式相比，大数据更注重非财务信息的价值。大数据技术能够通过分析那些从表面上看与财务完全无关的数据并对其进行提取、统计、归纳，从中找出与财务管理相关的经济规律、企业特征、潜在问题，为企业进行财务管理提供扎实的数字依据，更重要的是为企业指明提高财务管理水平的方向，使企业可以将有限的资源放在最关键的财务管理节点上，实现财务管理资源的最大化利用。

（二）企业会计核算方式的变化

传统财务管理大多采用“人—机”结合的半手工方式，而大数据时代下财务管理则向全自动化方向发展。在大数据平台的处理中，企业财务与外部相融合进行统一核算。基础核算工作越来越少，核算过程越来越智能化、去人工化、高速化和标准化。以华为公司为例，任正非为改变华为粗放式财务管理带来的风险，专门请来 IBM 的财务团队为华为量身定做了以大数据为支撑的集成财务体系（IFS），用大数据的会计核算理念重新梳理会计核算流程。该体系甚至成为影响华为现今组织架构结构的重要因素，正如华为一位财务顾问所说的：“没有配套的 IFS，华为是不可能下决心将权力下放的。”

（三）对企业财务管理人员知识结构要求的变化

目前我国很多企业已经意识到大数据对财务管理变革的意义，但是由于传统财会人员在运用大数据技术方面存在能力不足、观念更新速度慢等问题，在具体运用大数据和进行大数据分析方面存在一定难度。在大数据时代，企业财务人员不仅要具备财务方面的相关知识技能，还要掌握计算机、统计学等方面的知识，使大数据能够真正服务于企业。

（四）企业财务管理环境发生变化

大数据的出现改变了人们的生活、工作方式，同时也改变了人们的思想观念，在经济领域同样深刻影响着人们。普通消费者、企业、经济团体的众多金融行为都成为大数据收集的内容，众多企业应用大数据判断业务影响，加深对服务的理解，加快企业利润的增长。在这样的环境变化下，企业想要实现高水平的财务管理就不可能离开大数据的支持。

二、大数据给企业财务管理带来的机遇和挑战

（一）大数据给企业财务管理带来的机遇

首先，大数据采用巨量数据集合技术采集海量数据并进行分析，使企业财务人员从浩如烟海的数据中得到潜在的、具有关键财务价值的信息，为企业制定发展战略和重要决策提供了有力的数据支持。

其次，通过对企业内外部庞杂信息的筛选和梳理，帮助企业找到影响自身发展和健康运行的负面因素。如应用大数据对企业投资、利益分配、运营管理等与财务相关的活动进行分析，不但为企业指出可能存在的风险因素，也为企业风险管理指明方向。有助于企业清醒认识存在的问题和潜在的风险，提前做好规避财务风险的准备，制订具有针对性的事前、事中和事后控制方案，有效降低风险发生概率，使财务管理更加稳定可靠地为企业服务。

再次，大数据可以为不同企业提供智能化的、形式统一的、内外融合的财务分析工具。一方面，大数据分析能够有效降低企业财务管理水平，降低财务管理工作量；另一方面，大数据通过综合性分析结果，提供以往财务部门和其他部门都无法提供的企业战略依据，

使财务部门在企业中的地位得到了大幅度提升。

最后，大数据将促进企业内部人员架构向更科学的方向发展。企业应用大数据处理财务管理问题时，不仅仅要收集财务数据，也要收集表面上看起来与财务“完全不相关”的数据。财务部门与其他部门共同调取、选择和分析数据，这就要求财务部门与其他部门建立更直接和更协调的关系，财务部门关注企业运行的范围更广、工作内容更全面。这些改变要么促使财务部门获得更高的管理职权，如长虹的“财务共享系统”使企业财务部门向高端化转型，成为企业运营的中心枢纽部门；要么促使企业重新规划财务框架，如海尔集团为了创新“人单合一的预算管理模式”，提高了一线员工对预案财务化的责权利，彻底改变了企业领导与普通员工之间的管理关系。无论哪一种，都带动企业人员架构向更合理的方向发展，给企业带来更高的利润。

（二）大数据给企业财务管理带来的挑战

首先，如何科学有效地应用大数据的挑战。大数据浩如烟海、种类庞杂，如何快速提取、挖掘和分析数据对企业财务部门来说是一项全新的挑战。从硬件角度来看，多数企业带宽不足，也不具备大数据所需的数据储存和处理条件。从软件角度来看，多数企业不具备自行开发海量数据处理、建立超大型数据仓库和进行深度数据挖掘的能力。从财务人员角度来看，很多企业的财务管理人员并不具备应用大数据技术的技能。

其次，企业将面对财务管理模式转型的挑战。大数据时代下，企业财务管理将向信息化、智能化方向转变，变事后处理为事中处理。最重要的变化是传统的管理型财务方式向现代的价值型财务管理体系的转型，即将普通的记账管理工作模式转变为管理价值和创造价值的工作体系。如何实现这种改变并真正发挥新模式的作用，对企业来说是新的挑战。

最后，企业将面临寻找和培养新型财务管理人才的挑战。大数据的应用对企业财务管理人员提出了新的要求，包括如何保护企业商业机密、如何提取具有价值的数据、如何结合企业所处行业的特点和发展战略进行个性化数据分析等等，都需要同时具有财务管理知识、统计知识、计算机知识和大数据应用技能的高水平人才。当前我国多数企业都缺乏相应的人才储备，因此如何寻找和培养新型财务管理人才是对我国企业的重要挑战。

三、大数据下企业财务管理的创新思维

（一）创新企业财务管理组织结构

企业通常根据职能进行财务管理，最常见的是将财务部门细分为会计部、财务部、资金部等。迎接大数据对财务管理的改变，企业应主动创新财务部门的组织结构。

首先，企业应该在财务管理组织中设置独立的部门或人员来专项管理财务数据及与财务相关的非财务数据，进行数据获取、数据挖掘和分析。对于暂时不具备创建大数据财务管理体系的，可以购买第三方的大数据平台使用权，但仍需专人管理和分析数据。

其次，大数据的产生使财务管理与企业其他部门的联系更加紧密，企业管理者应从新

的高度来看待财务管理在整个企业中的作用。根据企业自身的特点进行合理的重组。或学习长虹，提升财务管理部门在企业中的沟通能力；或学习海尔，通过制度和新的财务体系将财务管理渗透到企业运行的每一个环节中，形成扁平化的财务管理流程。无论哪种，其最终目的都在于调动企业全员参与到财务管理中去。

（二）构建大数据财务管理系统

大数据的有效信息密度较低，想要从巨量数据中提取有效信息就必须依靠大数据财务管理系统。该系统通过数据预测和数据挖掘分类等技术对所有与企业财务相关的大数据进行采集、分析、梳理和评价，不但能够为企业提供全方位的财务数据、存在的问题、潜在的危险，还能评价上下游企业的财务及经营状况，预测企业乃至所在行业的未来发展趋势，为企业财务及发展战略的制定提供可靠的数据。在条件允许的情况下，企业可独立建设大数据财务管理系统，还可以购买第三方大数据平台的使用权，只需下载客户端就可以构建本企业的大数据库。对于大多数企业来说，这种方式更为快捷，成本也更低。

（三）建设大数据财务人才队伍

无论是依靠企业自身能力建设大数据财务分析体系，还是购买第三方大数据平台的使用权，财务管理部门都离不开能够应用大数据软件对大数据进行分析的财务人才。这些人才不但要精通传统的会计学和财务管理知识，还要能够应用统计学、大数据技术，熟悉企业运营规律和所在行业的发展状态。只有这样的人才，才能真正发挥大数据在财务管理上的宏观优势，为企业提供具有较高价值的财务决策依据。为得到这样的财务管理人才，企业一方面应强化原有财务管理人员的培训，全面提高财务人员的综合能力；另一方面应积极引进大数据人才，组建起具有现代化大数据综合处理和应用能力的财务管理团队。无论哪种方式，最终目的都在于充分利用大数据的优势，使其真正体现在企业财务管理中的价值。

大数据从根本上改变了企业财务管理的实效。顺应潮流、完成自身变革，是时代对企业财务管理提出的必然要求，也是大势所趋。以积极主动的姿态迎接这一变革，会给企业财务管理带来质的改变，也会为我国企业的整体发展带来深刻的影响。

第二节　大数据的财务管理发展

现代企业的管理中财务管理是十分重要的一个部分。现代企业不仅仅要改变传统会计的核算方式，还要尽可能地找出财务数据中一些隐藏的信息，从而更好地了解企业的过去、现在和未来的发展。在物联网、云计算、大数据理念迅速发展的过程中，企业的财务管理也在不断变化。金融管理最为重要的就是对数据的管理，而大数据的发展恰好满足了金融发展的需求，大数据不仅仅可以掌握大量的数据，而且类型十分多样，运行的速度也有十分大的优势，所以大数据可以促进财务管理的发展。

一、大数据在财务管理中的作用

（一）增强决策的合理性

一直以来财务管理在企业中占有十分重要的作用，所以科学的财务管理决策对企业来说是十分重要的，而要想促进企业的科学决策，企业就必须重视大数据的作用。大数据不仅仅可以帮助企业更好地实现财务管理的目标，而且还能促进财务管理的决策更加科学合理，更好地实现财务决策与社会数据相结合，增加财务决策的科学性。比如，把大数据和财务管理数据结合在一起，在此基础上，发现数据产生背后的深层原因，这样可以帮助企业增加收益并且更好地减少支出，从而转变企业的销售策略，提升预见性，对企业未来的销售收入进行预测、分析与核算，促进企业的持续健康发展。

（二）增强对企业预算的管理

企业的各项财务活动都离不开预算。所以，要重视对企业预算的管理，严格限制企业的预算。对企业预算及其执行情况进行评估和分析，对预算的编制和执行情况要有充分的了解，探究其是否可以与国家法律和政策匹配，是否可以与会计准则相匹配，最终得出其是否能推动企业的前进。企业的预算管理涉及的部门十分广，需要各个部门积极地参与，在预算管理的过程中要及时地发现存在的问题，及时地提出一些有效的建议，更好地解决发现的问题，争取在市场竞争中占得优势，获得更高的经济效益，减少企业面临的风险。所以，大数据在预算管理中的作用十分重要。

（三）放大企业金融监督效果

金融监管是对企业收支活动的制约、监控、监督和促进。通过对财务数据的分析和整理，可以更进一步地补充金融管理的内涵，进一步扩大监管的范围。在金融管理中，大数据可以更好地了解项目的实施进度以及企业的运行状况，还可以加强监督，帮助企业减少经营过程中的资金浪费现象，提高企业资金的利用率。还可以利用大数据，针对金融管理中出现的问题提出一些有效的建议，及时补救，确保财务管理工作可以高质量地完成，提升企业的经济效益。

（四）业务评估更加准确

企业的评估要实现可持续就必须重视大数据的作用，要有真实可靠的大数据信息做基础。作为最基本的、最丰富的资源之一，金融大数据可以用在金融活动中，对金融活动的基本情况进行全面了解，及时地了解与金融活动相关的人力、物力情况，广泛地收集信息，对国家的政策变化以及取得的成果有充分的了解。对金融活动中所有相关的信息都做全面的了解，增加资金的利用率，让有限的资金发挥更大的效果。

（五）财务人员的工作量减少

传统的财务管理中，财务人员的实际动手能力必须很强，企业要想获得财务数据就要投入很大的精力，有时候投入大量的资金却只能获得很少的数据，投入与收获不成正比，而且很多获得的数据都失去其时效性。随着信息技术的应用以及大数据时代的到来，这些问题都可以迎刃而解，更重要的是企业的劳动成本减低了。

（六）推动财务人员转变为管理人员

在以前的很长一段时间内，企业的财务管理主要体现在财务会计中，也就是说是用记录报告等方式提供决策者所需要的信息。但是在当下的年代，大量的财务数据让财务会计在简单的数据资料中可以更加多元地掌握企业的发展状况以及目前存在的漏洞，通过对数据的分析来评估企业的经营现状以及取得的成果。利用大数据企业可以更加及时准确地发现财务管理中的问题，及时处理，管理能力大大地提高，同时企业的成本也可以有效地降低，开辟一条更加准确的管理路径。同时，通过对大数据的利用，财务人员的决策和分析能力可以得到提升，对风险、信用、成本等方面的管理更加到位，财务人员也可以更好地发挥自己的管理才能，实现自我的价值。

二、大数据在财务管理中的作用

（一）对政策的分析更到位

金融数据最大的特点就是数量大、计算复杂，同时包含的信息也是更有价值的。利用大数据进行解释可以充分地了解企业的财务状况，对企业的业绩以及现金流也可以有充分的了解，不仅仅可以了解过去和当下的财务状况，还可以对未来的发展有一定的预估。所以，对实时数据的掌握是财务管理可以取得重大进展的首要条件。企业对资本和业务的全面了解可以帮助企业更好地分配有限的资源，增强财务统计核算，健全财务统计报告体系，在该体系中要重点关注企业的各项支出和成本。通过大数据的分析，企业的收入和支出情况更加明晰，进而研究出财务管理的政策措施；在对财务收支数据的分析中，我们可以定期编制月度预算执行分析手册；在分析区域市场增长和金融数据的基础上，找出企业发展的短期和长期规律，加强财务管理的预见性和成果效益，尽可能地减少企业面临的风险，发现行业潜在的发展趋势，从而更好地增强企业的竞争力。财务分析也要从数据出发，将一大堆数据转化为有效的参考资料，然后依据这些资料进行决策，增强决策的科学性。比如，企业可以对客户进行大数据分析，通过大数据分析来发现很多潜在的信息，比如客户的消费观念等等，根据客户的具体情况来开发不同的产品，使得产品的销售更加有针对性，以此来预测年度的收支状况，通过对这些数据的分析，企业管理者的决策就会更加合理。

（二）增强对预算的管理

企业预算一般是根据以前的数据以及市场的变化制定的。通过对企业实际操作业务和预算数据比较，在此基础上，根据市场的变化合理地分配企业的各项资源，制订一套合乎实际的预算管理方案，比如综合预算。以前对综合预算的管理有很大的局限性，以前企业的各项信息的记录和保存都不完善，企业制定综合预算主要是依据内部与历史的数据信息，而这些信息也有一部分是分散的，是独立存在的，难以与其他的数据匹配。产业和先进企业的综合预算都不够完整。利用大数据通过数据的交互、集成、处理、控制，让企业完成全面的预算，逐渐实现企业预算管理的科学性及时效性。再者，在预算实施过程中，要对具体产品生产的损益情况进行分析，利用大数据采集信息，了解不同产品的详细数据，有助于企业把产品生产经营的实际数据和企业制定的预算数据进行比较，找到差异以及存在的问题，及时解决问题，减少企业面临的风险，提升经济效益。

（三）加强财务监督

企业的财务监督要依据规章制度的要求和程序进行，对企业经营活动的各个方面进行监督，促进企业进行科学合法的经营管理。获取信息可以促进企业财务监管的到位。随着大数据的不断发展，财务管理不仅打破了信息闭塞的局面，同时还使得企业的财务状况得到各方面的监督，企业的经济活动更加透明，实现法制化管理。例如，通过对企业各项经营活动的监督和管理，就可以知道企业是否存在虚假收益，是否存在财务活动效率降低和不经济等损害国家和企业利益的行为，引导企业走出误区。与此同时，企业还应该保证企业财务报告等信息不被泄露，维护正常的经济秩序的准确性和可靠性。比如税务机关可以通过比较过去和现在的企业财务信息，检查遗漏，弥补不足，有效地监督企业的税后状况。除此以外，大数据可以使金融监管得以实现，从事后监管向事前或者事中监管转变。还有，财务经理能在大数据的基础上收集与产品相关的各种数据，在分析总结后，对生产成本要素进行分析，精确预计产品成本，实现对生产过程的监管。

（四）推进企业绩效评价

对企业的评价本质上是依据市场经济要求实施企业监管体系。绩效评价是衡量公司综合实力的重要指标，通过这种方式可以指导企业的经营，加强企业内部管理。目前，企业的绩效评价不断发展，传统的绩效评价只有单一的财务指标，利用大数据现在的绩效评价已经实现了财务指标和非财务指标的统一，这样可以最大限度提高信息和数据的有效性。

第三节 大数据对财务管理决策的影响

今天我们生活在一个信息爆炸的时代，大数据技术能够以更低的成本、更高的效率来应对和处理海量的信息，因而在各个学科和生产制造领域都得到了快速的推广和应用。企业财务决策的效率和质量在很大程度上取决于对数据的取得、加工、分析和反馈能力，能否利用大数据和云计算技术提高企业的财务管理水平将成为企业未来发展的方向和关键。

因此，研究大数据对企业财务管理工作的影响已成为当今社会普遍关注的热点问题，具有重要的理论意义和现实价值。

一、大数据对财务管理决策的影响

大数据是数据分析方向的前沿技术，社会的信息化发展产生了纷繁复杂的海量数据，通过大数据技术，人们能够以更低的成本、更加快捷的方式从不同类型和结构的巨量数据中提取有价值的信息。

大数据通常有以下几个特点：第一，数据量巨大，处理的数据量从 TB 级向 PB 级提升；第二，数据类型多样化，从传统的结构化数据延伸到诸如图片、报表、音频和视频等多种形式的半结构化和非结构化数据；第三，快速响应，随着算法的优化和数据建模领域的技术突破，能够做到海量数据的实时处理；第四，高价值性，通过降维、数据挖掘等技术，大数据能够探寻并揭示数据背后的关联性，因而具有较高的商业价值。

大数据的研究已经推广到了医疗、金融、交通等各个领域。政府部门也在重视大数据技术的应用和发展，“十三五”规划纲要中就提出，要深化大数据在各行业的创新应用，探索大数据与传统产业协同发展的新业态和新模式，要加快海量数据采集、存储、清洗、分析发掘、可视化、安全与隐私保护等领域关键技术的发展。

互联网数据中心的“数字宇宙”报告显示，全世界的数据量正在大规模增长，面对庞大的数据洪流，传统的企业财务管理越来越无法满足现代企业的管理需求。

随着政府、企业、公众间数据的不断开放，利用大数据技术财务工作者可以从多种渠道获取更为可靠的数据信息。如何将财务管理与大数据技术进行融合，跨越单纯的财务数据，挖掘财务和非财务数据背后的关联关系，以科学的方法进行分析预测，让数字开口说话，降低对主观判断的依赖，进行精准的财务分析与决策，成为企业在激烈的市场竞争中获取竞争优势的关键。

二、大数据对环境分析的影响

分析企业所处的内外部环境是财务决策的起点。在经济呈现全球化、多元化发展的今天，企业进行财务决策所需要的支撑数据已经不能仅着眼于单纯的内部财会数据，更需要将系统中所有利益相关者的全部信息都纳入考虑。传统的统计数据主要来源于国家统计部门和企业内部经营记录，数据源较为单一，对社会、文化、生活消费习惯等数据无法实现精准搜集，且更新速度较慢。借助大数据和云计算技术，一方面，企业可以统揽总公司和各子公司的结构化数据、半结构化数据和非结构化数据信息；另一方面，企业可以从外部诸如新闻媒体、工商管理部门、税务部门、律师事务所、会计师事务所、银行、咨询机构和证券交易所等机构获取各种与财务决策相关的数据。

在数据广泛收集的基础上，财务工作者可以利用大数据技术通过对海量的内外部数据进行筛选、清洗、转换和整合，从纵向的时间序列和横向的面板序列进行分析，充分了解企业当前的生存环境；也可以利用云计算数据实时更新、储存、传递的功能，应用事物间的相关性分析，捕捉现在和预测未来的趋势变化。例如，财务工作者可以通过对企业的客户和供应商的接口数据，来分析预测企业未来的销售额和库存，通过消费者在网站的点击量、检索字眼，了解产品需求的变化。传统的财务决策系统、Excel、WPS 等办公软件对收集和处理如此庞大的数据十分乏力，大数据为企业制订战略规划和制定财务决策提供更加准确和完整的基础支撑，从而可以实现战略目标在不同地域分布的总公司、各子公司之间的一体化设计，促进公司内部的联动和配合，提升企业整体的运营效率。

三、大数据对指标核算的影响

正确、高效的财务决策很大程度上取决于所依据指标的核算是否准确、公允，大数据对企业的日常经营管理中指标核算的影响主要体现在以下几个方面：

（一）全面性

过去数据的记录、储存、分析和处理手段较为落后，难以对总体数据进行检验分析，因此传统的财务决策做法是以抽样取得的数据特征来推断总体的特征。大数据时代，随着互联网和云计算等数据技术手段得到更加广泛的应用，可记录、储存的数据越来越多、越来越便捷，人们处理数据的能力也随着算法的升级得到显著提高，掌握总体的性质和特征将不再依赖于抽取样本数据的质量，通过大数据技术在搜集几乎全部的数据基础上进行的总体性分析，可以回避抽样误差，帮助财务工作者更加全面准确地判断和决策。

（二）中立性

在企业全面预算管理、投资融资决策、成本费用控制等财务管理工作中，经营管理者往往难以准确确定公允价值、折现率等指标。例如在金融资产估值、投资项目比较时，需要广泛搜集公开市场的报价，尽可能详细地预测未来现金流量和最终处置费用；在确定折现率时需要估计风险调整，这些数据的确定很大程度上依靠财务人员的主观判断，而折现率出现在分母上，细小的变动也会很大程度影响最终的决策。大数据为会计估计、职业判断等内容的确定带来了新的思路和方法，可以帮助财务工作者更加方便快捷地获取整体市场信息、了解市场最新动态，排除主观判断部分的干扰，更加准确地确定公允价值、折现率等指标，从而保证决策更为科学和合理。

（三）可靠性

通过大数据技术中的人工智能和深度学习，企业可以建立数学模型来探寻数据之间的关联关系。

在成本管理中，大数据技术可以辅助财务工作者更加精准地控制库存数量，按照业务实质客观分配生产成本和费用，从传统财务会计核算转变为资源驱动作业、作业驱动价值的管理会计核算，根据更加可靠精准的数据基础来识别判断企业价值创造的动因和增长过程，引导企业管理者从规模管理转向价值管理，以提升企业价值为目标进行财务决策。

在销售管理中，大数据技术可以帮助企业识别高价值客户，分析客户违约概率，降低贸易中的信用风险。

（四）时效性

企业传统的财务管理方式，较为依赖顶层设计，靠自上而下的方式在企业内部层层传播。例如预算计划的编制和风险管理工作的布置，当企业层级较多、规模较大时，大大降低了信息传递的时效性和准确性，进而降低了财务决策的应用价值。通过大数据技术，企业对财务管理流程中的每个节点可以实现实时的观测和反馈，使预算管理和风险控制贯穿于企业经营活动的始终，通过这种动态调整可以提高企业事前防范、事中化解风险的能力，降低事后承担的压力，防止预算管理失效、流于形式。

四、大数据对决策思维的影响

随着人们对算法的优化和对数据挖掘技术的开发，数据利用的方式和方法也将发生根本性的改变，财务工作者需要转换思维来建立正确的财务决策。

（一）从总体出发

传统决策方法更多的是依赖企业管理者多年积累的经验及丰富的管理理念，面临海量、烦琐的财务数据资源，一旦外界环境发生变化，管理者没有充足的时间应对，可能会以偏概全，导致其无法准确挖掘数据背后蕴藏的价值，无法探究问题的真正本质，对财务数据的判断有失精准，进而影响了决策的真实准确性，导致企业无法按既定策略实现价值。在大数据时代，获取几乎全部的数据成为可能，财务工作者在制定财务决策时，可以使用总体分析来替代抽样分析，企业可以从来源于工商管理部门的数据中分析政府监管信息，从来源于税务部门的数据中分析纳税信息，从来源于企业内部的经营数据中分析财务信息，从来源于会计师事务所的数据中分析审计信息等，在全面数据分析的基础上，根据企业预算管理、筹资决策、投资决策、收入决策、定价决策、生产决策、成本费用决策等不同的决策需要，形成多层次的决策方案。

（二）从时效出发

传统的财务决策中，财务工作者追求数据的精确性，因为可获取的样本数量有限，如果根据不精确的样本去推断总体的性质特征，就会偏离真相，做出错误的决策。但是一味地苛求样本储存记录的准确，会给会计人员带来繁重的数据筛选复核工作量，不能保证财务决策的及时性，滞后的财务信息虽然准确却可能带来没有价值的分析决策结果。大数据的普及应用与云计算功能的结合，可以在相当程度上排除错误数据的噪声干扰，这对财务工作者依赖结构化数据精确性的传统思维带来了变革。面对需要快速反应的事件，如股票、汇率价格的波动预测时，财务工作者需要采用容错率思维，追求模糊的正确而非精确的错误。大数据的实时分析功能可以快速得出结论并预测趋势，为企业财务决策及时提供参考依据，大幅度提升财务决策的效率和质量。

（三）从关联关系出发

企业的财务决策离不开各种财务数据和非财务数据之间的相关性分析，传统的财务决策方式不可避免地在一定程度上依赖职业经验判断，信息不对称及代理成本的存在，给决策者谋取私利制造了空间。利用大数据技术和分析手段，人们能够获取、转换、加工处理与企业财务决策相关的各种结构化、半结构化及非结构化的企业财务数据和非财务业务数据，并且寻找出数据之间的关联关系，为企业科学合理的财务决策提供支撑。因此，在大数据时代，财务工作者需要应用相关性分析深入了解和认识社会经济现象，归纳、分析数据之间的联动特征，挖掘隐含在数据关联关系背后的巨大商业价值。同时，通过将各种类型的数据有机融合起来，剖析其中蕴含的财务与业务关系，让数字开口说话，可以降低人为调控、盈余操纵等舞弊行为，从而保证企业财务决策的科学性和严谨性。

五、大数据对评价反馈的影响

企业的业绩考核和信息披露是评价企业财务决策成功与否的重要途径，传统的财务管理模式中，人们主要是通过“四表一注”来评价和反馈企业经营状况，对非财务信息的反映不够充分，面对不同监管部门，不同报送主体的数据提供口径可能出现不一致，削弱企业的公信力。如今在云计算的帮助下，利用大数据技术可以打通企业内部财务部门与非财务部门、企业与上下游企业等组织边界，将海量的零散信息联结成信息网络，实现总公司和各级子公司、企业内部与外部的数据口径一致性，解决“信息孤岛”问题。在大数据时代，财务工作者一方面需要提高信息披露质量，从而提升公众对企业的信心，获得更多的投资者支持，另一方面需要将非财务信息，诸如消费者忠诚度，重复购买率等指标纳入考核范围，更加公正地识别财务决策的效果，据此完善奖惩制度和激励措施，推动企业的良性发展。

六、建议

大数据技术给企业的数据搜集和分析决策工作带来了新的变化，传统财务分析模式存在数据采集单一、提供的财务分析结果单一且存在滞后性的缺陷。大数据信息云处理平台的构建使企业对数据的处理水平上了一个新的台阶，具有实时处理、数据发掘建立关联模型准确预测、响应速度快等特点，这同时也对财务工作者的基础素质、财务管理水平提出了更高的要求。财务工作者需要从企业自身情况出发，借助大数据技术构建完善的财务管理体系，来更好地面对激烈的市场竞争，抓住大数据时代的发展机遇，在越发严峻的国际形势下走得更好更远。笔者针对大数据时代下财务管理工作提出以下建议，希望为企业的财务管理决策工作提供借鉴和指导。

（一）转变思维方式

大数据时代下，采用会计电算化数据信息处理方法，将重心放在“核算、记录、存储”等方面已无法应对信息化发展的需要。财务工作者不仅需要关注企业内部，也要与企业外部利益相关者进行良好的沟通，关注企业所处的市场经济大环境。基于这种变革，财务人员更需要放眼全局，在企业财务决策过程中，不再关注问题之间的逻辑因果关系，注重探寻各数据与各财务指标之间存在的各种相关联系；无须深究每一个数据的精确性，注重把握住总体特征和基本趋势，追求数据的及时性和利用率。通过全面考虑企业整体运营相关的财务数据与非财务数据，分析各个孤立的数据之间存在的联系，达到对企业的绩效考核、成本费用控制、风险管理、资源整合配置等各个流程全盘把控的目的，保证企业的高效运行。

（二）加强信息化建设

有效的分析决策往往需要建立在大量的数据挖掘、分析和处理的基础上，大数据对企业财务管理软件的标准提出了更高的要求。对于大部分企业来说，企业电算化只是从手工做账转变为电脑做账，真正基于财务数据及非财务数据进行分析应用的电算化平台却很少实际落地到企业日常生产经营活动中。不少企业的财务管理信息系统落后，甚至都没有配备基本的财务管理软件，或者配备的软件不能及时更新升级，影响到企业的信息共享，导致企业的财务信息处理效率很低，影响到企业的整体经营水平。因此，面对数据类型日益增多、数据结构方式日趋复杂的企业数据，在资金实力允许的情况下，建议企业研究开发适合自身的财会系统软件，建立大数据共享处理平台，以更低的成本和更有效的方式搜集、存储、分析和处理不同结构和类型的数据并获取具有决策价值的相关信息，同时不断完善信息化决策机制，提升企业财务决策的准确性及运营效率。

（三）培养人才队伍

大数据技术需要具有专业数据处理能力的技术人才，目前，我国企业大部分数据分析处理技术水平较低，而计算机数据算法领域的专业人才往往不了解财务基础知识，财务管理中高水平的专业技术人才匮乏限制了企业数据技术的应用，使财务管理的大数据分析应用技术无法充分发挥和顺利应用。因此，建议企业加大资金投入，聘请对大数据和财务领域了解透彻、运用能力强的专业人员加入本单位工作，同时指导并定期组织有这方面诉求的财务工作者学习相关大数据知识，让财务工作职能从过去的财务会计报表分析转变为高层次的预算管理、风险预测和数据分析，使财务工作人员具备一定的数理应用常识，能够从海量信息中提取高价值的内容并进行分析和预测，促进财务人员和企业在业务能力上的共赢。

第四节　大数据时代下企业财务信息管理

现代移动互联网及科学技术的进步，促进了大数据信息技术的发展，在信息时代背景下，企业之间的竞争体现为核心技术及人力资本的竞争。财务信息管理是企业优化内部财务管理的过程。现代企业必须结合大数据时代的要求，不断地优化信息技术手段，建设完善的财务信息管理体系，优化并创新内部财务信息管理方法及模式，全面提高内部财务数据的客观性与真实性。企业内部财务人员要树立科学的管理理念，加强自身信息素养建设，采用现代化的技术手段，提高内部财务信息管理的科学性。

在新的时代背景下，传统的财务电算化管理信息系统已经无法满足现代企业的发展需求。“大数据”自被提出至今，逐步在人们的日常生活中扮演着重要的角色，大数据分析工具，为企业提供了准确的数据信息，为企业管理层进行科学决策奠定了基础，优化了企业内部管理模式。现代企业管理优化追求企业内部控制机制的建设与完善，现代企业注重财务信息的整合，以实现其追求经济利益的发展目标。现代企业管理信息化平台建设在提高财务管理整体水平等方面具有重要的意义，可以实现企业内部资金的优化配置。大数据时代下的企业财务管理与传统的管理模式存在显著的差异，先进的信息技术手段及管理工具应用促进了企业财务信息化管理体系的建设，为企业的可持续发展提供了保障。企业财务信息是企业经营发展的主要依据，需要企业财务管理部门加强重视。在现代化管理模式下，企业财务信息管理急需创新管理模式，适应大数据时代背景的发展需求，推进企业财务信息管理现代化建设，为企业的可持续发展奠定基础。

一、企业财务信息管理概述

（一）企业财务信息管理的内涵

企业的财务管理部门收集、加工、报告信息的各种活动称为财务信息管理，在经济全球化及信息化的时代背景下，企业借助现代化的信息管理技术及手段，将现代科学技术应用于财务管理的各个环节。简单而言，企业借助现代计算机网络系统及技术，提供财务管理的效率与质量，提高财务信息收集、加工处理的过程便是财务信息管理。

完善的制度体系是管理实践得以顺利实施的前提与基础，企业财务信息管理首先要建设完善的制度保证体系和财务报送体系，对企业运营中的各项财务指标、信息报送期限及指标统计时间等进行详细的说明。财务信息管理要设计完善的财务信息指标汇总表，实现传统财务会计向现代化管理会计的转变。大数据时代背景下的财务信息管理要注重信息环境的建设，加强企业内部局域网建设，采用现代化的办公软件。企业要加强内部制度体系建设及人力资源管理体系建设，提高内部管理控制的能力及水平。

（二）企业财务信息管理的功能

首先，其具有价值管理的功能，财务信息化管理明确了内部管理对企业价值的驱动作用，明确了实施管理的最终目标，通过标准化的管理理念及管理模式为企业发展创造各种价值。同时，企业财务信息化管理具有实现内部治理的功能，企业借助不完全契约管理的实践及代理问题管理实践活动，可以帮助企业优化内外部管理，在提高现代企业财务管理的整体水平等方面具有重要的意义，可以实现企业内部资金的优化配置。

二、大数据时代背景下企业财务信息管理的措施

（一）管理层要树立科学的认识

企业要借助一定的信息技术手段及工具，实现企业内部财务数据的整合、企业内部业务的优化及内部员工管理的有机结合，提高内部决策的科学性，促进企业的科学化发展。企业要加强高层管理者对信息化建设的认识及学习，帮助管理层树立科学的认识，引导其逐步了解信息化建设的重要意义及主要方法。新的财务管理模式及理念要求内部管理人员及基层员工具有较强的工作能力，因此，财务信息化建设可以有效地促使高层管理者及基层员工提高自身综合素质，提高业务能力及水平，为企业未来的可持续发展奠定基础。

（二）注重财务信息管理人才的培养

在新的时代背景下，大数据技术将企业的研发、生产、销售、财务等板块有效结合起来，对企业而言，财务信息管理人才是其生产与发展的第一要素。大数据时代下的企业财务信息管理要注重财务信息管理技术人才的培养，企业要促进内部各部门之间的均衡发展，采用内部提拔及外部招聘的方式，优化财务管理人才结构，重点培养具有较高信息素养的财务信息管理人才。公司要加强内部财务信息管理人才的培训与管理工作，强化相关人才信息化管理知识的学习，增强财务信息管理人才的技术能力及知识储备。公司内部要建设完善的交流沟通机制，通过内部财务人员的交流，实现内部经验的共享，促进整体工作人员素质的提升，同时为财务信息管理人员工作的开展营造良好的氛围。

企业要提高内部财务信息管理人员的综合业务能力及水平，内部财务管理工作人员要积极向同行学习，在交流与借鉴的过程中提高自身的综合素质及业务能力，企业要建设完善的财务部门员工培训机制，定期组织员工进行学习，将员工考核与绩效挂钩。企业内部新老员工之间要积极合作。在大数据时代背景下，数据信息的量化要求相关工作人员的综合素质相应地提高，这就要求各部门之间要相互合作，提高工作质量及效率。

（三）建设完善的财务信息管理体系

企业要建设完善的财务信息管理系统，高效地整合、分析并输出企业内部信息，同时，企业要制定财务信息管理监督机制，集中采用行业统一的财务信息处理软件，提高财务信息管理人员的信息处理及整合能力。大数据时代背景下，企业财务信息管理要借助现代化

的信息技术手段，充分挖掘并利用财务信息，为企业的科学决策提供基础。

随着时代的进步，现代企业财务管理要改变传统的管理模式及思维，企业要通过建设财务信息网络化管理平台，利用先进的技术软件及硬件设备，为企业内部财务管理工作的科学化开展奠定基础，提高财务数据的真实性，提高企业内部控制的总体水平。企业要利用现代网络防护技术、电子加密技术及信息隔离技术，提高财务信息管理的安全性，为管理层科学决策提供数据及信息依据，提高企业战略目标的实效性，为实现可持续发展战略目标奠定基础。企业财务信息管理同时要注重成本管理，通过节约人力资源成本及管理费用，通过内外部信息的共享，降低信息收集的人工成本，提高内部财务信息管理的科学性。

（四）注重财务信息管理模式的创新

财务信息是企业决策的重要依据，具有一定的反馈机制及预测价值，传统的企业财务信息管理主要是在企业具体业务活动发生以后，经过相关人员会计成本核算及财务管理加工而得到相关的信息。大数据时代下，现代企业的财务信息化管理主要实施统一化的管理，企业信息获取的渠道逐步拓展，在现代化的企业管理运行模式下，企业的财务信息生成效率更高，财务信息在企业财务预警及预算控制等方面的作用显著，实现了企业内部财务控制及防范。在知识经济背景下，人力资本及科学技术是企业发展的主要动力，采取信息在预测行业发展及企业未来发展趋势等方面具有显著的作用。大数据时代下的企业财务信息化管理要摆脱传统的成本管理理念限制，采取多样化的管理模式及手段，以图表、文字，定性与定量相结合等方式，优化企业的财务报告信息。企业财务信息管理创新还要注重信息表达方式的创新，采取人性化的信息表达方式，为企业发展提供简便的财务信息数据。

第五节　大数据时代下企业财务精细化管理

在现代信息技术快速发展的背景下，人们已经进入大数据时代。大数据时代对企业的财务管理提出了更高的要求，促使企业朝着数字化、信息化的方向发展。通过将精细化的管理策略合理地应用到企业的财务管理中，明确财务管理的核心内容，有利于推动现代企业朝着可持续性的方向发展。本节通过具体论述大数据时代企业财务精细化管理的策略，为提升企业的财务管理水平提供可参考的资料。

在企业不断发展的过程中，以往所采取的财务管理方法已经无法满足现代市场经济的细分要求，所以企业必须改变以往所采取的粗犷式管理方法，合理地将精细化管理策略应用到企业的发展过程中。其中，大数据能够从企业海量的财务信息中整合出有价值的信息，从而为企业的管理层制定决策提供更多的信息数据，有效增强企业的竞争力，促使企业更加稳定健康地发展。

一、树立精细化管理思想，正确认识财务管理的重要性

在现代市场经济快速发展的背景下，整个市场的竞争不断加剧，让各个企业之间的竞争越来越激烈，所以各个企业为了在竞争激烈的市场环境中占据优势地位，便需要充分认识到财务管理的重要性，树立精细化的财务管理思想。由于我国的财务管理理念实施的时间较晚，所以大部分企业的管理层片面地认为财务管理就是传统的记账，尚未将其与企业的发展管理联系起来，让部分企业在财务管理方面存在严重的片面性。这样难以将财务管理的效能充分发挥出来，不利于企业的稳定发展。尤其是在现代大数据时代，企业必须及时更新财务管理概念，将精细化管理思想合理地融入企业的财务管理中，提出与企业发展相符合的财务管理方式，逐步将以往的传统记账式管理转变为全过程动态管理，切实增强企业财务管理的效能，以便能够为企业的稳步发展提供可参考的资料。

二、建立完善的财务管理制度，保障精细化管理思想落到实处

在大数据时代，为了保证企业财务精细化管理的水平，便需要制定完善的财务管理制度，保障精细化管理理念落到实处。其中，建立完善的财务管理制度主要包括下列几个方面：一是需要严格把控企业发展过程中各项费用的支出制度，积极做好各项费用的支出预算计划，每一项经费在支出的时候都必须根据企业所提出的财务预算申报要求，逐级向上级进行报告，明确要求管理层严格进行审批。二是构建大额费用审批制度。企业在发展中所支出的每一笔大额费用都必须在费用预算范围之内，并事先就费用支出情况进行立项申报。规范特殊事项的开展流程，待经过企业管理层的集体批准之后再支出相关的使用经费。三是建立完善的财务内部审计制度。针对企业在发展过程中各个事项的财务管理情况都需要由内部进行申请，甚至还可以聘请第三方来进行审计监督，一旦发现违规甚至是不合理的事项便需要及时进行惩处和纠正。四是构建全面的责任归属和问责制度。通过对企业发展过程中所发现的违规低效项目，不但应该对直接责任人进行问责，而且还需要对相关的管理工作者一并问责，采取自上而下的形式，有效提升企业财务管理的水平，最大限度降低企业在发展中出现违规事件的可能。

在企业财务管理制度中，除了包括上述几个方面的内容，还需要对企业在发展过程中的网络环境进行评测，规范企业内部各个职能部门管理系统的信息搜集、信息整理，合理地将企业的财务管理数据信息与业务数据信息统筹整合起来，并对财务数据处理进行优化，逐步将繁杂的财务信息转变为精简的企业发展战略决策。这样实施完善的财务管理制度，能够有效降低企业在不断发展过程中各个职能部门所发生的违规事项，强化企业内部资金管理效率，从而推动现代企业更快速地向前发展。

三、加强企业财务精细化管理人才队伍建设，提升财务管理人员水平

作为维系社会发展的核心力量，企业的财务管理精细化亦需基于专业人才的支撑，方能达成理想的工作成效。对此，为切实维护企业财务管理工作的有序开展，便必然要对人才的培养及引进给予高度重视。而财务人员本身也应当具备良好的学习意识，继而在实际的工作过程中通过不断的学习来充实自身，以此方能对精细化管理的理念及原则有一个较为全面且深刻的认知，为企业财务的精细化管理提供有力支撑。当然，企业也需对财务管理工作的开展给予高度重视，提高企业财务管理工作开展的有效性，关键仍是要加大对此方面的学习。至此，企业可邀请此方面的专家到企业进行巡视，并开展诸如座谈、演讲一类的活动，来切实深化企业财务管理人员的精细化管理意识，促进企业的财务管理逐步往精细化的方向发展的同时切实维护企业的发展稳定与和谐。

总之，当代企业实施精细化管理已经成为时代发展的必然需求，且精细化管理思想于企业中的运用也不仅是局限于财务部门，其他各部门也应对此加以合理的应用，如此方能切实促进企业整体的有效发展。

第六节　大数据时代下集团企业财务管理

随着经济的快速发展，大数据分析已经是日常工作中不可避免的内容。我国已经步入大数据时代，而企业财务管理工作也逐渐被大数据时代所影响，导致企业及其财务管理工作正面临前所未有的挑战。为了适应社会的发展，满足自身可持续发展，企业财务管理工作就要熟练掌握并合理利用大数据时代下的数据分析平台。通过这种方式将企业财务管理工作进行不断调整、升级和转变，从而使财务管理工作理念逐渐适应大数据时代的发展。企业若想不断发展，在市场环境中占据一席之地，就离不开大数据分析的支持。因此，企业财务管理想要适应大数据时代的发展，离不开企业的支持，为了企业可持续发展，就要不断支持财务管理工作顺应大数据时代的发展。

一、大数据时代下集团企业加强财务管理的意义

现如今，我们的生活与工作已经离不开互联网，互联网已然成为我们工作生活中不可或缺的东西。随着时代的发展以及大数据时代的来临，对企业及其财务管理工作而言，面临着巨大的挑战，企业财务管理需在发展过程中不断适应大数据时代，合理利用大数据时代的数据分析，为企业发展提供有效依据，促使企业能够制定出合理有效的发展战略。但是，企业财务管理在不断适应大数据时代下，合理利用大数据时代的数据分析时，仍然存

在很多问题需要企业进行解决，因此企业需要更好地促进财务管理在大数据时代的转变，使企业顺应大数据时代的发展，同时实现财务管理工作在线处理和远程处理的紧密结合，促使财务工作中的结算效率得到有效提高，促使企业能够有效节约资源，降低财务管理成本。

二、大数据时代下集团企业财务管理中存在的问题

在大数据时代下，企业财务管理工作在转变的过程中会遇到很多问题，其中较为明显的就是企业管理者对财务信息化的建设认识不到位、在进行财务信息化建设时财务数据的安全性得不到保障、公司现有的财务人员能力不足，满足不了财务管理发展需要，数据分析在财务管理工作中受到限制，无法得到有效应用。

（一）企业管理者对财务信息化的建设认识不足甚至匮乏

大数据时代下，各大企业都对财务进行了信息化建设，虽然在工作中有所改善，但是企业管理者对财务信息化建设的认识和重视程度不同，导致财务信息化在建设过程中受到阻碍，无法真正实现其功能与价值。企业管理者对财务信息化建设的认识不足甚至匮乏，严重阻碍了财务信息化在企业的发展，更不可能实现企业想要通过建设财务信息化所要达到的效果。所以，大多数企业管理者忽视了财务信息化建设工作，没有大力支持财务信息化建设工作，导致财务信息化建设工作得不到重视，也使企业不能够通过财务信息化建设过程取得有效的信息，无法通过信息进行分析，制定更加符合企业发展的战略方针。

（二）企业财务数据信息安全问题

随着我国经济的快速发展，我国财务信息化建设也在不断发展的过程当中，如何保障财务信息化数据等的安全成为每一个企业需要面临的重要问题。企业在财务信息化建设初期，财务信息化运用时间较短，企业在财务信息化建设方面的专业人员也不多，很多内容在建设初期没有办法做到全面设置，因此，企业在网络数据安全隐患的防控力还存在不足，无法保障网络数据安全。例如，一个企业的财务信息管理系统被病毒感染或被黑客入侵，那么结果肯定就是财务信息系统的全部瘫痪，更为严重的是如果黑客将公司财务信息进行盗取，那么将给企业带来非常严重的风险及隐患。因此，财务信息化建设过程的安全性是必须受到领导重视且需要尽快解决的一个重要问题。

（三）企业财务管理人才匮乏，能力不足

企业需要不断适应市场的发展变化，从而保证企业的可持续发展，在大数据时代，企业财务信息化建设已经是不可避免的趋势，在建设财务信息化的过程中，企业财务管理人才匮乏，现有财务人员能力不足，无法满足财务信息化建设的需求，导致财务信息化建设无法有效进行，进而影响到企业获取财务信息的速度及准确性，使企业无法通过财务所提供的数据进行企业发展的有效分析及战略调整。现有财务人员的能力不足，导致对财务信

息化建设的认识有局限性，且操作财务信息系统的水平不高，使财务信息化建设无法顺利开展。

（四）数据分析在财务管理工作中的应用受到限制

财务信息化的建设会使财务人员改变现有的工作方式，其结算方式、记账方式、数据整理分析方式都会与原有工作方式不同，原有的数据分析方式较为单一，而财务信息化建设对数据分析方式有了更多的统计方式及分析方法，较原有数据分析方式相比，有着多元化、真实性、准确性、可进行大量数据运转等特点。财务人员已经习惯原有的数据统计分析方式，使财务信息管理系统中的数据分析得不到有效应用。财务人员能力水平受限，也使财务信息系统中数据分析模块无法得到充实了解及应用，使其数据分析只是进行简单的数据统计，无法充分发挥数据分析的作用，导致数据分析在财务管理工作中的应用受到限制。

三、大数据时代下集团企业加强财务管理的对策

为了更好地适应大数据时代，促进企业的可持续发展，在企业财务管理工作转变的过程中，我们要积极发现问题、解决问题。针对上述问题，我们可以通过提高企业管理者对财务信息化建设的认知、加强对网络信息平台的管理，保障数据安全、不断提升财务人员能力水平、引进高素质人才满足企业财务管理发展需求、加大数据分析在财务管理工作中的应用等方式进行解决，使财务管理工作能够尽快完成转变，为企业发展提供有效依据。

（一）提高企业管理者自身对财务信息化建设的认知

财务管理能否顺利转变、财务信息化建设是否顺利开展都取决于企业管理者对其认知程度的高低，只有企业管理者不断提高对企业财务信息化建设的认知，不断加大搭建力度，大力支持财务信息化的建设，才能使财务信息化建设顺利开展。企业管理人员应通过自身改变让员工意识到财务信息化建设的重要性，促使员工能够全身心地投入财务信息化系统的建设当中去，使其重要性深入人心，从而得到进一步发展。只有管理者与企业员工对财务信息化建设的认知保持一致，才能够为了实现企业财务信息化建设而共同努力奋斗。

（二）建立网络信息管理平台，保障数据安全

财务部门是企业中一个与各部门，尤其是企业的业务部门连接较为密切的部门。企业建立网络信息管理平台使财务部门与各部门之间的联系更为密切，使财务与业务能够有效结合，使数据分析更为准确。搭建网络信息管理平台，使企业内部工作方式及管理方式进行调整，重新进行工作流程的改变使每一个环节在流转的过程中都能够实现统一，通过网络信息管理平台进行统一的信息管理与流转。在进行网络信息管理平台搭建的过程中，通过专业手段加强网络安全管理，使财务部门及公司各部门数据在更新上传的过程中能够得到有效保护，且定期进行安全防护的更新，使公司财务数据能够得到实时保护，避免数据

丢失、被盗取。企业还可以引进专业的网络管理人员，对网络管理平台及网络安全进行实时监控，有效保障公司网络管理平台正常运行及公司财务数据完整不丢失。网络管理人员还需要实时掌握动态，不断更新网络管理平台，使管理平台能够满足企业发展需要，简化烦琐环节，调整工作方式，提高工作效率。

（三）提高财务管理人员能力，引进专业人才

财务信息化的建设对企业来说是企业在发展过程中需要经历的改变，同时对现有财务人员来说更是一种冲击，如果不能适应财务由原有方式向财务信息化的转变，那只能被企业淘汰。

这一问题的产生，使企业从两个方面来解决此问题。第一，对现有财务人员进行培训。对现有财务人员进行培训，能够使其工作水平及工作能力得到提升，适应财务信息化的发展。必要时可针对现有财务人员组织脱产培训，使财务人员能够系统地学习、了解、操作财务信息系统，使其满足财务信息化建设的需求。同时，现有财务人员也要不断提高自身技能，满足企业发展需要。第二，企业引进专业的财务管理人员，从而满足财务信息化建设的需要。引进专业的财务人员不仅可以使财务信息化建设快速进行，还可以使现有财务人员认识到自身不足，不断提升自身能力，满足企业发展需要。引进专业财务人员的途径有很多，企业可以通过校企合作、猎头推荐等招聘途径快速引进专业人才。因此，想要更好地开展财务信息化建设，不仅要引进专业人才满足人员上的需求，还要不断进行培训，提高现有财务人员能力水平。

（四）加强大数据时代下数据分析在财务管理工作当中的应用

现如今，数据分析已经是每一个公司在制定战略方针时所不可缺少的内容，它能够为企业在制定战略方针的过程中提供准确的信息。所谓大数据存在有价值、有真实性、多元化和高速运转大量数据的特点，只有全新的处理模式才能使大数据高速运转。原有的数据统计分析是通过大量表格进行处理，设置大量公式以获取相关数据。这样一来就会耗费大量时间进行表格及公式的处理，而且只有通过不断的数据测试保证公式设置准确无误。而大数据信息处理技术对于财务数据的处理，只需要特征相同即可，大数据信息处理技术就对其进行挖掘，选择有效的数据资源。虽然大数据的分析能够解决很多传统数据统计分析方式的不足，但不代表原有数据统计分析方式就可以被完全取缔，就是无用的。财务人员在进行数据统计分析的过程中可以将原有方式及大数据时代下的数据分析进行有机结合，从而更好地为企业发展提供有效信息。

以上内容有助于对大数据时代下集团企业发展过程中财务管理所存在的问题进行分析并提出相应解决方案。建立财务信息化系统是每个企业顺应大数据时代下发展的必然趋势，因此，企业管理者必须认识到财务信息化建设的重要性，并使全体员工都能有此意识，这样才能够更好地开展财务信息化建设工作。在建设财务信息化的过程中要注意网络管理平台的搭建及网络安全的管理与维护。财务数据是一个企业的核心，因此要注意网络安全，

保护数据不丢失、不被窃取。财务信息化的建设离不开专业人员的支持，为了财务信息化建设能够有效运行，必须提升现有财务人员能力水平以及引进专业的财务人员，从而满足财务信息化建设对人员的需求。财务信息化在建设的过程中也要加强数据分析在财务管理工作中的应用，通过与原有财务数据统计分析方法的结合，使财务部门所提供的数据更具准确性、及时性，为企业发展提供有效依据。

第七节 大数据时代下小微企业财务管理

随着信息技术的不断发展，云计算和物联网技术被应用到各行各业中，市场竞争越来越激烈。在大数据时代背景下，我国小微企业遇到了新的发展机遇，但也面临着诸多挑战。传统的企业财务管理模式已经不能适应大数据时代下的要求。如何利用大数据的先进技术来促进小微企业财务管理模式的创新与发展，使小微企业在激烈的市场竞争中处于优势地位，已成为一个人们十分关注的问题。

大数据即大量的数据资料，是指运用计算机网络产生的海量的、混杂的、结构复杂的数据，而这些数据资料无法运用当前的软件进行整理，其处理与应用以云计算为基础，并通过数据相关关系分析法来最终实现对事物的预测和价值服务。

大数据时代下对数据的计算单位最低从 P(一千 T）开始，还有 EB、ZB，并且还在快速增长。相关资料表明，全球的数据量每年的增长速度极快，未来的增长速度将更快，数据量将会越来越大。

大数据的来源不仅仅局限于传统的关系型数据库，还有社交网络、在线交易、通话记录、传感设备、社交媒体论坛、搜索引擎等。格式类型也多种多样，包含文字、音频、图片、视频等，数据在这些多样的格式上进行转换、保存、记录、运用，多样的格式也导致数据有不同的结构。

大数据的信息量大，类型多样，但是在这些数据中，价值高的信息较少，即价值密度低，这对于大数据技术来说也是一个挑战，需要从庞大的数据网中深入挖掘和提炼，并进行处理才能有效利用。

一、小微企业财务管理存在的问题及原因

在大数据时代下，我国小微企业在财务管理方面存在意识薄弱、投入不足、水平不高等问题，使得小微企业在激烈的市场竞争中面临诸多困难。下面针对小微企业财务管理存在的问题进行分析，提出解决对策。

（一）外部环境

小微企业经营规模小，资金不足，但随着企业的不断发展，必须扩大生产规模，这就

需要更多资金的支持。而企业的经营规模达不到银行等融资机构的融资要求，很难筹到资金。同时，小微企业还存在信用度低的现象，在经营中不重视企业信用等级，只关注企业的生产。银行向企业贷款的主要目的是盈利，而小微企业的固定资产抵押较少，资金的流动性大，因此银行会特别慎重。

（二）内部管理存在的问题

1. 企业财务管理意识薄弱

目前，很多企业还采用传统的管理模式，在内部没有制定合理的管理标准，导致信息使用者对财务信息化管理认识不清晰，对大数据时代下的财务管理理念不熟悉，不能很好地适应大数据时代下的财务管理技术，缺乏运用大数据信息化手段分析处理企业数据的意识，使小微企业不能紧跟时代步伐快速发展。在实践活动中，有的小微企业的管理意识薄弱，管理能力差，对企业的资产评估不准确，会导致成本增加、利润不足，影响企业的正常发展。因此，企业的财务管理意识反作用于企业的财务经济发展。

2. 财务管理水平层次低，共享性差

小微企业自身规模较小，薪资和发展空间都不能满足专业财务人员的需求，因此人们在择业时很少会选择小微企业，导致小微企业缺少专业财务人员。现有财务人员的基本操作能力、业务技能、政治素质达不到企业的要求，而且小微企业还存在信息共享性差的问题，即财务部门与其他部门互相分离，各部门之间信息封闭，导致企业财务管理的效率极低。

3. 财务管理风险意识低

计算机网络技术的发展，给企业经营活动提供了很大的便利，但也使企业的经营和发展面临着挑战和风险，包括投资风险、筹资风险、资金运营风险、利益分配风险。在大数据时代下，对企业财务数据信息的处理分析能力和风险控制能力的要求越来越高，而小微企业的风险意识较低，未实现企业内外部信息共享。如果企业内部信息与外部信息不一致，将会面临严重的资金运营风险。

二、大数据对小微企业财务管理的影响

大数据技术是企业财务管理方面的先导技术，能推动企业进行改革创新，特别是对企业财务管理方面有重要影响。它更新了企业管理者的管理理念，提升了企业的财务管理能力，推动企业由传统的财务管理模式向大数据迈进。

（一）大数据将提高财务数据处理的效率

与传统的财务处理模式相比，大数据技术提高了财务数据处理的效率，在处理数据的过程中节约了人力、物力、财力，并且结果更为准确。同时，大数据技术为企业财务管理信息提供了一个海量的管理平台，将数据储存在结构完整的管理库中，可以提高财务数据的处理效率，降低企业的总体成本，也使企业实现了财务数据信息化管理，为企业决策提

供了坚实的基础。

（二）为企业的风险管理及内部控制提供平台

企业在进行内部控制时，运用大数据处理系统可以对内部进行精确的管控，为企业获取全面、精准、有价值的信息提供有力保障，同时也可以帮助企业对风险进行深度的分析，有效规避风险。

风险管理是企业内部控制的安全保障。企业应加强风险管理控制体系的建设，通过大数据处理系统，对各项财务信息进行有效监控，在一定程度上降低风险发生率，达到规避风险的目的。大数据可以帮助企业科学地进行管理，降低各项成本，为企业决策提供准确的信息依据。

（三）高效实现全面预算管理

大数据技术的盛行推动了企业建立全面、系统的预算管理平台，能有效解决在财务预算管理过程中存在的问题。通过预算管理平台，企业能获得大量有价值的财务信息，运用大数据技术建立财务预算管理系统，能快速、高效地获取真实可靠的财务数据，利用这些数据处理、分析、预测企业未来的资金流向，及时有效地对下期预算编制进行调节与控制，确立符合实际情况的运营计划和目标，高效实现全面预算。

三、大数据时代下小微企业财务管理的对策

（一）增强企业自身的财务管理意识

企业一定要增强自身的财务管理意识，如果不能及时掌握最新的财务信息，将会给企业带来巨大的损失。

1. 建立健全财务管理机构

企业应该设立单独的财务管理机构。在大数据时代下，财务数据信息量大、种类多，经济业务和财政收支繁杂，需要有专门的人员进行处理，从而使信息发挥更大的作用。

2. 加强人员管理及培养

在大数据时代下，人才建设在企业创新中发挥着重要作用。因此要加强财务人员管理创新，改变传统落后的财务管理观念，重视财务专业技能和综合素养，还要提升财务管理水平。这就要求财务管理人员不仅要具备财务组织能力，而且还需具备分析能力、洞察能力、信息化处理等能力。

3. 加强内部考核制度

企业应该完善内部考核制度与奖励制度。建立考核制度，对财务人员的专业水平进行考核，对优秀的人员进行奖励表彰，有利于调动财务人员的工作积极性。

（二）创新财务管理模式

财务管理作为企业最核心的内容，管理模式和管理水平在很大程度上会直接影响企业

的发展。企业必须不断调整管理机制，创新管理模式，但也要充分考虑企业内部管理体制和财务管理机制的协调性。

1. 建立完善的财务管理信息化制度

部门负责人要清楚地认识到大数据在财务管理信息化工作中的重要性，并重视与其他部门的配合，要认真落实好财务信息化建设工作。各个部门要严格以财务管理信息化为中心建设结构体系，对硬件、软件进行设计，建立一个完善的体系。

2. 建立监督机制

大数据时代改变了企业的发展模式，这就要求企业适应时代的发展，深入开展财务管理工作。要加大内审机构的监督检查力度，建立健全内部控制制度和检查制度，还可以聘请一些专业的会计人员和审计人员找出财务管理过程中出现的问题，以便更好地发挥企业内部控制制度的作用。

3. 建立风险控制体系

在财务管理中，风险管理是关键。大数据时代的到来，使各种数据资源种类多、来源广、结构复杂，财务风险也有所增加。因此，需要重新构建财务风险体系。①详细了解财务管理的概念与结构。②确定一个财务风险控制的目标并重建。③根据外部经济环境来平衡投资风险。

企业应进一步提升财务管理质量，提高财务管理效率，提升企业管理的整体水平，形成一套规范、高效的财务管理系统，以适应大数据时代下的发展要求，为国民经济的发展壮大做出应有的贡献。

第十章　大数据时代下企业财务风险管理的理论研究

第一节　大数据时代下企业财务风险

随着科技的迅猛发展，各行各业都迎来了大数据时代。互联网技术的普遍应用，显著提高了企业的工作效率，同时也给企业带来了更高的财务管理风险。因此，本节探讨大数据时代下企业所面临的财务风险及其背后成因，并提出在大数据时代下企业财务风险的防范措施，以期促进企业的持续发展。

如今，数据已经渗透到了各行各业，成为重要的生产因素，我们已迈进了数据改变生活的大数据时代。在大数据时代下，企业之间的竞争越发激烈，企业若想在市场上获得持续发展，就必须将互联网技术进行科学应用，达到理想的收益；反之，若对互联网运用不当，企业就会被社会淘汰。鉴于此，为使企业在大数据时代下可以得到稳定且快速的发展，企业相关部门必须充分了解现阶段企业的财务管理现状，利用现有资源进行财务风险的预测与防范。

一、大数据时代下企业的财务管理风险

（一）筹资管理风险

企业的筹资方式主要包括股权筹资、债务筹资和混合筹资，每种筹资方式都存在一定的风险。在大数据时代下，由于互联网金融的广泛应用以及信息化的普及，企业的筹资风险也更加明显。虽然股权筹资成本较高，但是相对来说筹资风险较低。债务筹资相对股权筹资来说，增加了不能及时偿还债务的风险，引起一系列对企业的不良影响，相对来说风险更高，而在大数据时代这种风险会更加明显。

（二）投资管理风险

在大数据时代下，企业想获得更多的数据就必须投入更多的精力，导致成本增加，进而投资风险也增加。投资收益与投资风险呈正相关，因此投资风险越大，可能获得的投资收益越高，反之亦然。

（三）经营管理风险

在企业的日常经营活动中，由于管理者有限的管理能力和决策水平而导致企业出现资金周转不利、运营困难等问题的情况时有发生，这对企业的收益与运转造成不良影响。大数据时代下，财务信息来源广泛，在互联网金融的影响下，企业的财务数据规模迅速膨胀，若企业没有对日常经营活动中的各种财务数据进行完善的分类处理，将可能导致企业不仅没有获得收益，反而陷入危机。

二、大数据时代下企业财务风险的成因

（一）企业外部因素

企业的外部环境与内部管理都会直接影响到企业的发展，任何一方面出现问题都会导致企业财务风险的增加。在大数据时代下，如果企业只重视发展技术而忽视了整个市场的总体技术环境，那么将会导致企业产业结构落后于市场，影响企业做出正确的战略调整，使企业发展受阻。若企业没有密切关注国家政策的更新，那么企业可能不仅错过了发展的机会，甚至会导致决策偏差，使企业陷入危机。另外，任何企业的生存都离不开金融市场。企业的资金获得需要依靠证券市场，而目前证券市场和金融体系还有很多需要进一步完善的地方，资金来源一旦出现问题，就会影响企业一系列的生产经营活动，企业的财务状况也可能出现问题。

（二）企业内部因素

财务管理观念落后。许多企业为了迎合时代的发展、适应新的发展环境，纷纷将大数据融合到企业的方方面面，以求获得更好更快的发展。然而，在网络迅速发展的同时，许多企业的财务管理人员却不够重视财务管理信息化，导致管理观念落后、信息化财务管理水平低，从根本上拖慢了企业的信息化发展，严重影响财务部门的工作质量。

财务技术人才匮乏。财务部门作为应用大数据的重要环节，需要大量的财务管理人才与信息化技术人才。但对我国来说，大部分企业并没有大量的专业的信息化技术人才，而培养专业的财务管理信息化技术人才需要一定的时间和资源，因此我国大部分企业财务管理信息化技术人才的匮乏也在很大程度上限制了企业的信息化发展。

财务数据容易丢失泄露。财务数据安全问题对企业来说至关重要，在大数据时代下财务数据安全问题无疑更为突出。在大数据时代下，企业若想利用大数据技术提高财务管理水平，就必须收集海量的基础财务数据，而这些数据都是通过互联网与平台上其他企业实时共享的，这说明企业在搜集数据的同时也会造成企业本身重要数据及信息甚至商业机密的丢失与泄露，导致企业信息泄露相关的财务风险。

财务决策失误。财务决策是企业高层管理人员根据现有的财务数据以及以往经验做出的对企业未来发展产生影响的决策，管理人员的失误决策可能引发企业的财务风险。财务

人员能力不足导致数据分析出现误差，领导层对财务人员的建议不够重视，企业内部风险预测、控制系统不完善等因素都会导致管理人员的决策出现失误。

三、大数据时代下企业财务风险的防范措施

（一）持续关注企业外部环境

经济市场的长期发展存在着既定的规律，企业若想规避风险、抓住机遇，就应该持续关注经济市场的变动情况，同时也要持续关注国家发布的相关政策，可以充分利用优惠政策，增加经济效益。

（二）转变财务管理观念并不断创新财务管理模式

面对大数据的飞速发展，只采取原有的财务管理模式肯定是不可取的，企业还应该及时学习先进的信息化管理技术，结合企业实际，构建符合企业现状的信息化管理体系，并及时关注信息化发展进程，不断对现行财务管理模式进行创新，确保财务管理的先进性。

（三）增强员工风险防范意识

在大数据时代下，要确保降低企业财务风险以及企业决策的准确性，就必须保证企业获得财务信息的准确性。在利用网络处理数据的阶段，管理人员与财务人员都应建立正确的风险防范意识，尤其在大数据时代，财务人员需要面临大量的复杂数据，因此财务人员更有可能出现错误，财务人员应该时刻保持警惕，避免出现错误。企业的管理者更应该增强风险意识，谨慎做出每一个关乎企业未来发展的决策。

（四）加强企业人才队伍建设

现阶段，财务人员在企业财务管理活动中起到重要的作用，因此加强企业财务人员能力的培养十分必要。企业可以对财务人员进行大数据相关知识的培训与考核，在财务人员间营造竞争氛围，促进员工专业能力的提升。另外，企业还应该注重培养专业的信息化技术人才，这能够使企业更好地适应大数据时代，避免在发展的进程中走弯路。

（五）保证财务数据安全

财务数据的泄露是大数据时代一个不可忽视的问题，也是企业财务风险的重要来源，因此为降低财务风险，企业必须确保财务数据的安全。在实际操作过程中，企业可以建立数据使用权限，实时保护相关数据，设立科学有效的“云存储”，全方位安全地管理财务数据，降低财务风险。

综上所述，风险与机遇并存，互联网的发展为企业提供了快速发展的机遇，同时也带来了许多风险。在当今时代，企业若想发展就必然要承担一定风险，只有对大数据有充分的了解并加以合理运用，才能从根本上降低风险，为企业的发展注入新鲜血液，在激烈的市场竞争中实现稳定发展。

第二节 大数据时代企业财务管理面临的挑战

随着互联网经济的发展以及大数据时代的来临，现有的财务管理理论和实践发展迎来了新的挑战和变革需求。本节从实际出发，把内容的重点放在当前背景下，论述企业的财务工作所面临的挑战和需要做出的变革，包括公司的盈利变化、决策信息边缘化、开放投资标准变革、公司改革创新、运营风险管理理论以及投资方式的改革。

一、大数据时代解读

大数据的定义是能够运用各种途径来获取巨量的信息。企业可以利用计算机对巨量的信息进行管理或是进行攫取等处理。“大数据”的正式出现是在20世纪90年代，但是当时对“大数据”的定义还比较模糊，直到麦肯锡对“大数据”进行了非常详细的解读，同时也较为详细地阐述了“大数据”的具体运用以及与之相关的影响。通过了解“大数据”的定义并进行分析可以得出，只有使用新的处理模式及相关的措施，才能完成对大数据流程的强化，同时实现供给信息等目标。第三次科技革命直接使信息技术实现大幅度提升，促进了信息技术的高速发展，大数据应运而生。人们的各种信息，比如地点、频率等方面的信息都可以进行记录并且通过互联网对这些收集到的信息进行整合，然后将这些信息进行储存，以此来构建一个规模极大的数据储存地。伴随着经济的不断进步、记忆科学技术的高速发展，大数据已经蜕变成为一种全新的技术。通过大数据人们能够提取其中储存的海量数据信息，并根据需要加以整合，然后进行分析。

二、大数据与经济发展

经济的快速发展，在技术上为大数据处理带来了一定程度的难题。大数据的发展并非依靠社交媒体或者生活服务等形态来进行经济方面的渗透，大数据时代的跨越是随着全球化的推进、数据凸显上的发展速度进行的。《大数据时代》一书中已经明确指出了：“大数据其实是一种商业价值的资本，也是企业发展重要资本的积累，在经济发展中，要以创造经济利益为目的。当前，要发散思维结合经济发展状况，有效地处理好大数据的应用关键。”

三、大数据时代下企业财务面临的挑战

大数据时代的来临，代表着企业需要把大数据应用到工作中，并对财务工作进行严格管理，确保大数据技术的应用符合标准。大部分企业在进行运营时都不注重改革技术以实现技术的高效率，导致大数据对企业的财务工作产生了阻碍和挑战，这之中的问题就包括：“股东价值的计量与提升路径是什么？财务风险如何计量与防范？公司财务理论应该如何

服务于公司财务管理实践？财务理论是否需要重新构建？”因为内容需要以理论服务实践为主旨展开，所以对理论上出现的问题就不多说了。企业在进行财务理论变革时，需要能够正视现行理论所有的局限性，避免对理论变革产生阻碍，以防对变革后的新理论产生的作用被削弱。想要解决企业财务管理工作中所面对的大数据技术难题，就只有科学合理地处理好大数据。企业可以把金融理财方面作为突破点，发挥金融在理财方面的配置作用，并在此基础上进行提高，借此让企业在财管工作上能取得更好的成绩。

企业需要从科学合理的角度去定位大数据在财管上的地位，确保大数据处理能在企业财管中被恰当地使用。以在资本预算和股利政策两者之间进行的权衡作为基础，在此之上进行更深刻的认知。财务管理人员在企业中的地位十分重要，他们能够确保企业的发展。当企业的资本模型中各部分比例发生变化时，就需要对企业的融资渠道加以改革，与此同时还要注意它流动资金的剩余。对于如何发展企业金融业务，这是所有企业都需要面对的严峻现实问题，同时发展金融也是提高企业财务处理能力的有效途径。

四、大数据时代企业进行财务管理变革的要点

财管内涵的改变需要企业重视。企业需要跟上时代的节奏，把突破点放在大数据对企业发展提出的挑战上，实现科学规范地发展企业财务管理。对企业的财管工作加以明细，让其他对财管了解不深的人也能很好地理解。冲破大数据带来的种种制约束缚是企业未来发展的客观需要，在具体实施财务管理的过程中，要把企业的决策和评价有机地融入其中，想要做到这点需要包括企业债权人和债务人等在内的企业所有人能够合作、共同努力。企业的内部同样有着很多知识需要去重点关注，比如企业所有的利润和流动资金的流向等。企业估值的基本方法应该以盈利率 PE 与市场发展的净增率 PB，以这两项为估值的基础。但是，全球的资本市场现在的走向和现在使用的财务理论所主张的价值出现了越来越大的偏差。腾讯在 2014 年的财务报告中的净利润只有 125.93 亿元，但腾讯的最新市值却高达 9124.50 亿元。反观同年利润达到了 350 亿元的中国石化工业，它的公司市值却只达到了 6000 亿元。从这两者的对比中可以看出，进入大数据时代后投资人已经不再以企业利润、现金流以及企业的营业收入等财务信息为主要关注点，大数据时代下，投资者更加看重的是企业所具备的创新能力和企业本身实施的商业模式。同时，投资者对企业在市场中的竞争力也同样是大数据时代中的主要关注点，而这些能力的强弱与企业本身所具有的资产规模并没有直接关系到有关投资标准的变革。财务理论关乎着企业的运营机制，是一个在投资决策方面的机制性问题。资本回报率和股东收益的特殊要求都在研究财务理论的过程中加以体现。在企业对大数据时代下对财务管理工作的改革进行研究讨论时，财务学领域能够借鉴的用于评估投资项目的方法。同时这种方法在大数据时代下也存在着弊端，想要解决这样的问题，只能在评估的方法入手，尽量避免不合理、不科学的做法，以此才能对投资项目未来所需要的资金进行正确的预测，同时在改革中需要将传统的评价技巧融入其中。

重新构建财务风险的管理理论。降低风险是企业财务工作的核心所在，对风险的管理也是贯彻企业财务工作的重点。这种观点与企业管理也有着密切的联系。想要实现财务工作的科学化管理，就需要企业能够通过各种形式对高科技人才进行引进，让他们在对项目的统计分析中能够提出有效规避风险的方法。我国现有企业近年来对风险的评估机制的改革都有自己的标准和特点，这让企业在面临风险时容易处在不利地位。一个企业面对大数据提出的问题如果不能做到有效解决，那对于企业来说是致命的，甚至有可能使企业被淘汰。现有财务理论在规避风险方面所能提供的解决方法大致有两种：一是对企业的资本结构，进行适当的动态调整；二是与投资组合的思想（来自证券投资的理念），加以结合。在学术界，对界定的风险概念有错误存在。但是在进行投资时，面对投资遇到的风险问题对企业造成的损失可能会难以估量。在对企业的价格波动进行衡量时，企业本身对风险的控制能力是衡量的重要标准之一。不同企业间它们内部所有的风险大小也是不同的。风险的存在是无法抹除的，因此企业的首要任务不是去消灭风险而是去尽量规避风险。企业在进行项目投资前，对可能面临的风险需要做出准确的评估，这种经验的积累需要在市场中逐渐学习。而经济的高速发展会对企业产生刺激，促使企业进行投资活动，这就让企业面临一定的风险。所以企业在谋求更大利益的同时，还能够做到有效规避风险的话，对企业的发展就会有相当重大的意义。

重视对人才的培养。随着大数据时代的来临，企业还想保持长久、稳定的发展，就需要培养不仅具备丰富理论知识，同时还要有创意思维以及能力的人才。人才以及与企业发展相关的数据信息是任何一个企业都不可或缺的关键底蕴，因此加强对财管人员的综合素质培养是一个企业必备的措施。而想要做到这些，除了在进行员工的招聘时严格把关外，对已经聘用的工作人员也需要定期进行与工作相关的知识的理论培训，也可以请专业人士为他们定期培训。

在大数据时代的背景下企业的融资模式也需要改变。在传统的财务管理模式中，企业融资主要是通过银行。而随着信息化的加深以及大数据时代的来临，企业逐渐采用轻资产模式，并逐渐摆脱曾经的重资产模式。轻资产模式的独特之处就在于它能够有效降低企业的资本投入，利用企业的内部进行融资或者利用供应商的资金进行盈利。

实现企业发展所需要的经验积累对财务管理的理论和实践是一个途径，还应在对大数据时代进行充分了解和考虑的基础上不断修改和创新。为了及时地修正经营模式中不合理的地方，就需要给企业融资制定一个合理的审核程序，积极推动在大数据时代背景下企业金融迈入互联网。财管工作是企业各项工作中的重中之重，财管工作能够维持企业的运营并促进企业向前发展。这对于一个企业来说是相当重要的竞争力，使得企业能够在越来越激烈的市场竞争中生存并发展。

第三节　大数据时代的企业财务风险防范

随着社会经济体制改革的不断完善，企业对大数据实际应用的关注度逐年提高。而大数据给企业带来的优势也是显而易见的，其中最显著的就是可以帮助企业进行全方位的发展。就现状而言，大数据在开拓了企业运营模式的同时，也给企业带来了一定的财务风险。尤其是对相关税收、盈利情况和企业财富等方面的影响，给企业带来了很多困惑，在这种情况下，对大数据时代的企业财务风险防范这一课题的研究就显得十分必要。本节结合笔者的实际工作经验，对以上提出的问题进行深入探讨，并为行业内的可持续发展提供合理化建议。

从某些层面来看，大数据时代是计算机技术的再次更新与发展，而大数据分析与财务方向具有一定的关联作用，这主要体现在目前企业都积极将大数据信息运用在企业财务的建设当中。因此，企业非常关注计算机技术的发展，如果因大数据时代性的相关内容建设没有完善，将会导致企业内部出现一系列的财务问题，由此会阻碍企业的经济发展，也不利于企业内部的平衡，给企业发展将带来巨大阻碍。因此，基于以上状况，本节将对此进行全面的分析与研究，在大数据的时代背景下进行有效的财务风险防范，从而确保企业的平稳运行。

一、大数据时代下云会计的特征

云会计是以计算机为主体，凭借计算机对数据进行分析。这种方式只需要通过引流对大数据进行接入，在相应的平台下进行云计算，进而对企业的财务风险进行合理评估与防范。

在大数据时代的背景下，数据的自我生成速度不断提升，这就要求企业处理财务数据的能力不断增强，在计算机平台的云会计系统当中，不断完善会计信息服务的能力。在大数据时代背景下，会计数据得到了迅速而有效的处理，可以利用云平台的优势，对会计信息数据进行深入研究和处理，有效预测企业的未来发展状况，进而提高财务风险的防范力度，起到预警作用的同时也可以让决策更加精准。云会计的外部协同能力较强，有效地克服了空间限制，对用户没有了固定场所的限制，只需要借助网络就可以实现会计信息共享。这在很大程度上提高了财务的工作效率，并实现了信息的内外协同。

二、大数据时代企业财务风险现状

目前，云会计还是一个大数据时代下的新兴产物，在我国的发展还不成熟，由此会导致一定的财务风险，主要包括：

1. 要想达到云会计的良好落实，所依赖的云计算技术却不成熟，毕竟会计是专业的领域，不是云计算的成熟就能实现云会计的成熟。当前绝大多数企业都在采用大数据时代下的云会计手段进行企业的财务决策，所谓大数据就是指大量杂乱无章的数据综合，大数据是一个还没有专业化的名词定义。因此，在这当中进行高效的信息分析处理工作是相对复杂的事情。从前的信息技术水平已经不能满足这样高速发展的时代背景，因此，计算机技术的有效运用是必然的手段。其中具有代表性的就是云会计，这种手段的运用最大限度地节约了人力成本，充分弥补了传统会计存在的不足，进而解决了传统会计的准确性低、效率不高等问题，从而为不断优化企业的决策流程提供有力的技术支持。任何企事业单位当中都需要运用云会计。

2. 会计信息化的标准和法律法规还不完善，这就有可能导致财务信息虚假。会计信息化的法律法规不完善，就意味着企业的财务制度不够完善，甚至是严重缺乏，也就意味着财务系统混乱。

3. 会计信息化的共享平台存在安全隐患。比如，目前流行的勒索病毒就能轻易地锁掉一家企业的会计数据，不管是应对病毒的侵入还是事后还原数据，对企业来说都会带来极高的成本，甚至是极大的损失。

三、具体管理措施

（一）完善云会计相关法律法规，构建信息共享平台

传统的会计信息储存空间不足，安全无法得到保障。大数据最基本的特征就是数据量的巨大，强调信息储存的全面性与持续性。实际操作当中运用了很多信息系统工具，但各系统工具间是孤立的，没有实现大数据的优势，由此导致了管理层无法获取完整的企业信息，极易陷入盲人摸象的境地。

随着云会计渗透整个大数据，分布式处理、分布式数据库、云存储和虚拟化技术成了整个大数据的依托。云会计工作模式的出现，为传统的财务工作带来了很大便利，这种引入计算机管理的基本模式，通过互联网加强企业的财务管理能力，当云计算替代了人力资源，帮助企业实现更高级别的数据存储与数据整合，还能保证数据不占用企业自身的存储空间，完美保存在互联网的数据中心，使会计工作人员突破时间与空间的限制。也可以最大化地确保财务数据的准确性，从而增强财务管理的公正性。因此，企业可以充分利用大数据，在政府的引导下完善信息技术相关的法律法规，建立信息集成体系，利用大数据的优势避免财务决策出现偏差，进而对企业的财务预算起到正面影响。

我国现代企业在不断发展，其中也涉及诸多内容，因此，部分现代企业会开展多元化的业务，促使企业朝着集团化方向发展。云会计要想适应这种大数据时代下的发展，就必须完善相关的法律法规，并以此作为支持。

（二）挖掘增值业务，创造新的盈利点

增值业务具有多元化的特点，综合性较强。在大数据时代下，应当充分利用大数据的信息共享优势，主动挖掘可以实现的增值业务。通过信息共享平台对比分析企业的盈利点，将主要工作重心放在改进只靠传统产业作为盈利点的产业当中，进而提高企业的实际经济效益，实现大数据环境下的盈利点创新。

（三）加强企业财务预警与预算

企业的财务预算是防范企业财务风险的主要措施。在大数据时代下，企业可以在财务风险预警工作开展中，围绕企业内的大数据平台，进行具体的财务风险预警方式方法创新。因此，合理展开企业财务预警是必要的。企业财务风险的预算要充分利用大数据技术进行分析，结合企业自身的防范意识与抵御能力进行合理预算，最终达到提升企业风险防范能力的目标。预算管理可以让企业最大限度地了解公司未来可能面对的财务风险以及当前的财务状态。但由于是对未知事物的提前预算，就具有一定的未知性，因此，缺乏一定的准确性，要想改变这一现状，应从以下两个方面加强改革管理。

（1）增强预算全面性。当前，企业在财务预算当中很难真正融入计算，企业管理层对财务预算的重视程度较低，相关工作人员的预算能力不足，从而导致计算的内容不够全面、准确性不高。因此，在大数据时代下，要引入云会计的理念，进而保证预算的精准性。

（2）设置警戒线。在企业预算当中，很少有人注意到设置警戒线，这是一种必要的财务预警形式。当企业内某项财务计算超过或达到预警值时，企业就应当充分引起重视。

（四）建立财务风险制度

企业财务风险管理体系的建立与否，是衡量一个企业是否发展成熟的标志之一。因此，企业应随着经营状况和周边环境的变化相机而动，以应对企业运营过程中的潜在危机和风险。企业组织结构建立的不得当，导致了其盈利能力下降、资金紧缩，企业由此承受风险的能力也就跟着降低。

在大数据时代下，要充分利用计算机技术的优势，对企业的基本发展状况进行充分分析，吸纳使用性能强的运营经验，建立财务风险的有效管理机制。

其一要充分利用大数据的背景，从而建立基础数据库，通过对数据库的定期更新，从而做出分析与对比，建立长期的风险概率的走势图，为企业提供有效的数据资料。其二要合理使用大数据云系统，建立财务凭证的保管机制，收集整理重要的信息资料，应当安排专业的技术型专职人员负责这项工作。其三要成立风险防控小组，在基础数据库的基础之上，成立专门的防控小组，最大限度减小给企业带来的经济负担，确保企业经济利益的最大化。同时，企业的管理层人员应当加强对风险的防范意识，要及时准确地引导相关运营

人员积极主动地参与企业经济建设工作。通过建立工作人员的绩效考核机制，做到依据规章制度做事，奖惩相互协调，实行以奖励为主、惩罚为辅的工作人员奖惩机制，从而建立全面的风险管理体系。

当前，在大数据时代的背景下，绝大多数企业都会积极加强相关方面的建设，而这些建设内容正是加速企业运转能力的主要力量。但是，面对企业加强市场运行以及市场拓展的速度，大数据时代下的企业财务也承担了很大的财务风险。因此，这就要求企业具有合理的风险评估能力，合理解决二者之间的关系问题，并从中找到有效的平衡点，最终减少因企业风险带来的巨大经济损失。针对上述问题，本节提出了一定的应对方案，以期对大数据时代下的现代企业的财务风险防范提供指导建议。

第四节　大数据时代企业财务风险预警机制

网络信息时代的来临，诞生了一大批新兴理念与技术。大数据技术便是其中之一，得到了很大的关注与重视，并且被逐步运用到不同的行业领域当中。对于企业而言，在经营和发展的过程当中难免会遇到各种不同类型的风险，其中财务风险直接关系到企业最终的经济利润。为了进一步降低财务风险造成的危害，保证达到既定的企业财务管理目标，应该借助先进的大数据技术，制定出合理的财务风险预警机制及实施路径可谓至关重要。本节通过说明企业财务风险预警机制的构建情况，提出大数据时代下企业财务风险预警机制的实施路径，从而提升大数据时代下企业财务风险预警管控的总体水平。

在飞速增长的经济发展形势的推动之下，国内的经济环境已经发生了翻天覆地的变化。很多企业在运营与发展的过程当中都会面临着不同程度的财务风险。企业为了在竞争激烈的市场当中占据有利的地位，应该建立相应的财务风险预警机制，明确具体的实施路径，使企业一旦碰到财务风险，能够有效进行识别与判断，同时不断提升预测的精准度，帮助企业最终获得更多的经济收益。为此，系统思考和分析大数据时代下企业财务风险预警机制与路径的有效策略显得尤为必要，拥有一定的研究意义与实践价值。

一、企业财务风险预警机制的构建说明

从财务风险预警机制的种类而言，大数据环境背景下，企业的财务风险预警机制包含了常态预警机制、特殊预警机制等不同的类型。其中，前者在企业运营的过程当中十分常见，后者则在进行重要决策的时候才予以实施，并且包含了反馈预警的结果、评价预警的成效、预警报告的编制、财务风险的判定以及相关数据信息的采集等不同的环节。在这当中，处于数据信息采集时期，有关技术者运用电脑以自动收集的形式完成企业的运营与整个行业经济信息的更新任务。比如，常见的行业经济有关的数据信息、相关供应链公司所公布的数据信息以及企业的财务相关数据信息等等，据此实施科学统计。

针对其中的非结构与半结构的数据信息来说，应该对其优先加以分析与处理。而半结构当中的数据信息经过分析之后，可以体现原有数据信息具有的变量情况，借助计算机实施分析，完成相应的任务。判断企业风险的过程中，如果借助风险预警机制，则应该事先对风险的种类加以分析，以便明确进行风险预警与否，属于预警机制当中的关键环节，依靠计算数据库内拥有的大量相关数据，对其加以系统分析，掌握有关宏观经济、供应链传导以及行业风险等不同方面的情况，科学辨识企业的运营风险、竞争风险以及法律风险等等。

以当前的财务预警机制视角而言，当进行量化的结果已经高于相应的风险预警临界值时，企业会自动进行预警决策。所以，利用风险预警临界值能够确保最终的预警成效。如果临界数值太大的时候，会使企业忽视了相应风险，可能运用了更加冒进的对策；假如临界值太小的时候，会让企业失去最合适的发展机遇。并且，所构建的财务风险预警机制难以失去人工智能技术与大数据技术的有效支撑，当对神经元模型和向量机模型予以支持之后，才能获取最佳的临界值。利用向量机模型可以获得最佳平面，同时细致分析通过数据库计算获取的变量结果，完成对企业财务风险的科学评定任务。

二、大数据时代下企业财务风险预警机制的实施路径

（一）注重科学分析行业风险测度情况

对于行业风险分析而言，主要针对的是以预警企业作为主要的对象，对其所在行业的状况带给企业潜在的干扰情况加以科学分析。在庞大的行业当中，企业是必不可少的构成部分之一，一定遭遇到整个行业状况的干扰，而行业内部的竞争情况则决定了企业生存与发展的难度。上述因素主要参考相应的行业集中度、经济利润率以及销售增长率等相关指标加以判断。通过应用先进的大数据技术，不但能够及时更新相关量化指标，而且有利于企业的高层人员全面、系统地掌握相关的信息状况，以便得到更加有价值的信息，使预警分析变得更加精准。

（二）加大对供应链传导影响的分析力度

所谓供应链传导方面的影响，主要针对的为上、下游企业财务情况和改变的势态依靠供应链传导的方式带给企业一定的影响作用。本次研究将中兴通讯被美国政府部门的制裁作为例子，因为中兴通讯公司无法获取适合的国产芯片供应商，所以，其中存在一些元器件借助美国相应的上游供应商所供给，但是这一回却受到美国进口商品的打击，阻碍了中兴通讯的长远发展和进步，并且在我国的产业链方面，导致中兴通讯过度依靠进口。所以，对企业的财务风险进行评估时，应该针对供应链传导的影响情况加以分析。一方面，需要对上、下游企业相应的依赖度情况加以分析和判定，此方面的因素需要参考供应商所在行业相应的密集度、单家的采购量占据比例以及零件的重要性等相关指标加以判断。另一方面，需要科学分析那些依赖度很高的上、下游企业具体的财务情况，如果发觉存在相关的财务风险的时候，则应该进行科学预警与分析。

（三）确保企业内部动态重点分析的科学性与合理性

科学分析企业内部运营重点情况的时候，需要重视对相关财务风险预警机制的有效利用。以整体的类型角度而言，关于企业内部的情况，主要涵盖了非财务、财务等两类不同的情况。对于上述两类情况来说，企业内部的财务情况相应的难度是很低的，进行判断的过程当中，要求科学运用企业的ERP系统相关软件，借助其中不同类别的财务指标与数据信息，完成分析与总结的任务。在此过程当中，利用上述相关的数据信息，可以体现出企业具体的运营、偿债、经济利润及抵抗风险等方面的具体情况。显而易见，上述相关因素均会带给企业运营和管理不同程度的影响。因此，科学分析上述情况可谓非常关键。通常情况之下，由于非财务情况方面的因素十分复杂，以具体内容方面的情况而言，涵盖了企业相关规章机制的落实效果、内部管控机制的构建状况及企业具体的治理构造等不同的环节。上述因素尽管不能带给企业财务风险最为严重的干扰，不过依然将形成微小的影响。比如，在企业的内部管控机制出现不够完善，抑或存在明显的问题与不足时，必然会增加企业的财务风险隐患。

（四）做好行业关联影响情况的合理分析工作

针对行业关联影响分析而言，主要针对的为不包括企业的上、下游行业之外的其他关联紧密的行业发展变动带给企业与行业方面的影响情况。以宏观经济环境的角度来说，不同行业间显现出密切的关联情况。例如，建筑行业发展缓慢会导致钢铁和木材等相关上游行业、家电等相关下游行业均被影响，带给广大民众的经济收入方面很大的不良影响。即便是关联不是特别密切的餐饮行业同样被间接影响。所以，通过利用先进的大数据技术，科学收集与分析历年的相关数据信息，进而科学判定不同行业带给所在行业的影响状况、整体的影响势态以及明确紧密关联的行业。随后，结合所分析得出的行业具体状况，合理预测此行业在未来的发展状况，以便科学判定其有无风险，如果存在风险，则深入掌握其具体的情况。

从本节的阐述和分析当中，可以看出，系统分析与思考大数据时代下企业财务风险预警机制与路径的有效策略显得尤为必要，具有一定的研究意义和实施价值。本节通过说明企业财务风险预警机制的构建情况，提出了大数据时代下企业财务风险预警机制的实施路径：注重科学分析行业风险测度情况、加大对供应链传导影响的分析力度、确保企业内部动态重点分析的科学性与合理性、做好行业关联影响情况的合理分析工作。希望此次研究与分析的内容和结果，能够得到有关企业财务风险管控工作人员的关注与重视，并且从中获取相应的启发和帮助，以便增强企业财务风险预警与控制的实际成效，进而降低我国企业财务管理过程当中可能遇到的风险，促使企业获得更为长远的生存与发展。

第五节 财务大数据与集团企业资金风险管理

随着互联网及云计算技术的发展，集团企业决策不再需要具体了解内部复杂的算法，只需要选择合适的方法来处理数据、利用数据进行决策。由于数据来源具有一定的广度和深度，决策更加快速而精准，很多集团企业为了降低财务风险、实现资金信息共享、提高资金使用效率，开始积极地探索应用财务大数据。本节就财务大数据在集团企业资金风险管理中的应用做具体的研究与分析，提出一些增强应用效果的建议。

随着全球经济一体化的不断发展，大数据的重要性不断凸显，集团企业想要获得更好的发展，就需要在经营管理的过程中加强对大数据的应用，尤其是资金风险管理方面。

一、财务大数据在集团企业资金风险管理应用中存在的问题

（一）财务大数据应用范围狭窄，应对深度不够

集团企业资金风险管理需要综合考虑各方面因素，因此对财务大数据的全面性有非常高的要求。在实际应用过程中，财务大数据的广泛性不足，体现在数据仅涉及财务方面的信息，经营的其他信息没有过多涉及；或是仅涉及某一时期的历史数据，不能提供更长时期或者趋势的数据信息。对于经营环境瞬息万变的集团企业而言，财务大数据的广泛性不足以降低财务大数据的应用性。另外，集团企业财务大数据涉及的信息深度不够，无法有效、准确地反映集团企业的经营情况。如财务大数据信息中仅包括收入、利润指标，对应收账款的坏账率、应收账款回款天数等都没有详细信息，这使得集团企业管理者在利用财务大数据分析的过程中，能够用于资金风险管理的信息相对较少，影响决策的准确性，影响集团企业资金风险管理水平进一步提升。

（二）缺乏完善的大数据管理体系，人员综合素质有待提升

集团企业由于分支机构多，管理模式不统一，信息不对称，集团、子公司、银行之间资金往来交错，造成集团企业无法对子公司的每笔资金进行监控，无法准确预测资金需求，无法统一实行资金调配，带来资金管理工作重复、资金安全漏洞百出、财务费用高等问题。

在传统集团企业里，资金管理往往是财务部门或资金管理部门的事情，财务工作按照业务分为核算、统计、分析等。随着财务大数据的到来，核算、统计的部分工作可以格式化，人员被替代，工作的核心转移至数据收集与处理，财务人员对经营要有一定的理解和把握，包括销售、生产、预算、战略、考核等，对财务人员的素质要求明显提升。

二、加强财务大数据在集团企业资金风险管理中的应用

（一）提升财务大数据的应用广度与深度

首先，集团企业财务大数据应扩大数据涵盖范围，不仅包括财务已有的各项指标，还应深挖财务数据资源、拓展业务资源等，实现财务业务一体化。例如资金需求考虑应付账款，不仅应包括应付账款账面余额，还应登记供应商实时入库数量、开票金额、信用额度、赊销天数、议价能力、产品等级等。集团、子公司、分公司各不同主体的业务数据、资金调拨数据、结余资金数据等储存于云计算平台，实时归集和整理，便于集团企业统筹安排资金，提高资金使用效率。财务管理的触角延伸至集团企业的经营环节、产业链，充分获取集团企业决策需要的数据信息，避免财务核算秋后算账、不及时的问题；避免财务报告分类标准不同、整合难度大、数据沉底的问题。

（二）完善财务大数据管理体系

首先，建立财务共享信息平台。程平等（2015）设计了大数据时代基于云会计的资金管理框架模型，包括基础设施层、硬件虚拟化层、数据层、平台层和软件层。其中数据层用于存储与集团、子公司、分公司资金管理相关的行业数据、业务数据、现金流数据、资金分析数据、银企互联数据等；软件层负责资金收付管理、资金调拨、资金分析等相关业务处理。该信息平台不仅可以实时反映、存储和分析数据，还可以简化集团企业银行账户体系，减少收付环节，提高集团资金管控能力，集团企业的决策层可清晰了解集团资金使用情况以及对资金未来需求的预测，提高资金管理决策的准确性和资金使用效率。

其次，在共享信息平台的基础上，建立风险防控体系。如效仿银行应用大数据防控信贷风险策略，引入资金与债权（广义上指集团内部债权和集团对外债权）评级的二维风险评级系统。根据资金交易规律、往来款项风险特点、行业特点等，设置资金风险管理敏感等级；建立风险分析与检测制度，持续实时检测，对其中财务状况突然恶化的债权应当及时提供风险预警。

再次，建立财务大数据应用制度和集团资金集中管理配套制度。由于财务共享信息平台发布了关于集团企业的全方位信息，对信息的更新、采集、加工、分析等须实行监督管理，对相关人员实行授权，以保证财务大数据的安全性和准确性。为实现集团企业资金集中管理，集团企业通常采用内部设立独立的资金中心，或者依靠银行、财务公司的方式，为保证集团、子公司、分公司均按照统一的资金运作规程来操作，集团企业须制定统一的资金集中管理制度，确保资金集中管理的安全性和有效性。

最后，培养复合型财务人员。会计四大要素是确认、计量、记录和报告，以数据形式如实反映企业的经营活动，可靠记录并报告企业经济活动的历史，随着大数据及云计算技术的发展，对财务人员的素质要求明显提升。在数据积累的基础上，财务人员按照内部管理需求和财务分析需求，深入挖掘财务数据和业务数据的内在资源，培养系统性和管理型

思维，对海量数据进行高效整理、加工和提炼，为集团企业经营管理决策提供信息支持。

财务大数据和云计算技术为集团企业实行高效、安全、科学的资金管理提供了技术支持。本节针对财务大数据在集团企业资金风险管理应用中存在的问题，详细阐述了提升财务大数据应用的广度和深度，通过建立财务共享信息平台、建立风险防控体系以及完善集团资金集中管理配套制度等完善财务大数据管理体系，本节还提出了财务人员培养的系统性和管理型思维，从会计核算向数据分析转变。期望本节的研究能为集团企业进行资金集中管理提供新的思路。

第六节　国有企业运用大数据手段管理财务风险

本节通过分析国有企业财务风险管理工作中存在的问题，结合工作实践，有针对性地提出运用大数据手段结合人工管理的思路，探索建立大数据财务风险防控系统和“线上扫描发现风险，线下核查整改风险”的长效财务风险管理机制，对解决目前国有企业财务风险管理中的问题提出建议。

一、国有企业财务风险管理工作中存在的问题

（一）内外部环境变化对国有企业风险管理工作提出更高要求

党和国家高度重视重大风险防控工作。党的十九大报告指出“要坚决打好防范化解重大风险、精准脱贫、污染防治的攻坚战”。2017 年、2018 年的中央经济工作会议都将防范化解重大风险作为三大攻坚战之一，并提出明确要求。2019 年 1 月，习近平总书记参加省部级主要领导干部坚持底线思维着力防范化解重大风险专题研讨班开班式，并发表重要讲话，就防范化解政治、意识形态、经济、科技、社会、外部环境、党的建设等领域重大风险做出深刻分析、提出明确要求。与此同时，随着内外部环境的变化，对国有企业的风险管理工作提出了新的、更高的要求。一是经济进入下行通道后，以前长期积累的风险隐患逐步暴露出来，使企业面临更复杂、严峻的风险管理局面；二是科学技术的快速发展使得各行业的新业务、新商业模式不断出现，对企业风险管理的前瞻性、灵活性提出了更高的要求。

（二）当前国有企业财务风险管理工作面临的问题

一是海量数据人工无法全面监控。传统上集中开展财务监督检查的风险管理模式，需投入大量人力和时间，通过人工方式监控海量数据，耗时长工作量大，并且由于财务风险涉及企业经营的方方面面，点多面广、情况复杂，经常会出现人工无法全面管控的情况。二是风险问题发现滞后。财务报告分析滞后无法对财务风险进行实时监控，只有在出账后才能通过对报表的分析、发现识别风险，这种情况下，在风险被发现时，损失往往已经发

生，无法在造成损失及影响之前防患于未然。三是风险被动整改。随着巡视、审计等工作力度的加大，企业接受外部监督检查成为常态。在巡视、审计等工作中，经常出现检查组已经发现的问题，国有企业总部却毫不知晓，在检查组已经形成正式报告后，总部再了解情况、制定整改举措的被动情况，无法提前对风险情况进行预判，将问题抓早抓小。四是风险管理不闭环。传统风险管理模式下，整改活动在线下进行，人工整改处理风险事项需要多次反复线下沟通，且无法形成完整的系统处理流程，不利于对整改结果进行审核和归档，无法形成系统的风险档案，不利于风险数据再挖掘、再利用。

二、运用大数据手段进行财务风险扫描实施条件分析

各大型国有企业近年来在国资委的统一安排下都在紧锣密鼓地实施财务集中、业财数据融合，这为运用大数据手段进行财务风险分析提供了有利条件。以某国有通信运营商企业为例，自 2008 年起就开始实施会计核算集中，历经 10 年实现省级公司会计核算集中（设立省级财务共享中心，简称省级 SSC）管理和部分地区跨省会计核算区域集中（设立区域财务共享中心，简称区域 SSC）。省级 SSC 和区域 SSC 成立以来，通过统一会计制度、统一核算标准、统一流程规范，极大提升了核算效率和质量。基础数据的标准化、规范化为运用大数据手段进行财务风险分析提供了有利的数据条件。自 2012 年起，该通信运营商企业开始实施集中 MSS（管理支撑信息系统）建设，历经 6 年实现合并报表单位全部纳入集中 MSS 统一管理，SAP 系统、资金管控系统、财辅报账系统、全面预算系统、影像管理系统、税务管理系统、会计档案、银企直联、计划建设系统、供应链管理系统、法律合同系统等均在集团 MSS 集中建设落地，实现了业财数据的融合。财务、业务相关数据和辅助流程数据均可以按照统一规则进行抓取，为数据提取、挖掘分析和风险问题预警提供了有利的系统条件。

三、大数据财务风险防控系统建设探索

基于以上情况，该国有通信运营商企业积极筹划、精心部署，统筹实施构建了集中化的“大数据财务风险防控系统”。旨在通过信息化手段帮助各级单位主动、常态化开展财务风险自查自纠工作，实现集团全级次、全流程风险预警防控，加强“以事先防范和过程控制为主，事后补救为辅”的风险管理模式，将财务风险降到最低。大数据财务风险防控系统通过引入大数据技术，结合当前先进的财务风险管理理论、方法、手段，对企业资金、资产、税务、预算、收入、成本、工程建设、采购、合同、发票、供应商等诸多财务、业务结果数据和流程数据，进行交叉扫描和智能化多维度分析，智慧识别存在的财务风险问题，精准定位到责任单位，并建立风险整改监督机制，实现财务风险闭环管理。大数据财务风险防控系统的建设和推广实现了风险管理与日常经营工作的结合，提高了风险管理对业务发展的前瞻性指导，是对风险管理工作的有效实践和创新。其主要做法如下：

（一）深挖财务风险特征，梳理规则模型，建立风险指标库

集团公司组建由总部、省、地市和专业公司财务专业骨干组成的项目团队，聚焦近几年财务风险高发领域、高发事项和高发环节，根据长期积累的风险控制实践经验，对风险事项、特征和成因进行全面梳理，结合实际数据验证，形成风险预警规则和分析模型，梳理了舞弊风险、经营损失风险和信息质量风险三大类，覆盖财务六大专业，共计近两百个风险指标，形成了粗具规模的财务风险指标库。

（二）合理确定风险扫描逻辑

根据业务场景提炼风险特征，生成告警规则引擎，以区县公司为颗粒度，利用大数据手段对多个数据库开展多维交叉分析，按照预警规则挖掘扫描风险事项，通过机器自动分析识别、揭示风险问题。系统通过充实和融合各渠道基础信息（如业务数据、税务信息、合同信息、银行流水、发票信息、供应商信息等），利用数据关联，聚焦易发多发、性质严重的风险事项，分析其特点、交易特征及周期波动等，形成风险报表。目前梳理出的风险指标特征明显、预警规则清晰、业务重复性强、数据量大，对风险定义清晰、例外情况较少情况下的重复性经营管理过程的风险管理发挥了重要作用。

（三）运用大数据技术扫描监控海量数据

该通信运营商企业财务集中后，相关数据统一汇聚在集团，数据体量大、关联复杂，各专业相关成果及流程数据均在 PB 级别以上，核心数据库记录数均在亿级以上，且日增量百万条。考虑到海量数据的处理性能和稳定性，系统基于大数据平台，在数据的处理上采用分层、聚类、拆分等策略，具体流程是：在凌晨业务量很小的时间段进行数据采集汇聚，采集的原始数据放入采集层，对无效、缺失、信息不完整的数据清洗加工后放入整合层；之后基于整合层，按照专业分类拆分、关联数据聚合，建立成本性报账、资本性报账、预算占用、资产卡片、采购订单、工程合同、房屋土地等宽表模型以及对应的清单级明细数据。不同分类、不同粒度的数据都整理加工后，系统运用大数据技术及组件进行分布式实时 / 离线计算，在数据挖掘分析上融入机器学习算法和数据训练等智能手段，生成具备较高价值的风险结果数据；在作业调度上采用“Hive+Phthon”方式实现任务的分发、跟踪、执行等工作，使用 Sqoop 组件完成数据的导出，提供给应用系统展现，用于制定决策或价值展示。

（四）引入风险定律和智能算法，全面深入筛查风险

系统不局限于通过大数据技术手段和业务全流程控制，还引入了较多当前常用的风险管理理论、数学定律和机器算法。例如“本福特定律”“舞弊三角论”、行业标杆对照、历史数据分析、机器模拟数据等，旨在通过更多的维度和更智能的技术深度挖掘风险问题。例如，对于“小金库”风险，在报账、付款、结算等诸多环节涉及具体金额，大量的金额聚集在 [990，1010] [1990，2010] 等区间。又如，故意逃避内控审批的事项，大量的金额

聚集 [4500-5000] [9500-10000] 等区间。这两类风险指标比较适合使用“本福特定律”进行组合筛查，可以经过多轮比对，锁定高风险区域，最终抓取出问题清单。

（五）实现问题追踪处理，建立闭环管理机制

风险问题被扫描发现后，大数据财务风险防控系统形成预警清单，并将其通过派单系统在第一时间自动推送至责任人处待办，提醒责任人及时查看、跟踪，采取措施评估改进。在风险预警事项处理上，创建了各级公司普通用户核查情况、整改反馈，再由市、省、集团逐级审批的流程。普通用户主要由各单位财务人员、风险管理人员构成，由他们对分派的风险问题进行核查，说明形成原因，进行整改或制订整改计划，并可通过上传相关凭证资料，对风险预警事项进行充分说明；之后系统根据风险问题所属单位自动推送给市级公司财务部门经理、副经理，省级公司预算、核算、资产、资金、税务、效能主管、集团主管等相应环节审批人，审批人员逐级审批，根据整改情况确定是否解除风险预警，从而形成“风险问题发现—问题核查整改—风险预警解除”的闭环管理流程。同时系统提供领导视窗、业务视窗等多种角度及多种维度的分析结果展现，用户登录系统后，使用非常便捷，可以明确自己的职责，层次感强。

（六）数据开放共享，注智生产应用

系统对风险预警数据进行整合、打标签分类，形成风险预警模型库，并开发了 API 接口服务，发布共享，以订阅的形式供其他生产系统调用。MSS（管理支撑信息系统）的应用系统可以很便捷地获取相关环节的风险预警信息；BSS（业务支撑系统）、OSS（运营支撑系统）如果需要获取财务预警信息，生成报告、风险画像等，也可以非常灵活地接入获取。基于这种服务端向客户端发散的开放共享模式，可以打通系统之间的障碍，达到减少系统重复、注智生产应用的效果。

（七）创建线上线下结合的风险管理机制

该项目为非替代性项目，不会像其他机器人项目一样直接替代人工操作，而是通过线上扫描发现风险、线下核实整改风险的模式进行运营，从集团到省级、市级以及区县四级公司，创建线上线下相结合的风险管理机制。通过循环往复的线上发现、线下核实的规定动作，持续调优财务风险指标库；通过对风险指标库的持续优化扩充，常态化地开展风险预警、整改，不断增强增厚财务“防火墙”。

四、大数据财务风险防控系统运营实践效果初显

该通信运营商企业于 2018 年年底建成大数据财务风险防控系统，并上线试运行，对其总部、省分公司及所辖市、区县公司、部分专业公司，展开风险扫描分析，帮助各级单位开展常态化自查自纠、针对性整改提升。至 2019 年二季度末，系统累计亮灯预警十余万次，派发重点问题清单三万余条，各级单位合计五千余人积极使用，反馈良好。大数据

财务风险防控系统已成为该企业风险集约管控工作应用落地的重要基础和各级单位将风险管理与日常经营工作相结合的有效抓手，成为防控重大财务风险、强化各级财务人员风险防范意识、落实风险管理责任的重要手段。运营实践效果具体有：

提质增效，节约人力物力。以前每次财务检查、内控检查，各省级公司都要投入数十人、几个月的时间，而且人工检查容易出纰漏，检查质量无法保证。使用系统后，各级公司只需 3~6 名财务人员投入 5 个工作日即可，需要检查的风险事项都可以按需检索、导出、核对，大大节省了人力物力，并保证了很高的检查质量。

大数据手段、人工智能，挖掘潜在风险问题。经营管理中，有些风险问题潜藏隐蔽，短时间内不会暴露，通过财务分析很难发现。企业通过大数据技术结合人工智能算法、风险管理理论综合分析后，可以预测趋势和发生概率，使得财务人员掌握具有参考价值的动态数据，便于各级人员尽早防范，避免风险发生。

流程管控、注智业务，推进财务智慧运营。系统改变以往“线下检查、线下反馈”的监督检查方式，将风险的闭环管理流程固化到系统，进行流程可视化管控，既减少了财务人员的工作量，又明确了责任。同时，还提供了数据增值服务，将风险预警信息与生产业务系统打通，在事前帮助处理人进行决策分析，助力企业智慧运营，推动财务管理工作转型升级。

强化风险意识，落实风险管理责任。通过大数据技术扫描排查，对存在风险的事项亮灯预警，为各级公司提供了风险管理的有效抓手、监督利器。更重要的是通过平台，让各级单位、各级财务人员感受到了集团对风险防控工作的重视程度和执行力度，强化了风险防控意识、底线意识和责任担当，让风险管理和防范深入人心，融入各级财务人员的日常管理和流程操作中，从源头上规避风险问题的发生。

功能逐步延伸，支撑企业高质量发展。大数据财务风险防控系统集中建设、全面推广应用后，取得了良好的效果。后期将扩充更多的风险指标，聚集更多的业务、财务、税务相关数据，进一步打通与其他关联系统的交互，优化数据标准规范、数据交换方式、交互消息提醒、应答标准，扩展延伸信息范围。

第十一章　大数据时代下财务会计的实践应用研究

第一节　大数据时代下企业财务云会计系统的应用

随着现代网络科技的飞速发展以及信息应用技术的深入应用，当前企业会计信息化建设的道路上迎来了全新的发展机遇与挑战。在大数据时代环境下，企业对大数据技术的依赖度也呈现出了有所增高的趋势，特别是对于企业的财会部门来说，如何利用现代化技术手段提高日常工作的效率已成为亟须解决的一大难题。而将云会计系统应用于企业财务工作中，能够实现各项工作的高效转变，进而提升企业的经济效益，推动企业的长远发展。只是，从当前运用云会计系统的实际情况来看，其中依旧存在着一些缺陷和问题。为此，提高对云会计系统应用的重视程度，采取有效的策略对其进行创新与完善具有重要意义。

一、大数据时代下企业财务云会计系统应用的重要意义

大数据时代下将云会计系统应用于企业财务处理工作中有着无法比拟的优势，其主要体现在以下几个方面：其一，企业无须对云会计系统基础设施进行大规模的投资，只需根据自身的实际需求支付相对应的租赁费即可获得性价比相对较高的云会计数据服务，这在很大程度上提高了资金的利用率，减少了企业信息化建设的成本消耗；其二，有赖于云会计系统的运作以及性能的支撑，企业的财务管理以及后期维护等工作的效率得以提高，这使得企业拥有更多的精力来应对日趋激烈的市场竞争；其三，依托于互联网以及智能移动终端，企业职员在移动办公以及异地办公时也能够突破时间与空间的限制，对云会计系统进行有效的利用；其四，通过对云会计系统的有效应用，其所具备的安全性以及扩展性优势也得以凸显，可在保护企业财务会计数据安全性的同时协调各方工作的顺利进行。

二、大数据时代下企业财务云会计系统应用过程中应注意的问题

（一）安全性方面的问题

企业将云会计系统运用于财务管理工作中尽管能够在很大程度上提高日常工作的效率，但是信息数据在传输的过程中却也面临着各种各样的安全问题，具体来说，其主要包括以下两个方面的内容：一方面，企业在将相关财务信息数据输送并保存至云会计系统平台的过程中，一旦硬件或软件出现了问题，难免就会造成一些重要数据及信息的丢失，与此同时，由于在升级云会计系统时需将企业原有的财务信息及相关数据进行备份或者转存，在此过程中也很容易增加数据丢失的可能性。另一方面，企业在将相关财务信息和数据上传完毕后，一旦出现云会计服务商相关服务器被黑客攻击或相关工作人员无意泄露了保密性财务信息等情况，同样也会降低企业财务的安全性，从而导致重要数据被窃取，给企业造成极大的损失。

（二）标准性方面的问题

大数据时代下，云会计系统作为新生事物，依旧处于不断发展与探索的重要阶段，不管是在服务品质方面还是在服务收费方面，或是服务承诺等方面，它都缺乏统一性的标准，这使得企业在运用云会计系统的过程中也出现了这样或那样的问题。而导致这些问题发生的重要原因，主要与云会计服务缺乏统一性和正式性的指导文件有关，其所采用的服务模式以及商业模式依旧停留在传统阶段。也正因为如此，当一个企业将相关的财务数据同时交给不同的服务商进行处理时，便很容易导致最终数据分析的结果存在一定的差异性，这势必会对企业财务云会计系统的正常运营带来一定的影响。

三、大数据时代下企业财务云会计系统的应用策略

（一）构建企业财务会计信息化共享平台

在新的时代背景下，企业财务会计工作不仅迎来了诸多发展机会，同时也面临着巨大的挑战，如何利用现代化技术提高日常工作的效率以及质量，便成了企业实现信息化管理的重要任务之一。为此，企业需借助云会计系统加以实现，在促进企业财务转型的同时促进信息化系统的多方位发展。除此之外，企业还应紧跟时代发展的步伐，构建起具有特色的信息化资源共享平台，以此来实现平台与企业内部管理的无缝衔接。

（二）确保数据与会计信息的一致性

企业在进行财务会计管理的过程中，基于大数据可对企业的经济发展状况进行较为全面的分析，同时也能够为未来的发展道路提供有效的依据，这也是区别于传统统计数据方式的重要优势所在。除此之外，云会计本身还具备更强的全局性和科学性，企业通过对相关数据进行全面的分析，可为产品的研发和销售提供强大的数据支持，现如今已成为企业

战略发展的重要内容之一。这要求企业在运用云会计系统的过程中，需确保企业财务会计信息与数据的高度一致性，并提高数据及信息存储的准确性，如此才能保证所需财务会计信息的真实性及可靠性。

（三）不断完善云会计应用体系结构

企业财务云会计系统只有在现有结构的基础上不断增强自身对庞杂数据的处理能力，才能促使系统的稳定运行。再加上访问云会计系统平台时需通过 Portol 介入，并运用云计算中的 Paa 技术才能实现对内部会计信息系统的操作与处理。所以要想进一步优化云会计应用体系结构，除了要保证其内部结构稳定性和全面性以外，还需结合实际情况构建外部云，以此才能实现内外部的有效对接，并促进企业各个部门之间的协作与配合，进而为最终生成一体化协同操作机制提供强有力的支撑。

（四）对企业重要信息数据进行有效把控

为保证企业财务会计信息及数据的保密性和安全性，在实际应用云会计系统的过程中，企业除了要结合自身的经济状况选择合适的供应商以外，还需做好相应的保障工作，作为实际构建工作中的关键环节之一，信息数据的保护工作便显得尤为重要。基于当前网络开放的形势，要想尽可能地防止信息数据的泄露，首先应对云会计系统供应商的保密性能以及存储功能等进行全面的考量，然后还要根据实际需求升级相关的安全保护硬件和软件，并制定相应的安全管理方案来实现对一些重要信息数据的有效监控。

（五）建立并完善云会计系统的服务标准

“无规矩不成方圆。”对于云计算服务行业而言，只有遵循相应的标准及要求开展服务，才能推动整个行业的规范化、有序化发展，并充分发挥出云会计系统所具备的优势。为此，政府监管部门不仅要规范云会计使用准则以及数据完善的标准，推动相关业务流程的不断完善，而且要明确服务收费的标准，增进与云计算服务行业的交流和沟通，以便能够在保证云会计系统服务质量的基础上，防止恶性竞争现象的出现，从而也能够推动企业的不断发展。

综上所述，结合当前运用云会计系统的现实情况来看，其在企业财务会计工作中的重要地位及作用日渐明显，其在大数据时代背景下也有着十分广阔的发展前景。现如今，云会计系统的构建与应用已成为现代企业实现财务信息化管理的一大趋势。为了提高企业自身的核心竞争力，并促进企业未来的健康可持续发展，在实际工作的过程中，需要结合企业的实际情况及需求，构建并完善云会计系统，并紧跟时代发展的步伐向其注入创新活力与生命力。

第二节　财务网络化下管理会计对大数据的应用

一、财务网络化的概念

财务网络化是信息社会的产物，其最大的特点是将互联网、计算机、云端储存、大数据等先进的技术引入会计工作中，促进各个行业之间、企业内部与外部之间的会计信息交流。财务网络化是指企业将互联网、物联网技术与财务预算管理结合起来，利用现代通信技术对会计数据进行获取、加工，其本质是建立全方位立体化的会计信息系统，同时运用大数据技术分析销售业绩、行业形势、市场需求、政策导向等，使管理者迅速掌握企业经营状况、投资风险等相关信息，从而建立起企业信息平台，形成高效率的企业信息一体化流程。

二、大数据对管理会计的影响

管理会计的主要任务是通过向企业管理者提供及时有效的信息来辅助企业经营决策。其主要目标是通过对企业未来经营成果的预测和制定合理预算，加强企业在各个环节的内部控制来提升企业绩效和竞争力。当大数据与管理会计有效融合后，管理会计在参与企业经营决策时发挥出的优势尤其明显，这将会给企业带来巨大的思维变革、商业变革和管理变革。

（一）对思维模式的影响

在大数据的影响下管理会计思维模式发生的最主要变化是从立足于财务数据转变为立足于企业业务链。过去，管理会计是根据企业已经发生的业务数据来预测企业未来的发展，仅仅是将经营活动转变为数据信息记录下来，却忽略了企业的经营状况、生产规模、资金链情况、竞争环境、利益相关者的诉求等。由于现在企业处在瞬息万变的市场环境中，企业的经营风险、财务风险时刻都可能发生巨大的变化，滞后的信息无法为企业提供更好的决策帮助。随着大数据更多地被应用于管理会计中，管理会计就可以做到深度分析材料供给、生产、销售、市场等数据，通过制定严密预算和建立合适的内控体系加强对企业的控制，以此来提高管理会计的有效性，使得经营者迅速把握市场动态、有效规避风险。

（二）对职能转变的影响

管理会计在职能上的转变主要是由原来的内部报告会计角色转变为现在的参与企业日常经营决策的管理角色。在大数据被广泛应用的前提下，管理会计的职能已不单是为公司提供预算、成本合计、设计内控流程，而是直接参与企业的经营管理决策。管理会计通过财务互联平台实现各部门数据交换，通过提取平台上的数据对其进行分析，不仅能准确找到与企业战略制定、实施、控制有关的信息，还大大提升了管理的有效性，从而更好地发挥其主动性及创造性，使其与管理控制活动的联系更加紧密。

（三）对数据处理的影响

管理会计在数据处理方面的变化主要体现在数据的收集、存储、加工、分析与利用技术上。

1. 在数据收集方式和内容方面

传统的数据收集方法数据来源窄、类型少，在做某些特定的分析时只能选取适当的样本量来估计总体趋势。这种方法减少了数据的有效性，抹去了非结构化数据所展现出来的特征。而在大数据时代数据的收集方式、渠道、类型和内容已经发生了改变。如今，电子商务、社交网络中的图片、音频、视频、文字等都是信息的汇聚地。比如，小米手机就是通过建立论坛，在论坛中吸取大量“铁粉”，通过与铁粉的积极互动了解客户群的需求来研发产品、定位市场，此种营销模式就主要借助大数据。

2. 在数据存储方式方面

目前，大多数企业采用的仍然是传统的数据保存手段，储存的数据数量较小且多为结构化数据。要想实现信息互联互通、高效利用数据，就必须建立新型大数据仓库，通过“云存储”等新型储存方式保留企业运营轨迹，最大限度保障信息的完整性。通过建立企业内部信息交流平台加快数据流通，实现信息共享。

3. 在数据加工、分析利用方面

传统的针对单一结构数据抽样和时间跨度大的数据处理已不再适用于大数据的挖掘工作。如今针对全体数据进行实时的数据处理才能体现数据的核心价值。此外，可以通过实施统一的数据口径、标准化处理各系统数据源来实现数据的深度挖掘。

（四）对工作方式的影响

在大数据时代，管理会计工作方式和内容的变化体现在分析、决策、对非财务指标的应用增加等多个方面。

1. 从对结果分析转变为对过程分析

通过对大数据的应用，管理会计不仅能对企业的经营结果进行分析，更能对经营过程中的关键指标进行实时监控来更好地帮助企业提升经营效果。比如，通过对某大型设备的修理费进行甄别，发现该设备维修花费已逐渐增大，如果继续使用维修经费将会大幅增加，那么就该提前考虑更换设备以及提前关注设备生产商对该设备的定价等诸多因素。

2. 从对内部分析转变为对外部分析

通过对大数据的应用，管理会计不仅能将财务信息与非财务信息融合，更多的是通过分析行业状况、竞争对手的动态、经济政策、客户需求等，对企业的业务种类进行细化，实现广告精准投放。

三、管理会计对大数据的应用现状——以中兴通讯为例

中兴通讯成立于 1985 年，拥有通信界最完整的端到端产品线，为全球 160 多个国家和地区的电信运营商和政府企业客户提供持续创新技术与产品解决方案。2017 年中兴通讯实现营业收入 1088.2 亿元人民币，同比增长 7.5%。中兴的成长很大程度上可以归功于管理会计职能的发挥。2005 年，中兴在西安建立了第一个全球共享服务中心（SSC）。成立共享服务中心，将财务作业剥离出来，抛开传统意义上的会计的单一职能，使之融入企业内部的各个环节，无论是做产品研发还是营销都与会计相配合，使会计的职能渗透在这些业务中。目前中兴财务共享中心除了完成本集团内全球 100 多家分支机构的财务工作，还致力于帮助中国企业建立自己的财务共享服务中心。

（一）中兴通讯财务网络化发展的过程

1999 年，中兴在探寻财务信息化之路上迈出了第一步，自主研发了第一套网络报销系统，将部分财务工作转移给了员工，让员工自主在网上填报。此套系统后来经过完善成为“中兴商旅 e 路通”。通过此系统企业实现了从制订差旅计划、订机票、订酒店、支付、报销等到财务处理全程管理。

2005 年，中兴建立了第一个全球共享服务中心（2011 年更名为“中兴财务云”）。中兴全球共享服务中心承担着从原始凭证的处理到财务报表形成的全部过程。财务共享服务通过集中提供财务基础服务的方式，解放了原来陷入财务基础工作的劳动力。

2013 年，中兴将自身财务共享中心成熟经验输出，为诸多企业提供可信赖的财务改革方案，帮助更多中国企业进一步实现财务转型。

2016 年，中兴结合现代化理念提出的“国际化企业基于共享服务的全球财务管理”获得“国家级企业管理现代化创新成果”一等奖。中兴凭借其在企业管理创新、共享服务、信息技术等领域的领先实力以及对中国企业跨国发展的深入研究推动了财务共享在中国的发展。

（二）财务共享中心的经验成效

中兴财务云平台从成立至今已 14 年。企业运用此平台的数据采集功能，由会计数据共享中心完成集团平台中财务综合分析、监控和预测等功能，在经营、成本控制方面取得显著成果。

中兴通过自身经验的累积，不但能顺利完成中兴集团遍布在全球的各个分支机构的会计核算工作，还将其宝贵的经验传授给了更多集团以及致力于培养新型财务人员。

1. 推动中国企业更好地完成财务转型

天虹商场股份有限公司在中兴财务云的帮助下建立了自己的财务共享中心，在零售行业内起到了积极的示范作用，并为公司整体的风险控制、降低交易处理成本、更好地发挥财务管理价值提供了必要的财务组织基础和技术基础。另外，与中兴财务云合作建立自己

财务共享平台的还有特变电工、南方航空等30多家企业。建立财务共享中心不仅能降低企业的管理风险，简化财务核算步骤，加强内部控制，还能帮助中国企业更好地与国际接轨。企业内部流程的规范化为企业的发展直接做出了贡献。

2. 积极培养新型财务人员

中兴将自身先进的经验积极向外界传递，通过与教学机构联合办学以及与知名大学签订实习示范基地等教育活动，推动了财务网络化，为培养适应时代发展的财务人才做出了贡献。

四、大数据时代管理会计面临的挑战

（一）管理会计信息储存空间不足

大数据时代企业要及时处理大规模的信息，快速应对市场的变化。缓慢的处理速度意味着信息准确度的流失。移动网络如社交平台、电子设备、购物平台等诸如此类平台上堆集着大量数据。储存如此大规模的数据需要巨大的储存空间，因此企业只有建立庞大的数据采集和储存分析系统，才能够及时搜集和分析海量的管理会计信息。

（二）管理会计信息安全无保障

管理会计在日常作业中往往会取得客户的隐秘信息，譬如原材料的进价、分销渠道、企业资产状况等，保障这些信息不外泄尤为重要。如果此类信息通过不法手段泄露，将会在短时间内迅速传播。比如，前段时间互联网贷款机构散布贷款人的信息，还有许多骗子从网上购物平台获取购买者的信息进行诈骗等。此类事件的发生会对员工、客户造成伤害，给企业带来不可估量的损失。

五、大数据给管理会计带来挑战的应对措施

管理会计通过借助新技术对大数据进行分析，可以从中获取大量与企业经营息息相关的信息。与此同时，数据数量的激增也给管理会计带来了数据收集、应用、信息安全等方面的困难和挑战。如何应对大数据带来的挑战，使之为企业高效服务，也成为当今管理会计面临的重要问题之一。

（一）树立在管理会计中应用大数据的意识

要提高管理会计从业者对大数据作用的认知，把大数据将会发挥的作用和应用它的手段写入管理会计基础教材，使得更多学习者了解大数据。将企业与大数据成功结合的典例做成案例，让会计和相关从业人员了解如何运用大数据为企业创造收益、提高竞争力。对企业的高层管理人员进行培训，使其接触大数据的概念。只有人人都意识到大数据的重要性，才能使大数据在管理会计这一领域被充分运用并发展起来。

（二）构建基于云储存、云计算的会计信息系统

大数据时代信息时时刻刻在流动、在增加。目前云储存能实现大规模数据的存储、共享、下载等功能。企业的各项交易信息将会被保存在互联网数据中心而不占用硬件自身的内存。云计算能帮助企业实现对更多非财务数据的提炼和分析，使其创造价值为企业经营发展做贡献。构建云储存、云计算的会计信息系统，是目前解决大数据的存储与分析最有效的方法。

（三）完善会计机密信息保护制度

企业在计划构建财务云平台时，首先，应该综合考虑其能提供的服务水平、可信赖程度、稳定性等各方面的性能，做好事前调研工作。确定所引进的财务共享平台在财务预算、会计核算、内部流程设计上没有缺陷。其次，云计算、云储存平台必须具备数据保护功能，防止数据被非法访问或篡改。会计信息平台上影响越广泛的操作所需要的授权也要越多。只有诸如此类的防范方法全面且细致，才能保障企业的信息安全。

（四）改进人才培养的方式

在新时代下，会计已经逐渐摈弃手工做账、粘票据、出报表等工作，转而向更有效的工作方式变革。因此，新时代会计人才的培养方式应该更注重培养对会计软件的掌握、对会计数据的分析、对企业面临风险的评估和规避能力，保障会计与企业经营活动完美切合，而不再是简单的核算工作。

大数据时代，管理会计在企业日常经营决策中发挥的作用日益凸显。财务网络化要求管理会计能从企业自身出发建立一套规范化的会计流程，在财务平台的帮助下对外部和内部信息进行快速、准确的处理。对于技术已经相对成熟的企业来说，应研究更进一步提升会计处理效率的方法。对于小企业来说，应逐渐接受财务网络化，从尝试微小的变革开始。在企业面临诸多风险与挑战下，应用大数据后管理会计必将发挥更全面、更具决定性的作用。

第三节　大数据时代供电企业财务会计的应用

就其工作内容来看，管理会计工作提倡的管理方式，更多的是站在系统化的角度的，也就是说，其为了更好地服务于管理层，必须采取更为全面化的系统管理方式，来得出更能够说明企业整体经营发展现状的财务报告。具体来说，其工作环节主要有以下几种，一是企业的成本运算，二是企业的投资管理和融资活动等管理。除此之外，还有相应的绩效、风险等方面的管理。对于此类内容的管理和统筹，能够使得管理者的决策制定变得有据可循，并且在这一管理会计活动的科学度不断提高的过程当中，企业最终的决策制定，也会变得更加稳定可靠。

一、供电公司运用管理会计存在的问题

（一）管理会计的理论没有与实践紧密结合

企业管理会计不仅仅需要掌握理论方面的知识，更要有相当强的实践能力，要做到理论联系实际，将二者融会贯通。然而，大量的调查和研究表明，在管理会计工作中，很多工作人员存在理论脱离实际的状况，所掌握的财务管理方案和制度不能够很好地适应当今经济形势的发展。同时，供电企业财务管理人员往往按部就班地开展工作，工作模式缺乏创新性，遇到很多新型的问题时，往往难以寻求到解决策略，仍然按照书本中的模式解决问题，导致出现很多错误，实际财务管理工作与企业发展状况相脱离，二者不能很好地契合，财务管理效率低下。

（二）供电企业的控制机制有待进一步完善

和其他许多从西方国家引进的制度一样，当前我国许多国有企业的会计管理系统，还存在着“复制粘贴”西方国家的现状。这一现状的好处在于，其顺应了“先模仿再创造”的学习阶段，为我国的国有企业保留了更多的学习空间。但是其负面影响也在于，由于这一“复制粘贴”西方国家的会计管理体系，在应用过程当中，和我国诸多国有企业的现实存在着不容忽视的摩擦，因此，也导致了这一制度的应用流于表面，甚至反而给国有企业带来了负担。

三、大数据技术下供电企业财务管理中的管理会计应用

（一）依托财务管理价值链完善管理会计体系

大数据技术下供电企业财务管理中的管理会计应用的时候，需要供电企业能够构建更加全面的预算管理体系，从而使预算资源的统筹调控作用充分发挥出来，在构建预算管理委员会中明确当前预算编制的具体流程，使财务预算和业务预算得以充分融合在一起，加强业务预算到财务预算的全链条管理。在利润总额和资产负债率的基础上，有效构建投资能力测算模型，推动投资计划和财务管理能够衔接在一起，促使现金流预算管理的程度加深，推动现金流预算和会计核算结合在一起。资金流入和流出管理的过程中，需要企业能够对预算执行情况实施动态监督控制处理，而预算管理的程度也能够逐渐加强，在当前标准成本及动因参数分析的基础上对公司生产经营活动的资产消耗情况实施定性定量分析，从而构建涵盖企业生产经营管理环节的标准成本体系。

（二）构建大数据应用典型场景库，完善管理会计体系

在管理会计体系建设的时候，供电企业财务管理部门也需要有效发挥供电企业财务数据准确度高和业务覆盖全面等优势，在构建供电企业财务管理大数据应用典型场景库的基础上构建预测模型，对资金的流入流出方面加以预测处理，从而提升财务管理工作实施的

主动性，在处理复杂的事件时，在处理财务管理工作时分析财务管理工作的重点及可视化展示工具的方式，推动供电企业资金流动的整体过程得到全面的监控管理，在使用资金时，提升利用效率，从财务视角增强的角度出发对企业运营过程更好地监控管理。

（三）提升财务管理信息化建设水平

在有效实施供电企业财务管理制度调整的时候，关注和重视财务管理信息化工作的开展，建立财务管理信息化制度和完善供电企业的网络信息环境，在确定财务管理制度的基础上促使各项数据信息统一处理。另外，在供电企业内部的重要信息内容共享的基础上构建内部信息交流平台，推动财务管理部门和其他部门之间的联系更加紧密，为当前各个部门科学的决策实施提供更加有效的数据信息支撑。

（四）构建成本模型及成本控制制度

成本作为企业最终经营成果的直接体现，影响着供电企业发展，具体分为材料、人工、机械及其他费用四个方面。在成本归集中，通过判断项目属于简易计税还是一般计税，提出具有针对性的处理措施，并研究实际成本是否需要在价税分离后计入。在这一背景下，供电企业可以结合实际工程量，构建具有个性化的内部定额。此时，要同时思考量与价，这样有助于避免在施工期间因施工方法变更或区域单价不同，影响成本判断结果。同时，在供电项目施工期间，要结合施工进度归集成本，依据项目预算数据评估施工风险。

（五）不断优化业务流程

对供电企业而言，科学的业务流程非常关键。从表层分析，只有供电企业各部门沟通完善才能保障业务流程的科学性。因此，整合研究供电企业发展方向，并在实践运营中不断优化业务流程，不仅能提升业务执行的制度化与模块化，而且可以减少管理工作的依赖性。这对正处于革新阶段的供电企业而言，有助于提高高层控制力，降低人员用工，控制管理成本支出。

大数据是在大量资料中挖掘和处理重要数据信息的重要方式，当前其已经逐渐在全球范围内和各个行业中得到有效应用，其实用性价值逐渐凸显出来。在供电企业财务管理工作中，大数据技术应用的时候可以提高财务核算与管理的工作效率，为各项决策提供更加科学有效的数据信息支持，从而促使财务安全程度得以有效提升，为供电企业的发展提供持久动力。

第四节　大数据时代财务共享服务管理会计的应用

财务共享服务有助于企业的发展，可以提高管理会计的工作能力，使其具有良好的信息化管理水平，对企业经济活动乃至整体生产经营实施高质量的管理把控。财务共享服务有助于企业对成本的控制，使管理会计能够充分地发挥自身的作用，使财务的管理效率能够得到充分的提高，使企业的发展战略更加合理。

一、大数据时代下财务共享服务对管理会计发展的重要性

（一）提高企业管理效率

通过财务共享服务可以提高管理会计对财务的管理效率，使企业不会因为经营规模的扩大而影响财务统计的准确性，使企业经营过程具有较高的效率。财务共享服务对企业管理效率的提高主要体现在以下几个方面：首先，有利于企业经营信息的整合工作，通过信息化处理手段，将财务数据汇集到同一系统环境下，这样便可以对财务信息进行统一管理，使管理方式更加集中。其次，提高财务处理的智能化水平，可以在线对财务数据进行处理，降低管理会计的工作量，使其将工作的重点放在财务数据的审核上，提高财务数据的准确性。最后，可以简化财务管理的流程，将财务管理的中间环节进行整合，保障财务系统可以对信息进行自动处理，可以有效地避免管理会计操作失误。

（二）降低企业管理成本

通过财务共享服务可以提高管理会计的管理水平，对企业管理成本进行有效的控制，使企业的经营过程更加完善。财务共享服务对企业管理成本的降低主要体现在以下几个方面：首先，可以提高管理会计对财务数据分析的准确性，使其能够合理地制定出财务管理策略，使财务管理方案更加具有合理性，为财务管理过程提供重要的支持。其次，可以提高财务管理的时效性，保证管理会计可以及时了解财务的变化情况，第一时间采取应对措施，防止财务信息被滞后处理，从而提高管理会计对财务的应对能力，对企业成本进行有效的控制。最后，财务系统中存在大量的历史数据，可以为管理会计的成本控制提供理论依据，提高财务管理的合理性，进而对企业成本进行有效的控制。

（三）促进企业战略实施

企业若想迅速发展，则需要合理地制定发展战略，将财务共享服务纳入企业的发展战略中，使管理会计能够更好地实施财务管理方案。财务共享服务对企业战略实施的贡献主要体现在以下几个方面：首先，企业扩大经营范围时，财务管理过程将会变得更加分散，为了实现财务集中化管理，可以将财务共享服务应用在企业管理中，提高管理会计对财务

的掌握能力，对财务进行有效的管理。其次，可以提高企业的信息化管理水平，使财务信息能够集中化管理，防止财务管理过程过于分散，使财务管理具有良好的质量。最后，可以有效地对财务信息进行统计，使财务信息管理过程更加规范，便于企业制定合理的战略方案。

二、大数据时代下通过财务共享服务促进管理会计发展的措施

（一）扩大信息覆盖范围

在大数据时代下，企业财务信息的覆盖范围被扩大，为了保障管理会计具有良好的管理水平，需要采用财务共享服务提高管理会计的财务管理能力，使财务信息与管理过程相匹配。提升信息覆盖范围的措施如下：首先，使财务信息管理更加流程化，逐层对企业的财务信息进行管理，这样可以有效地避免财务信息管理过程出现问题，降低企业规模扩大对财务管理过程的影响。其次，需要对企业经营过程进行量化，使管理会计能够更好地对财务信息进行管理，避免管理过程出现疏忽。例如，扩大企业规模时，需要对支出成本进行量化，通过具体金额对企业经营活动进行评价，进而建立统一的评价标准。最后，做好企业财务信息采集工作，将其进行有效的汇总，使财务信息更加全面。

（二）提高信息管理质量

通过财务共享服务可以提高财务信息管理的质量，提高管理会计对财务的管理水平。提高信息管理质量的措施如下：首先，需要对财务信息进行整合，使财务信息管理更加集中化，将财务信息集中在财务系统中，提高财务数据的信息化管理水平。其次，需要提高数据的处理效率。在大数据时代下，企业财务部门需要具有较快的信息处理速度，这样才能保障财务数据能够被管理会计及时地处理，避免财务数据发生堆积，致使财务信息的处理发生滞后，对财务信息的处理效率造成较大影响。例如，管理会计可以通过云计算的方式来提高财务信息的处理速度，这样可以使财务信息处理更加便捷，并且提高财务信息统计的准确性。最后，需要对财务信息进行审核，保障财务信息与企业实际经营状况相匹配，进而提高财务信息的管理质量。

（三）提高信息采集效率

通过财务共享服务可以提高管理会计对财务信息的采集效率，使财务信息的采集更加准确和标准化，使财务信息更加具有实际意义。提高信息采集效率的措施如下：首先，管理会计需要对企业的财务信息进行汇总，将各个环节的财务信息收录到财务系统中，将其作为数据采集的样本库，财务信息样本收录得越齐全，样本采集的准确性越高。其次，需要引进先进的智能化处理工具，对财务信息进行采集与处理，这样可以在很大程度上降低财务信息采集的难度，提高财务信息采集的效率。最后，需要提高管理会计的信息采集水平，使其能够正确地使用信息采集工具，保障人与机械更好地配合，使财务信息采集效率进一步提高。

（四）推动财务经营转型

财务共享服务具有推动财务经营转型的作用，提高管理会计对财务的管理水平，将信息共享服务作为财务管理的核心。推动财务经营转型的措施如下：首先，财务部门需要建立数据处理中心，提高财务数据的信息化处理水平，为财务的经营转型做好准备工作。其次，管理会计需要做好财务核算工作，对财务的组成进行合理的分析，保障财务核算工作具有良好的效率。例如，在财务核算过程中，需要结合企业的发展状况，对企业的各项财务进行统计，使财务数据的核算结果更加真实，提高财务核算的准确性。最后，管理会计需要做好财务数据的分析工作，根据财务的历史数据，制定符合企业发展方向的转型战略，从而推动财务经营迅速转型。

（五）调整财务组织结构

为了充分地发挥财务共享服务对财务的管理效果，需要对财务组织结构进行适当的调整，使管理会计能够更好地对财务进行管理。财务组织结构的调整内容如下：首先，需要将管理会计从繁重的核算业务中剥离出来，使其将工作的重心放在财务管理上，加大财务的审核力度，使财务管理能够更好地发挥作用。其次，需要做好业财融合工作。通过财务共享服务提高财务部门与业务部门的管理水平，使二者有机地结合起来，使财务管理过程更加高效。最后，需要构建有效的业财融合管理模式，使业财融合管理过程能够更好地发挥作用，提高各项业务涉及钱款的统计效率，从而实现良好的财务管理效果，使财务组织结构更加适合企业发展。

（六）创新人才思维模式

为了保障共享服务更好地发挥作用，需要对管理会计的思维模式进行创新，提高管理会计的财务管理水平。创新人才思维模式的方法如下：首先，需要提高管理会计对企业业务的熟悉程度，这样才能保障财务统计过程更加全面，避免财务管理过程出现疏漏，使财务管理过程更加完善。其次，需要扩大财务管控范围，由财务部门扩展到业务部门，使管理会计能够充分地了解企业的业务状况，使其能够建立完整的财务管理方式，进而对财务进行有效的管理。最后，需要做好岗位培训工作，提高管理会计的财务处理能力，使其能够有效地应对财务中存在的问题，使其能够对业务进行充分的了解，使其思维模式更加完善，从而促进企业更好地发展。

综上所述，财务共享服务对管理会计的发展具有较大的促进作用，可以提高管理会计对财务的管理水平，使企业能够适应大数据时代的发展，推动企业经营规模的不断扩大和竞争实力的持续增强。因此，企业需要充分发挥财务共享服务的优势，提高管理会计的财务处理能力，使其具备较高的财务处理水平。

第五节　大数据时代下会计统计在财务管理中的应用

由于国际市场竞争形势日趋激烈，企业必须不断完善财务管理的基本指导理念及财务管理工作的方式，持续创新优化相应的财务管理工作内容，方可真正实现有力推动我国企业长远发展的战略目标。鉴于此，本节针对大数据时代下的会计统计方法在企业财务管理中的应用，研究其价值意义。持续优化相应的管理内容，方可实现推动企业长远发展的目标。

一、大数据时代下企业财务管理模式

从我国企业未来发展的战略角度出发，深入探讨在企业大数据经济时代下如何实现企业财务管理创新模式的科学体系构建的路径，首先应该对企业大数据和企业财务管理的各种关联特性有一个初步的科学认识和正确界定。随着工业大数据信息技术的不断进步和发展完善，该信息技术已经被广泛应用在各行各业当中，在整个经济社会层面也将起到重要推动力的作用。现阶段，在目前我国的家电设备制造这个行业当中，大数据应用技术也得到了许多家电企业的高度重视，并且已经开始积极尝试进一步的技术应用。在家电制造等一系列的建设过程中，每时每刻都在产生大量的财务数据，而这些财务数据也需要被收集，然后进行存储并且分析，才能够更合理地应用于每一个建设项目。

二、大数据时代下我国企业财务管理工作存在的问题

（一）财务处理流程落后

在以往传统的企业财务管理工作过程中，主要都是借助人工智能操作系统来进行财务分析、审核、整理和资产核算等工作。但是，在这个大数据时代背景下，传统的处理流程已经不适用于现代财务管理，这将会导致整个财务处理流程没有具体的规范，对企业的整体工作效率和经济收益造成了巨大的影响。

（二）财务管理水平较低

我国各行业领域的中小企业在大数据经济时代背景下，已经深刻地意识到了新信息思想与新信息技术对我国企业自身经济发展环境带来的巨大挑战。虽然部分大型企业的财务改革开放意识已经增强，但企业财务管理技术依然较为落后，不能真正满足企业财务管理技术创新的实际需求，因此，无法实现我国企业财务风险管理的最优化。例如，我国部分偏远地区的中小企业在开展财务管理工作方面仍普遍采用过于传统的管理模式，不能将先进的财务计算机管理技术以及财务管理科学方法充分应用到实际的财务生产当中，未能满

足我国企业持续发展的实际需求。此外，部分大型企业并未集中全部人力资源专门进行相关产品的研发生产，对推进企业财务资产管理并没有十分重视，这是目前阻碍我国企业财务资产管理工作方法升级的重要原因。

（三）企业管理人才缺失

企业财务风险管理的未来发展方向中，大数据的综合应用无疑是一项最为重要的研究内容。专业化的网络信息处理技术能力和网络建设管理方法，需要培养具备良好信息技术理论应用实践的技术人才。但是从实际的企业发展应用情况可以明显看出，我国部分大型企业针对大数据管理技术的综合应用管理水平相对较低，主要原因之一是企业管理技术人才很少且未具备针对大数据的综合应用分析能力。企业财务数据管理在企业大数据的发展背景下，管理的对象空间、时间、内容以及各项工作流程等都已经发生了深刻的变化。企业管理需要快速进入现代无纸化企业办公管理阶段，但是企业管理技术人才严重缺失，这使得信息技术在企业应用各个环节中已经出现了严重的技术脱节现象，阻碍了企业的高速发展。

三、大数据时代下完善我国企业财务管理工作的措施

（一）树立与大数据相适应的财务管理理念

在企业大数据时代背景下，全新的企业数据分析处理技术及全新数据财务管理模式在财务管理工作中必须得以广泛应用，要保障新数据技术广泛应用的实际效果，就需要企业能够树立全新的企业财务管理工作理念。企业管理要善于牢固树立与企业大数据技术背景相紧密融合的企业财务管理创新理念，使企业大数据处理技术广泛应用的效果得以充分发挥，要善于适应新的时代发展需要，进行财务管理理念创新，不断加强企业大数据处理信息技术在企业财务管理工作中的广泛应用，加强对大数据财务信息的管理整合，尽量简化企业财务管理者的工作，从而不断地提升企业财务管理者的工作服务质量，从而有效地提升整个企业的财务市场竞争力。

（二）实现财务事中成本控制

在当前大数据经济时代下，商业经营环境已经发生了极大的改变，企业自身要想更好地立足于服务市场，就必然需要以满足客户需求为服务中心，树立企业战略规划成本控制观念，加强企业成本战略控制，实现由企业成本规划经营战略控制向企业成本战略规划经营控制转变。在企业财务管理实际活动中，财务人员不仅需要更加注重事后及时反应、监督，应更加注重事中成本控制，财务人员不仅需要全面掌握采集和管理生产成本管理相关的统计数据，利用生产成本自动控制分析系统，准确地分析生产中的费用。

（三）创新财务管理模式和方法

技术的变革伴随而来的是企业财务管理模式和方法的创新，这样才能使企业跟随时代

发展的潮流保持活力和创造力。企业的管理模式需要向着智能化、信息化方向发展，这就要求建立财务分析模型。模式化的财务升级能够大大提高现代企业的内部财务管理综合能力，实现对现代企业财务成本的准确合理化有效组织，优化现代企业财务资源配置。

（四）打造全方位的业务全才

在这个大数据发展时代下，企业的财务发展管理模式已经发生了改变，而相应的企业财务人员也必然需要对此做出改变。财务人员管理应该不断超越原有的项目财务管理思维，从项目业务的各个角度对项目财务管理问题进行深入思考、分析，应该更加着重明确考虑到对项目全部和生命周期过程中的财务利润进行核算、管理，要充分利用传统财务数据的巨大优势，统筹、引导、规范财务决策者需要关注的财务事实，帮助财务决策者快速做出更加准确的财务决策。也就是说，企业财务人员不仅需要同时具备提高相应的专业财务管理技术能力，同时还需要兼具良好的大局观、分析力和洞察力，这就必然需要我国企业不断加强对各类财务管理技术人员的专业培训，促使企业财务人员从专业财务管理专才逐步转向业务管理全才，从而为实现企业财务经营管理的快速转型升级打下良好基础。

在大数据时代，企业需要对自身财务管理提出更高的要求，对其财务管理模式进行优化与升级是时代发展的必然趋势。财务共享就是在这一背景下衍生出的新兴财务管理模式，吸引了大众的目光。将大数据与财务共享服务有机结合后的企业财务管理模式，与传统财务管理模式相比，将具有财务集中化、营运成本低、财务管理控制严格、财务人员业务水平高的优势，势必成为企业财务管理模式的新潮流。

参考文献

[1] 赵丽 . 我国公益类事业单位财务管理问题研究 [D]. 财政部财政科学研究所，2012.

[2] 刘永君 . 上市公司财务审计与内部控制审计整合研究 [D]. 西南大学，2013.

[3] 廖菲菲 . 内部控制审计、整合审计对财务报表信息质量的影响 [D]. 西南财经大学，2014.

[4] 邢萌 . 上市公司整合审计业务流程优化问题研究 [D]. 杭州电子科技大学，2014.

[5] 张莉 . 财务报表与内部控制整合审计流程设计及应用 [D]. 兰州理工大学，2014.

[6] 谢林平 . 论内部控制审计与财务报表审计整合的意义与流程 [J]. 中国内部审计，2015（8）：90-93.

[7] 李哲 . 财务报表审计和内部控制审计的整合研究 [D]. 云南大学，2015.

[8] 黄雅丹 . 我国上市公司财务报表审计与内部控制审计整合研究 [D]. 吉林财经大学，2014.

[9] 罗娜 . 整合审计在我国会计师事务所的运用研究 [D]. 西南财经大学，2013.

[10] 吴俊峰 . 风险导向内部审计基本问题研究 [D]. 西南财经大学，2009.

[11] 丁晓靖 . 电力基建项目全过程财务管理体系研究 [D]. 华北电力大学，2014.

[12] 钟健 . 河北国华定州电厂（2×600MW）工程基建管理信息系统（MIS）的设计与实现 [D]. 四川大学，2014.

[13] 林少伟 . 广东粤华公司 2×660MW 基建项目信息化管理应用研究 [D]. 华北电力大学（河北），2012.

[14] 侯禹辛. ZH 公司对 A 公司进行融资租赁的财务风险研究 [D]. 天津商业大学，2015.

[15] 夏斌斌. 价值链视角下融资租赁企业税务筹划研究 [D]. 天津商业大学，2015.

[16] 武军 . 煤炭企业财务风险内部控制体系研究 [D]. 天津大学，2011.

[17] 袁清和 . 基于作业的煤炭企业成本管理体系研究 [D]. 山东科技大学，2011.

[18] 王明芳 . 我国电商企业信用管理体系的研究 [D]. 南京林业大学，2015.

[19] 任立周 . 我国事业单位财务管理现状及对策研究 [D]. 山西财经大学，2011.

[20] 王巍 . 中国并购报告 2006[M]. 北京：中国邮电出版社，2006.